日本誕生の女神

伊邪那美《イザナミ》が眠る比婆の山

庄原市比婆山熊野神社解説本編集委員会 編著

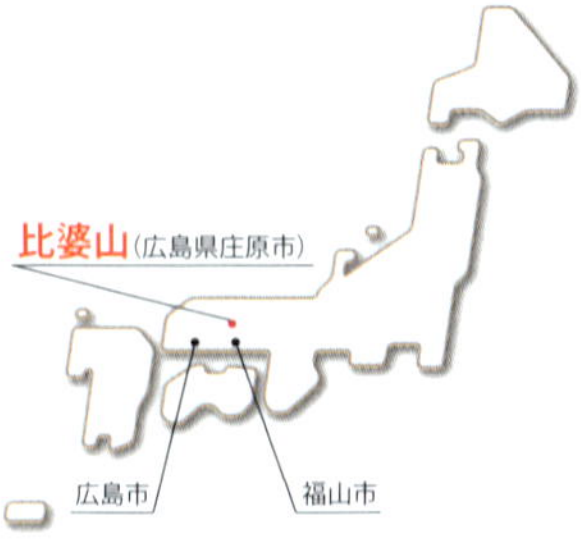

庄原市×南々社

岩樋山

「道後山神籠石」(岩樋山)上空から御陵を遥拝(撮影／金山一宏)

ようこそ、比婆山学へ

故《かれ》、その神避《かむさ》りましし
伊邪那《いざな》美神《みのかみ》は
出雲《いずも》国と伯伎《ははき》国との境の
比婆《ひば》の山に葬《はぶ》りき

—『古事記』—

国を生み、神々を生んだ
女神の鎮まる聖なる山は、
深い謎に包まれてきた。
私たちのふるさと庄原市に、
知られざる『古事記』の聖地が
眠っていた。

それは、日本誕生の女神を祀《まつ》る
比婆山《ひばやま》（御陵《ごりょう》）と、
悠久の巨杉の社叢《しゃそう》に守られた
遥拝所《ようはいじょ》の熊野《くまの》神社である。

比婆山連峰は自然や歴史、
人々の暮らしや文化に裏打ちされた
稀有な資源にあふれている。
地域の宝を磨き、歴史と文化に学び、
未来への新たな産業を興す。
温故知新《おんこちしん》による、
この新しい地域づくりの手法を、
「比婆山学」と命名し、推進しよう。

庄原市長
木山耕三

比婆山連峰の主峰「御陵」
（撮影／岡本良治）

御陵、熊野神社と比婆山連峰

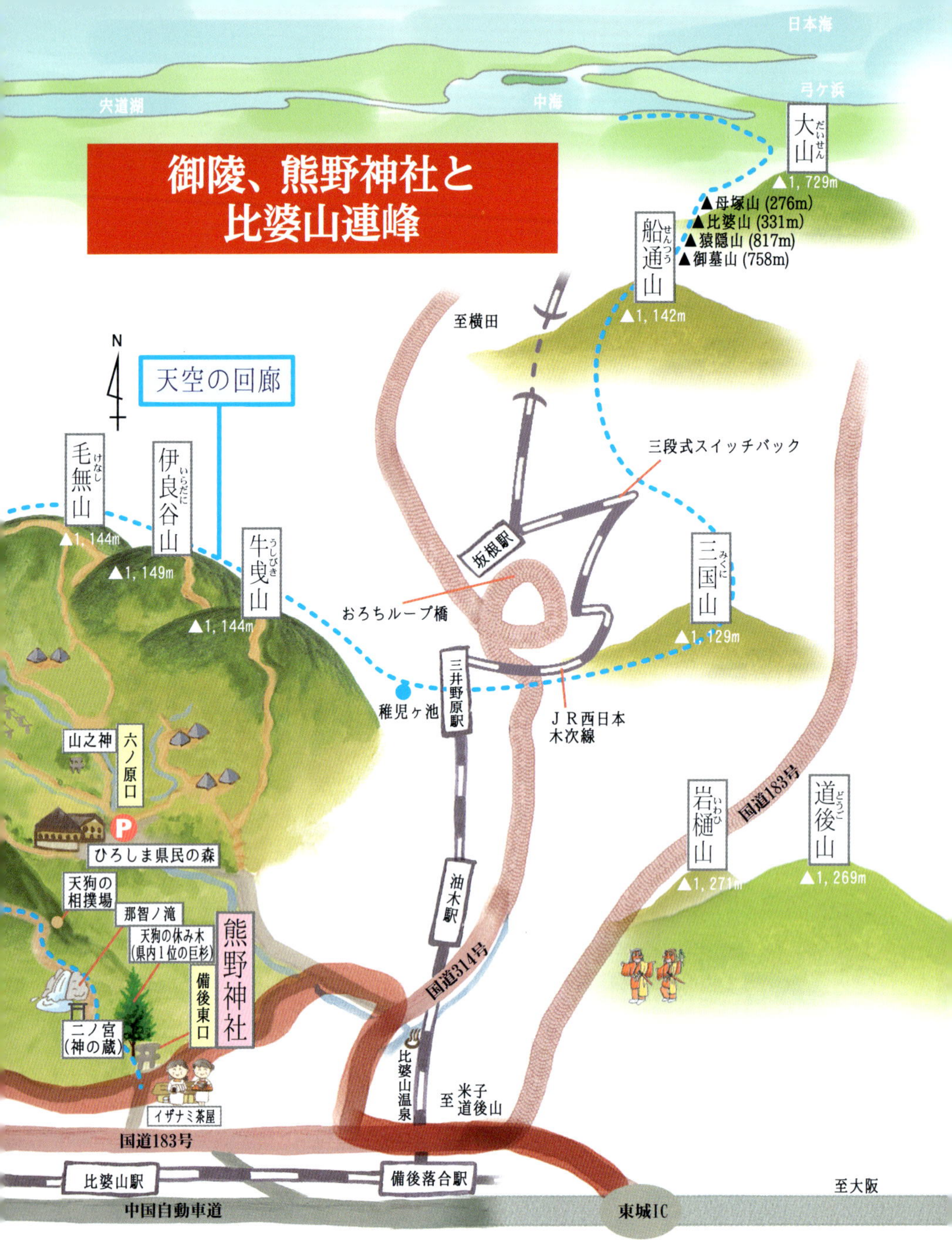

御陵(庄原市)へのアクセス
車で
広島IC 約91km 約1時間10分 庄原IC
出雲IC 約64km 約55分 高野IC
福山 約60km 約1時間30分 東城
岡山・倉敷IC 約110km (中国道経由) 約1時間30分 東城IC
吹田IC 約247km (中国道経由) 約3時間10分
米子空港
宍道湖
出雲空港
米子I.C
鳥取県
松江玉造I.C
宍道JCT
出雲I.C
三刀屋木次I.C
御陵
米子自動車道
岡山県
中国やまなみ街道
島根県
庄原市
SHOBARA
北房JCT
落合JCT
江津駅
高野I.C
新見I.C
中国自動車道
口和I.C
庄原I.C
岡山自動車道
江津I.C
浜田I.C
三次市
東城I.C
岡山I.C
浜田自動車道
三次東JCT・I.C
三次I.C
岡山JCT
広島県
HIROSHIMA
福山東I.C
岡山駅
福山西I.C
広島I.C
尾道JCT
広島空港
福山駅
新尾道駅
山口県
広島駅
しまなみ海道
山陽自動車道
下関駅
山口JCT
今治I.C

島根半島
出雲大社

比婆山連峰の五峰
烏帽子《えぼし》山
▲1,225m
吾妻《あづま》山
▲1,239m
出雲口
大膳原(キャンプ場)
御陵《ごりょう》
▲1,264m
出雲峠《いずもとうげ》
高野IC
休暇村 吾妻山ロッジ
池ノ段《いけのだん》
▲1,279m
備後西口
越原越《おっぱらごえ》
立烏帽子《たてえぼし》山
▲1,299m
展望園地
▲1,000m
比婆山神社
中国やまなみ街道
竜王《りゅうおう》山
▲1,256m
庄原市立 比和自然科学博物館
口和IC
国道432号
比婆いざなみ街道
JR西日本 芸備線
庄原駅
至三次
国道183号
西城駅
至広島
三次IC
三次東 JCT・IC
庄原IC
至尾道

まえがき

日本神話のふるさと
——比婆山への誘い

金沢成二
庄原市比婆山熊野神社解説本編集委員会　委員長

広島県の北部は広島県、島根県、鳥取県、三県の県境が隣接する地域で、中国山地の中央部に当たり、標高一二〇〇メートル前後の山々が連なる比婆《ひば》山連峰がある。

比婆山連峰は、狭義には烏帽子《えぼし》山、御陵《ごりょう》、池《いけ》ノ段《のだん》、立烏帽子《たてえぼし》山、竜王《りゅうおう》山の五峰をいう。

その一角、一二六四メートルの地に、『古事記』にある国生みの女神・伊邪那美命《いざなみのみこと》が葬《ほうむ》られている墓「御陵」があり、そこから南へ竜王山（一二五六メートル）の麓《ふもと》の庄原市西城町熊野に、イザナミが祀《まつ》られている熊野神社がある。

この御陵の峰や熊野神社、また、篤《あつ》い信仰を寄せた人々の住むこの広い地域には、伊邪那岐命《いざなきのみこと》・イザナミにまつわる神話や伝説、民話が多くある。このように地理的、歴史的な背景もあり、この地には郷土を調べ研究してきた歴史研究家が育ち、郷土史などの形で多くの資料が残されてきた。

人々は古くから、御陵周辺を聖域として畏《おそ》れ敬い、人の手を加えることを避けてきた。国は昭和三十五（一九六〇）年、この地域の八九・九ヘクタールを「比婆山のブナ純林」として天然記念物に指定した。その後、広島県は昭和四十六（一九七一）年に明治百年記念事業として、この地を県民の野外活動の場「広島県民の森」に整備した。

この間、比婆山連峰の自然、地形・地質、生物についても調査研究が行われ、その結果を広島県は各分野にわたって報告している。この調査には、地元の自然科学を研究するグループ「比婆科学教育振興会」の会員も加わり、調査研究を重ねてきた。比婆科学は戦後間もない昭和二十二（一九四七）年、地元の旧制格致中学校（現広島県立庄原格致高等学校）の科学部に科学教育の振興を目的に設立された。現在は、一般の研究者や愛好家たちによって活動が行われている。

発刊にあたって、これまで述べてきたように、地域のさまざまな会で歴史や自然の研究を長年にわたり続けてこられた方々に執筆を含めて協力を得た。

本書は、『古事記』にまつわる神話や伝説を基にした内容が多く、その場所で直接手に触れたり見たりしにくい内容もあり、理解しにくいのではないかと心配をしている。

多くの方々に本書を手にとって読んでいただき、御陵や熊野神社など知られざる「国生みの地」を訪れていただけるよう、文章や構成について工夫した。紀行文的表現も多くし、写真を多用しながら、訪れていただいたその場所で臨場感あふれる出会いになるよう心掛け、編集にあたった。

また、高校生や中学生、できれば小学校高学年といった感性豊かな年代の方々にも読んでいただき、地域の歴史や自然について考えるきっかけとなり、将来を見つめた地域資源として考えていく参考書になることも願って、編集にあたった。

本書の出版を一つの起点として、比婆の峰からさらに広く島根県、鳥取県へと地域をつなぎ広範な「地域学」となり、この地では「比婆山学」として育ち、研究がさらに発展するよう期待している。

日本誕生の女神　伊邪那美が眠る比婆の山

◉目次◉

第1章

知られざる国生み神話の舞台を歩く——中国山地 編

第1節 『古事記』が語る「比婆之山」、巨大な信仰世界の魅力

第2節 不思議なパワーを秘めた熊野神社の謎に迫る

第3節 国生みの女神イザナミに出会う——御山登拝

第2章

神話の世界が息づく里の魅力を体感する——歴史編

第3章 神々に守られた聖地・御陵とブナ林を行く――自然編

第４章

イザナミ神話・比婆山から日本と世界を巡る旅へ——謎解きの山旅 編

イザナミとイザナキが生んだ神々（抜粋）

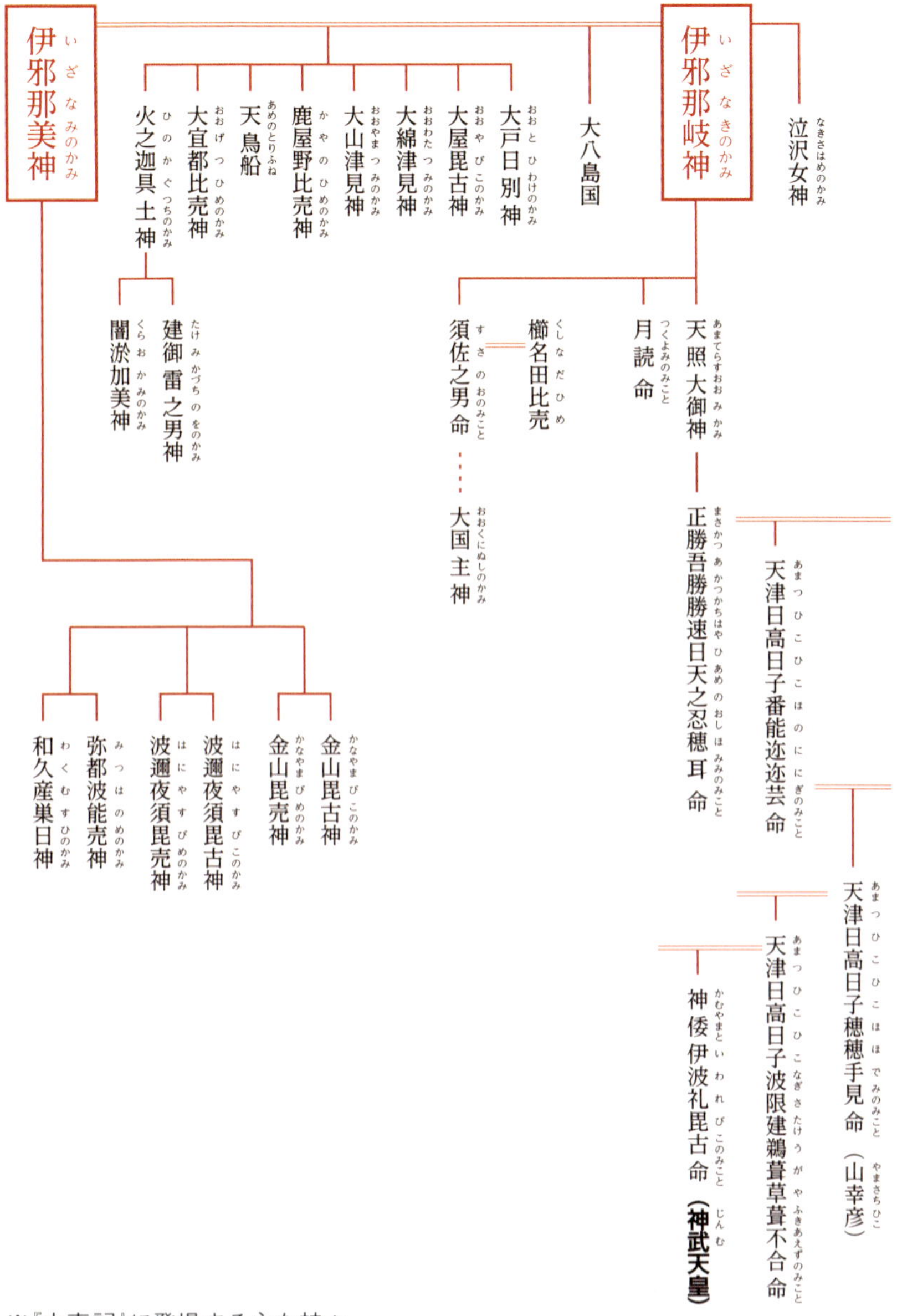

※『古事記』に登場する主な神々

巻頭企画1

日本神話のルーツを歩く——比婆山とイザナミの葬地

三浦佑之
立正大学文学部教授

小松左京「黄色い泉」(『霧が晴れた時』角川ホラー文庫所収)を読みながら新幹線で広島へ向かう。若い夫婦が「比婆《ひば》山の雪男」のうわさをしながら車で比婆山麓の熊野神社に向かうが道に迷い、用を足そうとした妻が森に入ったままもどらない。不吉な感じがして探しにゆくと、妻の靴を見つけ、なおも進むと血痕が。その跡を辿ると洞窟に続き、男が意を決して奥に入ると……。

『古事記』に伝えられているイザナキの黄泉《よみ》の国訪問神話と、比婆山に棲《す》むというヒバゴン伝説とを下敷きにした、一九七三年発表の短編小説である。

今はあまり知る人もいないヒバゴンは、一九七〇年頃から言い出された原人のよ

写真1　新緑の比婆山御陵(中央奥)。頂上の濃い緑の中にイザナミが眠るといわれる御陵石がある

うな怪物で、当時大いににぎわったヒマラヤの雪男の日本版である。私なども当時は、イザナミが葬《ほうむ》られた地というよりヒバゴンのいる山として比婆山はよく知っていたし、いちど登ってみたいと思っていた(写真1)。その比婆山へ登りませんかという誘いを受け、四〇数年後に夢がかなうことになった。そこで、心躍らせて広島へと向かったというわけである。

脊梁山地をはさんで

広島駅から比婆山連峰の麓《ふもと》に広大な面積をもつ庄原市の中心地まで、高速道路を使うと思いのほかはやく到着し、佐田峠《さだだお》（庄原市宮内町）・佐田谷《さだだに》（同市高町）の四隅突出型墳丘墓《よすみとっしゅつがたふんきゅうぼ》を見学する。いわゆる古代の出雲《いずも》文化圏を考える上でたいそう貴重な墳墓が四隅突出型墳丘墓であり、弥生時代中期後葉から後期前葉頃の築造とされる当地の墳墓は、その中で最も早い時期のものとされる。そこから考えると、古代の出雲文化の特徴の一つが比婆山連峰の南麓（庄原市から三次市にわたる盆地群）に起源をもつということになるのである。

われわれの地理的・行政的な感覚では全く別個の島根県（出雲）と広島県（備後）とが、中国地方の脊梁《せきりょう》山地である比婆山連峰をはさんでつながっているのである。おそらくそこには、鳥取県（伯耆《ほうき》）や岡山県（備中）なども含めた広い地域の交流や連携があったのであり、鉄穴流《かんななが》しによる砂鉄生産がこの地域に広く行われていたという事実なども考慮した学際的な研究が待ち望まれる。山を「道」とした四県シンポなどいかがか。

さて、本書で私に与えられた課題、イザナミを葬った地と伝えられる古事記神話の「出雲の国と伯伎《ははき》の国との堺《さかい》の比婆《ひば》の山（出雲国与伯伎国堺比婆之山）」について、あらかじめ私なりの見解を述べておけば、個々の伝説地への探求に加えて、「ひば」を面として把握する柔軟性も必要なのではないか。もちろん、私はよそ者であり、ご当地の皆さんに、そんな他人事の説明を聴いていただけるだろうか。

そんなことを考えながら、到着した日の夜は、二五〇人もの聴衆の熱気に圧倒されながら『古事記』について講演した。また、市長の木山耕三さんをはじめ地元の方々との懇談の席でも、熊野神社や比婆山への熱い思いを感じて、次の日に予定されている山陵への参詣登山に思いを馳せたのだった。

熊野神社と比婆山信仰

登山に先立ち、案内をしてくださる比婆山伝説ガイド「ツイハラの会」の皆さんと合流して熊野神社にお参りする。それぞれの専門分野から比婆山の自然と文化について深い造詣と愛着をもち、将来「比婆山学」を担っていかれるメンバーであろう。心強いことだ。

比婆山連峰を背にした巨大な鳥居をくぐり、何本もの杉の巨木が並ぶ参道の先に、本殿がある（写真2、3）。運よく岡崎和彦宮司にもお会いし、話を伺った（写真4）。それによれば、祭神は伊耶那美神《いざなみのかみ》で、嘉祥元（八四八）年に熊野神社と改称されたが、和銅六（七一三）年までは比婆大神社《ひばだいじんしゃ》と称していた。ただし、その根拠となる古文書などは現存しないという。おそらく中世以降は熊野神社として祀《まつ》ら

写真２　熊野神社の巨杉・広島県内１位の天狗の休み木を前に（筆者）

写真３　熊野神社の拝殿（右）、幣殿（左奥）

写真４　熊野神社の岡崎宮司

れており、比婆山連峰は修験《しゅげん》の山として信仰を集めていたのだろう。

境内に建つ二ノ宮神社に速玉男神《はやたまおのかみ》が祀られているのも熊野信仰を窺《うかが》わせている（写真５）。また、主祭神《しゅさいじん》であるイザナミがいつから祀られているかという点も、はっきりとは分からない。というのは、神社の祭神はしばしば変化することがあるからだが、この神名が古事記神話に由来するものであるのは間違いなかろう。

ただ、それが修験者が入り込む以前からのものか、修験の知恵が関与しているのか、あるいは幕末か近代になって変えられたものか、私には決定できる根拠がなかった。

このようなことを言うのは、比婆という地名が、古い文献などにいっさい登場しないことが気にかかるからである。例えば比婆郡の名は、「明治三十一（一八九八）年奴可《ぬか》・恵蘇《えそ》・三上《みかみ》の三郡」が合併した際に付けられたもので、それは、『古事記』のイザナミ埋葬の地に由来するという（武田祐三・難波宗朋「比婆郡」『日本歴史地名大系35　広島県』平凡社、一九八二年）。

では、比婆山という山名はいつからあるのか。明治十九年から二十四年にかけて内陸部を含めた日本列島をはじめて詳細に測量した「参謀本部陸軍部測量局」の地図では、現在の比婆山の位置には「美古登《みこと》山」とある。西城町側の人々が呼び慣らわしてきた山の名である。どうやら比婆山という名称が一般化するのは、郡名が付いた明治三十年代以降らしい。

　もっとも、郡内の「美古登山」西側には比和町（旧比和村。日和村、火矢村とも。前掲書参照）があり、こちらは古くからの歴史的地名である。「ひわ」は「ひば」にも通じ、ここを流れる川が比和川（源流は比婆山連峰）であることは一考の余地がある。そして比和村の人々がこの美古登山を「ひわやま（ひばやま）」と呼んだというから、謎は謎を呼ぶのである。

写真5　熊野神社二ノ宮

　「出雲の国と伯伎の国との堺」とするイザナミの葬地「比婆之山」は、『古事記』に伝えられた段階では何らかの根拠があり、具体的な場所を指していたはずだが、いつのまにやら忘失され所在不明になった。その中で、本居宣長『古事記伝』以来最も有力な比婆山は、島根県安来市伯太町の「日次《ひなみ》・横屋と南の峠之内《たわのうち》との境」にある標高約三三〇メートルの小高い山であった（『日本歴史地名大系33　島根県』平凡社、一九九五年）。
　現在、山頂に比婆山久米神社の奥宮があり、麓に里宮が祀られている。『出雲国風土記《いずものくにふどき》』や『延《えん》喜式《ぎしき》』神名帳に久米社（久米神社）とある古社だが、『雲陽誌《うんようし》』（享保二年［一七一七］成立）能義郡日次の条をみると、『古事記』の比婆山は「母里郷日波村の山」にあるが、のち「大庭に遷祭《うつしまつり》て神魂大明神」となり、「日波村に社なし」とある（歴史図書社、一九七六年）。日波《ひなみ》は日次《ひなみ》と同じ、大庭の神魂大明神とは松江市大庭《おおば》に鎮座し、イザナミを祭神とする神魂《かもす》神社をさす。
　ここから考えると、安来市の比婆山もその名も、特段根拠をもって論証できるわけではないら

写真6　池ノ段にて。筆者の奥に比婆山（御陵、中央奥）

しい。しかも、土地に伝わる縁起によれば、「文永三年（一二六六）紀《き》伊国熊野神を勧請」して社を建てたとあり、こちらの比婆山も熊野修験とかかわっているのである。詳細な検証が必要だが、おそらくどちらも、中世から近世の時期に、『古事記』に基づいて比婆山の地として選ばれたのではなかったか。そうした選定の背景に、いかなる事情があったかが重要な問題であるが、すべては謎に包まれている。

比婆山陵を目指して

熊野神社のわきにあるイザナミ茶屋で作ってもらったおにぎりをザックに入れ、比婆山陵へ向かう。神社の裏山をまっすぐに登るのが正規の修験の道だが、きついところがあるというので、車で立烏帽子《たてえぼし》駐車場まで行き、そこから立烏帽子山の南を巻きながら池ノ段に出て、越原越《おっぱらごえ》と呼ばれる峠《たお》に降り、そこからブナ純林の中を登り、門栂《もんとが》を通って比婆山陵に至るというルートをとることになった。

ゆっくり歩いても二時間はかからない行程で、ふだん運動不足の私にもそれほど苦労しないで登れそうだという配慮である。

日ごろの心掛けがいいのか、この日は素晴らしい登山日和で、萌えたつブナの新緑に包まれて気分爽快である。残念ながら、空気が澄んでいれば見えるという大山《だいせん》は隠れていたが、高い樹が生えていない池ノ段からは三六〇度の眺望が可能で、中国山地中央部の畳み重なる山並みを堪能した（写真6）。

ここから北西の眼下に広がる大膳原《だいぜんばら》（烏帽子山と吾妻《あづま》山とのあいだの鞍部《あんぶ》）や、比婆山連峰のなだらかな頂部は、近世からずっと近代まで和牛の放牧地として使われていたために、高い樹はないのだという。それにしても、この高地（標高一二〇〇メートルあまり）まで牛を連れて登るという勤勉さには感嘆するばかりだ。昨夜、おいしく頂いた比婆牛の歴史に思いを馳せた。

越原越でおいしいおにぎりを食べて元気が出た私は、ところどころに遺《のこ》る古い丁石《ちょういし》（道標）を横目にゴツゴツした石が転がる登山道を一気に登りきり、広くて平坦な山頂部に出る（写真7、8）。そこには、まるで門のごとくに生える二本のイチイの老木があり、そのあいだを抜けて（今は根を保護するために木の脇を巻いて）、円丘の上の神陵とされる巨石（御陵石《ごりょういし》）の前に立

写真7　御陵手前のブナ林を登っていく

写真8　御陵山頂部

つことができた（写真9、10）。
その厚めの板状の石は、まるで石棺を覆う蓋《ふた》のように見えるが、下部がどうなっているかは分からない。巨石を取り囲むように七本のブナの老木が立ち、それが巨石の神々しさを演出している。

写真9　門栂。イチイの巨木2本が出迎えてくれる

そこから少し北に歩くと、命《みこと》神社の祠《ほこら》があり、その先には太《たい》鼓岩《こいわ》とか産子《うぶこ》の岩戸《いわと》とか名付けられた奇岩もある。

足が達者であれば、烏帽子山から出雲峠に降りひろしま県民の森スキー場へ出るのだが、われわれは来た道をもどり、越原越から立烏帽子山の北を巻いて千引岩《ちびきいわ》と名付けられた巨岩のあいだを抜け、駐車場に出た。足がいささか笑ってはいたが、まことに晴々とした神の山へのおとないであった。

旅のおわりに

比婆山陵にイザナミはほんとうに葬られているのかというような「禅問答」はよしておこう。それを言い出すと、『日本書紀』（第五段一書第五）の「紀伊の国の熊野の有馬村」に葬ったという記事と比べて、どちらが正しいのかという果てのない議論にもなってしまう。おそらくどちらも正しいし、伝えはほかにもあったはずだ。古代にはそれなりの根拠や謂われがあったに違いないが、われわれにはもう分からなくなっているとしか言いようがない。神話の面白みと、難しさである。

また、「出雲の国と伯伎の国との堺」というのを厳密にとれば、庄原にある比婆山は推定地から

写真10　ブナ林に囲まれた御陵石の前で

外れてしまうが、そんなふうにも考えないほうがいい。だいじなのは、四隅突出型墳丘墓がそうであるように、中国山地の南麓から脊梁山地を越えて北の海辺に至るまでの、その広いベルトの中に比婆之山はあったとみなす視座をもつことだ。

もう一点、近代において神話はどのように変貌したかという認識を忘れるべきではない。いずれの地の比婆山も、近代のある時期に官民一体の神話作りの渦中に放り込まれたはずなのである。そのことも含めて、巨視的に比婆山を考えるためのヒントが、この中国山地にはあふれている。

今ここに、地元の人々を中心として、比婆山連峰に向きあう「比婆山学」が動き始めたことに、大いなる共感と期待を抱かずにはいられない。しかもそこには、神話・伝説や信仰から植生や鳥・昆虫・魚などの自然、そして考古学・歴史や生業《なりわい》まで、あらゆる分野の専門家が集まっている。

そこから発信される学際的な成果は、私たちに計り知れない未来へのヒントをもたらしてくれるだろう。

（撮影／岡本良治）

巻頭企画2

神々の国「出雲」から見た中国山地

藤岡大拙
NPO法人 出雲学研究所理事長

備後入道

昭和二（一九二七）年の夏、島崎藤村は山陰地方を旅し、その時の紀行を『山陰土産』と題して、大阪朝日新聞に連載した。藤村は松江に着くと、宍道湖畔の老舗旅館に旅装を解き、ここを拠点に各地を探訪した。宿の南の庭先には、湖水のさざ波が寄せていた。南方には低い山並みが東西に走っている。その背後に、夏の白い入道雲がたち昇っていた。

備後入道とは、松江市から見て東南の空に起る夏の雲をいうとか。宍道湖のほとりでは、毎日のようにその白い雲を望んだ（『山陰土産』）

写真1　朝日山頂上（松江市）から宍道湖、奥に湧き上がる「備後入道」と中国山地の峰々を望む

私は宍道湖の西岸、出雲《いずも》平野のそれこそど真ん中に、生まれたときから住んでいる。東西に山はなく、遥《はる》か遠くまで見はるかすことができる。南北には、北山南山と地元で呼んでいる山並みが走っているが、いずれも低い山々で、高い山でもせいぜい四〇〇メートル前後だ。

夏になると、南の山からむくむくと白い入道雲が湧《わ》き上がる（写真1）。そうすると、誰からともなく、「南山に入道雲が出た。いよいよ夏が来たぞ」と叫ぶのである。なんとなく心がわくわくするからだ。

少年の頃、一学期の終わりが近づく七月中旬になると、必ず南山に入道雲が湧き上がったのを覚えている。それは、楽しい夏休みの到来の前触れのように思われて、入道雲にある種の神秘性を感じたものである。藤村が言っているように、この雲を備後入道というのは、遥か南方に横たわる中国山地の背後にある備後国（今でいう庄原市周辺）から湧き上がるものだと、昔の出雲人は思っていたのである。備後の辺りには、夏の興奮を運んでくれる神秘な神サマがいるのでは、などと思ったものである。

神話の舞台

備後と出雲の間には、中国山地が横たわっている。スサノオノ命《みこと》が降臨したという船通《せんつう》山から、西に向かって三国《みくに》山、立烏帽子《たてえぼし》山・御陵《ごりょう》、吾妻《あづま》山、鯛ノ巣《たいのす》山、大万木《おおよろぎ》山、琴引《ことびき》山、女亀《めんがめ》山など、いずれも一〇〇〇メートル前後の高峰が連なっている。だが、山容はいたって穏やかで、鋭い山頂や切り立った山膚《やまはだ》、常時氷雪を頂く峻峰などは全く見あたらない。どこが山頂なのか分からないほど、なだらかな稜線《りょうせん》である。だから、中国山地が山陰と山陽の間に屹立《きつりつ》して、両者を隔絶させているという感じは全くしない。『出雲国風土記《いずものくにふどき》』（写真2）を見ると、古代から幾筋かの峠道があって、彼我の間で文化的、経済的交流が行われていたことが分かる。その交流の軌跡は現代にも及んでいる。

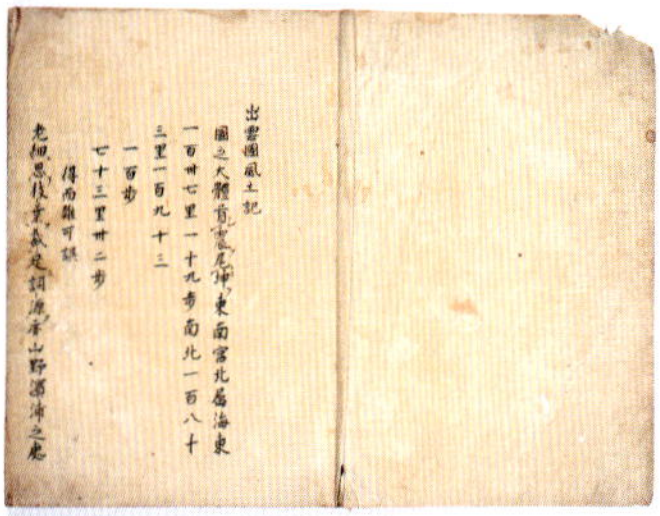

写真2　『出雲国風土記』冒頭部分
（島根県古代文化センター提供）

この山地の南北の山麓に高原状の隆起準平原が展開する（写真3）。出雲側でいえば、仁多《にた》郡奥《おく》出雲《いずも》町や飯石郡飯南町辺り、備後側でいえば庄原市か三次市辺りが該当するだろう。

さて、日本神話の中で最もポピュラーな神話といえばヤマタノオロチ退治であろう。この神話の舞台は奥出雲町から雲南市にかけてである。

乱暴のかどで高天原《たかまがはら》を追放されたスサノオは、こともあろうに、奥出雲町竹崎の鳥上《とりかみ》山（船通山）に降臨した（写真4）。この山は古代から聖なる山だったのだろう。スサノオはその地で乱暴をはたらくヤマタノオロチを退治して、クシナダ姫を娶《めと》った。オロチの正体はいったい何者だろうか。暴れ川の斐伊《ひい》川（写真5）のことか、それとも移動する製鉄民のことか、意見は分かれているが、どちらかと言えば斐伊川説の方が受け容れやすいだろう。

スサノオは暴れ川の斐伊川の治水に成功し、流域の農民たちの苦しみを救ったので、古代出雲人から崇敬されていたと考えられる。『古事記』や『日本書紀』が高天原でのスサノオの乱暴な所行をことさらに描こうとするのは、出雲のスサノオ信仰をうちくだくための、大和政権の策謀だったかもしれない。それはともかく、最も

写真３　奥出雲町。竹崎の棚田

写真４　スサノオが降臨した船通山

写真５　斐伊川。ヤマタノオロチが棲《す》んでいたとされる天が淵

人口に膾炙《かいしゃ》している神話の舞台が、中国山地であることは興味深い。

この鳥上山や比婆《ひば》山連峰の麓《ふもと》から流れ出て、途中多くの支流を集めながら出雲国を北西によぎり、近世以前には日本海の大社《たいしゃ》湾に注いでいたのが斐伊川である。近世初頭からは東流して宍道湖に流入している。暴れ川で人々を苦しめたが、一方、「出雲のナイル」と呼ばれるほど、流域の人々に恵みを与えてくれた川でもあった。この川の上流から下流に至るまでに、五〇か所以上のオロチ伝承地が存在するのはそのためであろう。

大神オオナモチ

オロチ神話は『古事記』や『日本書紀』で語られているが、本場であるべき『出雲国風土記』の「仁多郡」の条には、どうしたことかスサノオの勇壮な活躍ぶりは出てこない。かわって、オオナモチノ命《みこと》（大国主神《おおくにぬしのかみ》）にまつわる地名神話がしきりに出てくるのは不思議だが、その一つに三澤郷《みざわのさと》の地名神話がある。

オオナモチは我が御子神アジスキタカヒコノ命《みこと》が大きくなっても泣きわめき、言葉も通じないので、たいそう心配し、神に祈って泣くわけを尋ねられた。すると、アジスキがものを言うようになったという夢のお告げがあった。そこで目覚めてから、アジスキに聞いてみると、「御澤《みざわ》」とだけ言った。「御澤とは何処《どこ》だ」と言うと、どんどん山手のほうへ歩いて行き、「此処《ここ》です」と言った。二神はその池で禊《みそ》ぎをした。後年、出雲国造《こくそう》が朝廷に上って神賀詞《かむよごと》を奏上するときは、必ずこの池の水で禊ぎ初めを行うのである。古代から最も神聖な禊ぎの場所だったのである。現在でも、奥出雲町三澤の要害《ようがい》山の中腹に池があり、清冽《せいれつ》な水が湧き出ている。

比婆山伝説

『古事記』によると、火の神を産んで神避《かみさ》りました（亡くなった）イザナミを、「出雲国と伯耆《ほうき》国との堺の比婆の山に葬《はふ》り祀《まつ》った」と記している。

さて、この比婆山について古来多くの説がある。庄原市西城町・比和町の比婆山説、安来市伯太町井尻の比婆山説、安来市広瀬町梶福留の御墓山《おはかやま》説、松江市八雲町日吉の神納山《かんのうやま》説、松江市鹿島町佐陀宮内の佐太《さだ》神社説などである。それにもう一説、庄原市高野町の北隣、奥出雲町上阿井も候補地の一つである。

奥出雲町上阿井の地は、東側に猿政《さるまさ》山や毛無山があり、西側に鯛ノ巣山が聳《そび》え、その間の谷部を備後と出雲を結ぶ、王貫《おうぬき》峠越えの交通路がある。陰陽を結ぶ重要ルートの一つである。『出雲国風土記』にも載っていて、「恵宗《えそ》郡の堺なる比市山《ひしやま》に通ふは、五十三里なり。常には剗《せき》なし。政《まつりごと》ある時に当りて、権《かり》に置くのみ。」とあり、比市山（毛無山）の付近を通っていたことが分かる。剗は、関が出入りの人間をチェックするのと違って、国境警備的な機能が強く、一種の軍事施設であった。仁多郡誌には次のようなことが書かれている。

比婆山連峰（『出雲国風土記』では遊託山《ゆたやま》）をはじめ猿政山（風土記では御坂山《みさかやま》）やその近辺には、イザナキ・イザナミ二神の伝説が多く残る。遊託山は風土記に「常に剗あり」とあり、重要な山だったと思われる（写真6）。仁多郡の人はこ

写真６　「常置剗」推定地周辺（吾妻山上空から。写真中央に御陵、その左が『出雲国風土記』に登場する「遊託山」（烏帽子山）。その手前の鞍部が大膳原

の山を出雲烏帽子（烏帽子山）と呼び、かつてこの山を通って比婆山御陵にお参りする重要なルートだった。

島根県側には伊弉冉《いざなみ》というそのものずばりの地名もある。そこには十畳敷ばかりの岩棚があって、イザナミが居を構えた場所だといわれている。鯛ノ巣山（風土記では志努坂野《しぬざかぬ》）の山腹にも籠岩《こもりいわ》と称する岩棚があり、イザナミが難産のとき籠もった所と伝えられる。比婆山説としてはいささか弱い気がするが、注目すべきは御坂山の存在である。

猿政山に比定されている御坂山について、風土記には、「即ち此の山に神の御門《みと》あり。故《かれ》、御坂《みさか》と云ふ。備後と出雲の堺なり。」と記されている。加藤義成氏は、「神の御門ありとあるによれば、恐らくこの山は神山とされていたもので、山辺に神門があり、その坂を御坂といったところから山名となったのであろう。」と述べておられる（『出雲国風土記参究』）。荻原千鶴氏も、御坂の説明で、『御』を冠するのは山を神領とする意識のあらわれ、坂は神の世界との境」と述べておられる（『出雲国風土記　全訳注』、講談社）。いずれにせよ、多くの風土記研究者は、御坂山（猿政山）を霊山ととらえているが、麓を通る大貫峠道との関連で考える人はいなかった。

ミサカ

これに対し、寺村光晴氏は全国のミサカという

地名に着目し、その近辺に祭祀《さいし》遺跡が発見されるケースが多いこと、ミサカには政治的意味が含まれていることから、ミサカは単なる峠道ではなく、「古代大和政権の政治的、軍事的勢力拡大に際して、その拡大ルート上に出現した政治、軍事に密接な関係をもった峠と考えられる」と述べておられる（出雲国風土記のミサカとミソギ「和洋国文研究」第十六・第十七号）。

『出雲国風土記』にはもう一か所ミサカが出てくる。それは「飯石郡の通道《かよいじ》」の条である。

三次郡の堺なる三坂に通ふは、八十一里なり。
徑《みち》、常に剗あり。

この道は出雲と備後を結ぶ飯南町赤名峠の道である。風土記時代以来、この交通路が出雲と備後を結ぶ最も主要な幹線であった。だから常置の剗がおかれていたのである。

この寺村説に従うなら、大和勢力が出雲に進攻してきた道筋は、備後側（庄原市、三次市北部地域）から一隊は王貫峠を越え、斐伊川に沿って北西に進み、もう一隊は赤名峠を越え、神戸《かんど》川沿いに北上し、ともに出雲平野を目指したのではなかろうか。斐伊川・神戸川の沖積によって造られる出雲平野は、現在のような広大なものではなかったが、山裾には荒神谷遺跡や西谷墳墓群などの弥生の遺跡があり、北山山塊《さんかい》の南麓には山持《ざんもち》遺跡や青木遺跡など弥生から奈良時代にかけての遺跡が存在した。また、平野部には大念寺古墳や築山古墳などの大きな古墳群も点在している。もちろん、北山の西麓には杵築大社が鎮座していた。まさに出雲の中原《ちゅうげん》であった。中原とは天下の中央という意味である。大和勢力が狙ったのは出雲の西北部、出雲の中原であった（写真7）。

御坂山に神門があったというのは、御坂山という神山への入口という意味ではなく、大和勢力を

写真７　出雲平野の水田と右に宍道湖。遠望は出雲北山

防ぐための呪術的な防禦門《ぼうぎょもん》か、それとも、遠く杵築大社の参詣道の入口に立つ鳥居だったのではないかなど、いろいろな想像がわれわれを楽しませるのである。

また「三坂」という地名は、庄原市西城町と東城町にそれぞれ一箇所伝わり興味深い。

むすび

庄原市を含む中国山地は入道雲の湧きいずる神秘的な世界であった。神話を生み出すロマンの世界でもあった。風土記によれば、オオナモチが、「是はにたしき小国《おくに》なり」と言われたので仁多という地名になったという。風土記が十分に残存しない備後側もしかりであろう。まさに小さいながらも豊沃《ほうよく》な土地柄であった。穏やかな山容の中国山地は、平和な神々の国を守りつづけてきた。今でもその立ち位置は変わらない。

（撮影／金山一宏・岡本良治）

第1章

知られざる国生み神話の舞台を歩く

——中国山地編

日本誕生の女神イザナミは、中国山地に眠るといわれる。
現存最古の歴史書『古事記』に
「出雲《いずも》国と伯伎《ははき》国との堺《さかい》の比婆之山《ひばのやま》に葬《はぶ》りき」と記され、
広島県、島根県、鳥取県の三県に比婆山伝説地が数多く分布している。
その一つが比婆山御陵《ごりょう》（広島県庄原市）である。
その御陵南麓の遥拝所《ようはいじょ》・熊野神社は、神社最古の形式を備え、
国内有数の巨杉の神木からあふれてくる
不思議なパワーに包まれている。
いにしえへのロマンと神秘的な力に満ちた神話の舞台を歩いてみよう。

熊野神社境内の磐座《いわくら》と二ノ宮

第1節

『古事記』が語る「比婆之山」、巨大な信仰世界の魅力

イザナミ神、スサノオ神ゆかりの黄金《ゴールデン》ルート――比婆山伝説地

日本初めての女神・イザナミが眠る山

ヒバゴン出没の話題が一時、世の中を騒がせた。得体の知れない「生物」が住むという山・広島県庄原市④比婆《ひば》山（写真1）が、全国に報道され有名になった。

比婆山は日本初めての女神、イザナミノミコトが葬られ、眠る山である。

比婆山伝説地は現在、ほかに鳥取県西伯郡南部町福成①母塚山《はつかさん》、島根県安来市②比婆山、鳥取県日南町③御墓《おはか》山と存在する。この①②③④の山は、地図上で概ね一直線に並んでいる（図）。③と④の線上に、スサノオノミコトが降臨なさった船通《せんつう》山（別名鳥上《とりかみ》山、島根県奥出雲《おくいずも》町）の地が入る（写真2）。

これは「黄金ルート」と言わねばならない。なぜなら、イザナミもスサノオも、日本の国造りでは重要な神であるからだ。この山々に住む正体の分からないものとは、豊かな暮らしを生むもの・黄金だと思っている。

『古事記』に描かれたイザナミ

①②③④の伝説地の背景を順に探ってみよう。『古事記』では「初の男神イザナキと女神イザナミが交合《まぐわい》をなさって、日本の国々を造られた後、様々な神々をお生みになる。出産をなさるのは、イザナミなので、火の神（人々の暮らしに欠かせない神）を出産なさるとき、陰部《ほと》を焼かれて、亡《な》くなられる」

そのときの表現が「火《ひ》之《の》迦《か》具土《ぐつち》神を生《う》みき。この子を生みしによりて、みほと炙《や》かえて病《や》み臥《こや》せり。嘔吐《たぐり》に生れる神の名は、金山《かなやま》毘《ひ》古《こ》神、次に金

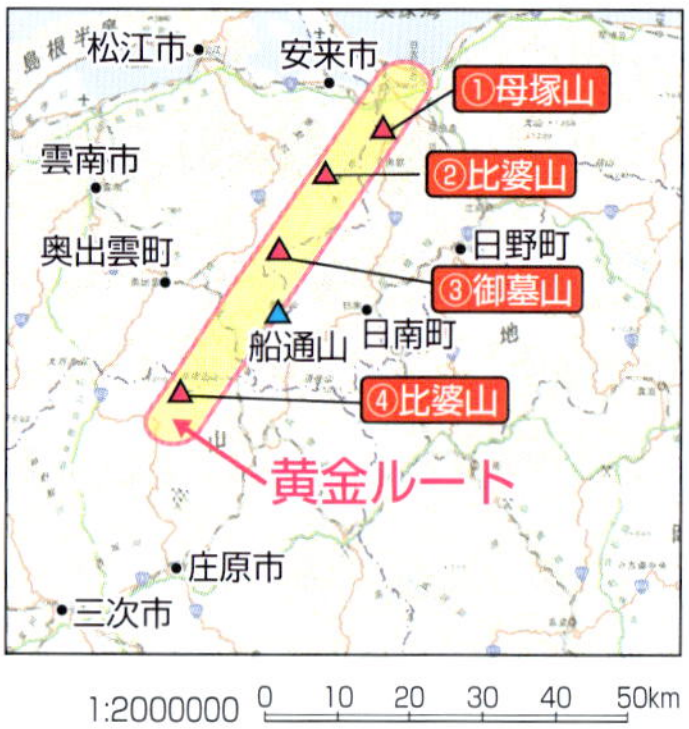

図　各地のイザナミ神伝説地

山毘売《ひめ》神。次に屎《くそ》に成れる神の名は波邇夜須毘古《はにやすひこ》神、次に波邇夜須毘売《はにやすひめ》神。次に尿《ゆまり》に成れる神の名は、弥都波能売《みつはのめ》神、次に和久産巣日《わくむすび》神。この神の子は、豊宇気毘売《とようけひめ》神と謂《い》ふ。故《かれ》、伊邪那美《いざなみ》神は、火の神を生みしによりて、遂《つい》に神《かむ》避《さ》りましき。（中略）故、その神避りし伊邪那美神、出雲の国と伯伎《ははき》の国との堺の比婆の山に葬《はぶ》りき」とある（岩波書店『古事記』から抜粋）。

写真１　池ノ段から見る御陵

イザナミは出雲の国と伯伎の国の境にある比婆之山に葬られた

死の表現として、実にリアルである。「死に当たって、口から嘔吐物として、金山《かなやま》（鉄）ができ、尻《しり》から大便として、埴山《はにやま》（粘土）が生まれ、陰部から尿《にょう》として、水が出てきた。これらは、若々しい生産の神と呼ばれ、食物をはじめとしてさまざまな素晴らしいものを司《つかさど》る神と呼ばれた。女神は、出雲の国（島根県東部）と伯伎の国（鳥取県西部、及び広島県の備北地域〈古代波久《はく》岐《き》の呼称あり〉）の境にある比婆之山に

毛無山
烏帽子山
伊良谷山
牛曳山
御陵

写真２　神話の舞台となった中国山地（手前から吾妻山、烏帽子山と御陵、毛無山・伊良谷山・牛曳山。中央奥に船通山、その向こうに大山）

葬られた」

　この死と比婆山伝説の意味は何であろうか。

　まず各地の伝説地について考えてみる。この伝説地の続く一直線は、奇しくも中国山地の鉱山帯を指している。鳥上山（船通山）は研究の結果、中国山地で、最も真砂《まさ》砂鉄の含有量が多い山で、そこを中心として、東西南北に日本でも優秀な砂鉄地帯が広がっている。

四つの伝説地を巡る

①母塚山（鳥取県西伯郡南部町福成）の背景

　米子市から国道一八〇号線を入って広々とした平野を南へ走り、少し丘陵地に差しかかった右手（西）に

写真３　母塚山からの眺め（左から孝霊山、雲がかかる大山、右手前の山の背後に八十神《やそかみ》の計略でオオクニヌシが死んだ伝説地「赤猪石神社」もあり、交通の要衝地であった）

母塚山はある。五分も走ると山頂に出、眺めの良さに驚く（写真３）。

　東の眼下には『古事記』の大国主神《おおくにぬしのかみ》の甦《よみがえ》りゆかりの地が目に入る。弥生時代の遺跡群（青木・福市の建物の多さ、南部境矢石の木棺墓の多さ）の発掘現場のすごさも思い起こされる。古墳時代の遺跡（宗像古墳群、陰田横穴墓群）も、ほかの地域との交流を示す。

　奈良時代の遺跡（陰田広畑、陰田荒神谷、五反田、安来市徳美津、永昌寺谷）は全て製鉄鍛冶関連で、出雲伯耆《ほうき》の国境を越えた一大生産地を示している。

　尾根伝いへ四方へ通じ、眼下はかつて入江で港の存在を十分考えさせる。

②比婆山久米《くめ》神社（安来市伯太町）の背景

　母塚山の西隣りの新山要害《にいやまようがい》山から伯《はく》太《た》川を渡って尾根伝いに行けば、羽根ヶ谷山に到着。その山稜に奥宮がある。御神体《ごしんたい》は円墳で拝殿だけが存在する（写真４）。羽根ヶ谷の名のとおり、この尾根は鳥が羽根を広げたように、平坦に次の③御墓山まで続いている。

　戦国時代の武将、尼子経久《あまごつねひさ》は、月山《がっさん》富田城《とだじょう》から山道を通って参拝したとい

写真４　比婆山（島根県安来市伯太町。頂上に比婆山久米神社奥宮がある）

われ、その道は、比田まで尼子道として、人々が往来した。ここも、四方に通じる要衝の地にある。昭和期まで、久米神社には、山佐《やまさ》・布部《ふべ》・宇波《うなみ》（現広瀬町。中でも宇波は鋳物で有名）から参拝が絶えず、飯梨《いいなし》川とも通じていた。

東横の三〇〇メートルほどの尾根筋には、日向尾根《ひゅうがおね》古墳群など古墳約四〇基が並んでいる。比婆山も日向山も島根半島や中海まで望む絶景である。尼子氏は寺院四坊を置き、修験場とした。

登山道からは、ほかにない規模の玄武岩柱状節理が見え、この一帯が砂鉄を有する花崗岩帯であることを示している。

③御墓山（鳥取県日野《ひの》郡日南町）の背景

安来市比婆山の近くに住む八〇歳を越える知人が「若いときは、広瀬町に昔あった修験場坊床《ほうとこ》の親戚まで尾根伝いに歩いた。尾根の上は整備され、活用されていた」と話していた。坊床の南に猿隠山《さるがくれ》があり、さらに南に御墓山がある（写真5）。両方とも、島根県安来市広瀬町東比田にもかかる山である。

イザナミの御陵《ごりょう》は七五八メートルの山頂の平地で瓢単形《ひょうたんがた》にみえる。周囲にはゆかりの地が多い。猿隠山は火之迦具土神を出産した地、八石谷《はっこく》は火之迦具土神から八柱の神が生まれた場所、その他加津良《かつら》谷、比田《ひだ》坂、行水《ぎょうず》谷などがある。

日蓮上人直作《じきさく》の尊像三体の一つがある解脱《げだつ》寺もあり、それへの道標は須山、赤屋、万丈峠、下阿毘縁《しもあびれ》、寺谷坂などに現存し、たたらの道だったことを示している（写真6）。

伯太川、飯梨川、斐伊《ひい》川の源流をおさえ、出雲国中枢へ山陰道へと続く要衝の地である。

写真5　左のピークが猿隠山（島根県安来市広瀬町東比田から）

写真6　御墓山への登り口の石碑（荒金 実氏提供）

④比婆山（広島県庄原市）の背景

この比婆山に関連した地が、島根県奥出雲町阿井にある（写真7）。イザナミ山とイザナミ川もある。伝承は「鯛の巣山のこもり岩で七日七晩こもられ、火の神が生まれた。猿政山（写真8）

の中腹に黄泉《よみ》の穴がある。吾妻《あつま》山にイザナキがおられ、三井《みい》野原で禊《みそ》ぎをなさった。イザナミ山の窟にイザナミ神をお祀りしている」などである。そこは馬木《まき》に通じる絶好の道で、馬木は比婆山稜の北麓である。この伝承は④がいかに広範囲に及ぶかを示している。

庄原市の比婆山が最も大きな山塊

改めて①から④を考察すると、④が最も大きな山塊であり、高所の要地であることを示している気がする。

④は広島県ではかつての奴可《ぬか》郡、恵《え》蘇《そ》郡、三上《みかみ》郡の三郡に及ぶ領域を持っていたと考えられる。特に奴可郡の古代での重要性は『平家物語』に載る奴《ぬ》可入道西寂《かのにゅうどうさいじゃく》の逸話でも分かる。『新猿楽記』（一一世紀）では鉄の産地として都でも有名であった。

周囲は道後山から吾妻山まで峰が連なり、広大な領域が神籠石《こうごいし》で守られている。御陵（一二六四メートル）の頂上には崇敬を集める円丘があり、巨石「御陵石」や「烏帽子岩」が存在し（写真9）、九〇本を超す神木のイチイ群に守られている。イチイは樹齢千年の木もあるとされ、畏敬されてきた。

神籠石は、鳥取県日南町、島根県奥出雲町大馬木、庄原市の比和町（比和・古頃・三河内）、西城町（大屋・鳥越峠・小鳥原《しととばら》）、東城町（小奴可《おぬか》・内堀）などにあり、遙拝所とも考えられている。それ以外に熊野神社の神《かん》の蔵《くら》（御《み》戸《と》岩《いわ》）も遙拝所である。

烏《え》帽《ぼ》子《し》山をはじめ比婆山連峰は古名鳥尾頭《ちょうのおのかしら》ともいい、船通山は古名鳥上《とりかみ》山と呼び、それぞれに鳥上《とりかみの》滝、鳥尾《ちょうのお》ノ滝があり、両山を結ぶ脊梁《せきりょう》は、両翼を広げた鳥の姿を見せている（写真10）。

イザナミを祀《まつ》る熊野神社には、天狗

写真7　イザナミを祀った祠《ほこら》（阿井公民館提供）

写真8　猿政山の柱状節理（イザナミ、イザナキ降臨伝承地）

写真9　イザナミを祀る御陵山頂の命《みこと》神社。参拝の正面は恵蘇烏帽子岩（通称太鼓岩）

の休み木、そこから比婆山に登る途中に天狗の相撲場などがあるので、やはり修験の道ともなっていたようだ。

比婆山連峰周辺からは東城川と西城川が流れ出ている。その流域は広く、前者は成羽《なりわ》川となって、岡山県から瀬戸内海へ、後者は江《ごう》の川となって三次《みよし》市を通り、日本海へと流れる。

「奴可《ぬか》」は、古代の額田部《ぬかたべ》を指すとも、『播磨《はりま》国風土記』から糠《ぬか》が砂鉄を指すとも、考えられる。

写真10　船通山から見た比婆山連峰。中央左のピークが立烏帽子《たてえぼし》山、そこから左へ竜王山、福田頭、柱を挟んで三角山(井西山)。立烏帽子山から右へ池ノ段、御陵、烏帽子山、吾妻山、柱を挟んで右に猿政山

イザナミが火を持ちつつ、眠るに最高の山

①②③④のイザナミの伝説地をまとめると、花崗岩の風化した鉄分を含む真砂土質であり、粘土《ねばつち》といって、土の耐火度が高温に耐える土を持ち、滝のある湧水量の多い山である。イザナミは、火の神出産のときに水の神、埴山の神、金山の神を生む。
製鉄で砂と鉄を分離するには、滝の力と川水が必要であり、炉を築くには粘土などの製鉄時の触媒となる埴山が必要であり、豊かな木と火でできる炭も要る。それらを組み合わせて、風の力でもって一五〇〇度の熱を送り、焚き続けて、鉄ができるのである。

出雲と伯伎の境の山には、日本海の風による豊富な水で木々が育ち、平らな山稜には日当りも良く、四方への見通しも利き、通路にも最適である。まさに、イザナミが、火を持ちつつ、眠るに最高の山で、鉄から素晴らしい暮らしが生まれ、国造りの原動力となった。

和銅五（七一二）年に成立したという『古事記』は、それまでの歴史と、それ以後の歴史の発展を鮮やかに記述しているといわざるを得ない。

これについては二章で『古事記』のより詳しい記述と『風土記』に書かれている内容を傍証としながら、さらに説明したいと思う（P88）。

合わせて、『延喜式《えんぎしき》』（平安中期の法典）に載る庄原市の神社も付加し、イザナミから始まる神話の世界を構築したいと思う。

（川島芙美子）

写真１　庄原市比婆山。立烏帽子《たてえぼし》山中腹から御陵《ごりょう》への眺望

比婆山所在地論争から比婆山信仰圏へ

比婆山所在地論争

中国山地の鉱山帯に複数の比婆《ひば》山伝説地が並んでいるという川島芙美子先生の「比婆之山」論を読み、神話の奥深さを知る。その興奮さめやらぬうち、気が付けば僕の番だ。

少しおさらいしよう。『古事記』によれば、イザナミノミコトは火の神(製鉄の神)ヒノカグツチを産んで亡くなると、出雲《いずも》と伯伎《ははき》の堺《さかい》にある「比婆之山」に葬られた。

もちろん、これだけで「比婆之山」の所在地の論証は難しく、現に中国地方の広島県、島根県、鳥取県に実に多くの比婆山伝説地が残る(写真1、2)。さらに、紀伊半島の三重県熊野市の

写真2　安来市比婆山の「久米《くめ》神社」里宮

写真3　三重県熊野市の「花の窟神社」

「花《はな》の窟《いわや》」に葬ったとする『日本書紀』の一書も伝わる（写真3）。大和朝廷周辺で長らく語り継がれ、奈良時代にようやくテキスト化した神話の世界を、現代の日本列島に具体的に見いだすことは、難題である。

　こうした背景もあってか、各地の比婆山伝説地は互いに、どれが正統なのかをめぐって時に反目し、競い合ってきた。「比婆山所在地論争」である。

　この論争は、明治以降、しだいに激しさを増し、戦時中にそのピークを迎えた。中でも広島県庄原市と島根県安来市の二つの比婆山は、戦時中、「帝国神業発祥の地」として「国体明徴」の「聖蹟《せいせき》」を競い、結果として戦争の大義名分にも利用された。

聖蹟顕彰運動と二つの比婆山

　明治維新後の中央集権体制下では、天皇制の維持発展（王政復古）が国の基本とされたから、「国体」（天皇を中心とする国家秩序）を守るための皇国史観の徹底は不可欠で、「国家神道」の普及が重要な国策だった。

　皇祖神の伝承地にまつわる聖蹟顕彰も盛んに行われた。日本神話のイザナキノミコト、イザナミなどの聖蹟を究明し、帝国神業発祥の地を顕彰することで、国体を明徴《めいちょう》（はっきりと証明すること）し、聖書のアダムとイブに対抗しようとしたのだ。

　昭和十二（一九三七）年三月、山陰史蹟協会によって『伊邪那美尊神陵の研究』が発行された（写真4）。上製本箱入りのきれいな作りだ。出雲国能《の》義《ぎ》郡井尻村比婆山（安来市比婆山）を報告している。巻末に、出雲国能義郡井尻村比婆山顕彰奉賛会の紹介があり、軍国的な表現が並ぶ。この年は、盧溝橋《ろこうきょう》事件を発端に日中戦争が始まった年だ。文部省が『國體《こくたい》の本義』を発

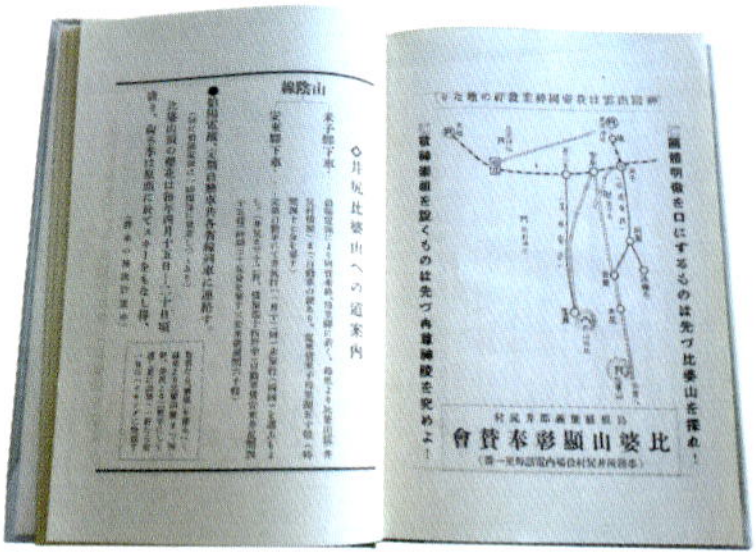

写真４　比婆山顕彰奉賛会ＰＲページ（『伊邪那美尊神陵の研究』山陰史蹟協会、1937年）

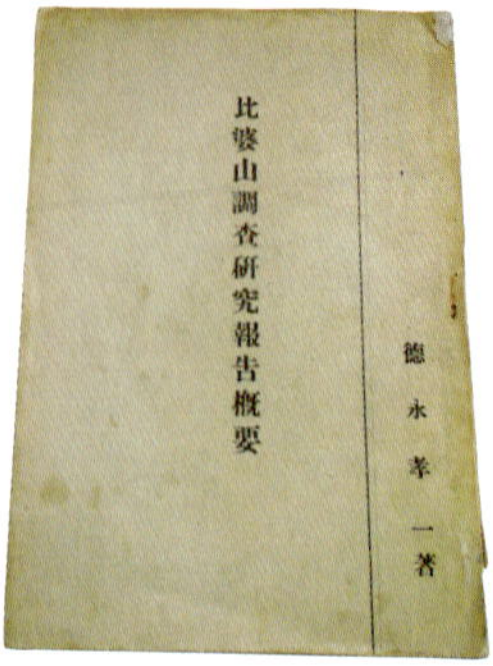

写真５　徳永孝一『比婆山調査研究報告概要』、1941年

行した年でもあった。

　庄原市の比婆山も、大正十四（一九二五）年五月の皇祖崇敬會本部による『聖蹟比婆山ト熊野神社』をはじめ、聖蹟顕彰と国威発揚を目的とした調査の対象となり、昭和十六（一九四一）年四月、徳永孝一著『比婆山調査研究報告概要』（写真５）が発行された。この年の十二月八日、日本軍はハワイを急襲し、太平洋戦争に突入した。

　日本が海外侵攻するために用いた「八紘一宇《はっこういちう》」のスローガンのもと大東亜共栄圏の建設が叫ばれ、多くの尊い命が奪われた。

　比婆山を語るときに避けては通れない、比婆山所在地論争の歴史。

　それは、人々の信仰心と郷土愛が、地域エゴへと姿を変え、戦争に利用された近代史だ。だから今度は、自由と平和の新しい比婆之山像を描こう。

「比婆山信仰圏」の提唱と新たな「比婆之山」像

　イザナミを祀《まつ》るたくさんの比婆山伝説地は、従来、それぞれが個別に論じられてきた。互いに孤立し合う「点」だったのだ。ならばえいやあと、線で囲ってみた。すると「点」は「面」になり、広島県庄原市から島根県松江市、鳥取県南部町にかけての南北六〇キロ以上、東西三〇キロ以上の帯状の巨大空間が現れた（図）。

　この中に、江《ごう》の川、高梁《たかはし》川、斐伊《ひい》川、日野《ひの》川という中国地方有数の河川の分水嶺と、斐伊川、日野川の間のほとんどの山々が含まれる。

　少なく見ても一〇〇〇平方キロ以上。庄原市比婆山や、島根県の安来市比婆山、松江市神納《かんのう》山（宮内庁「岩坂《いわさか》陵墓《りょうぼ》参考地」）、鳥取県の日南町御墓《おはか》山（旧内務省「伊弉冉尊御陵流伝地《いざなみのみことごりょうるでんのち》」）、

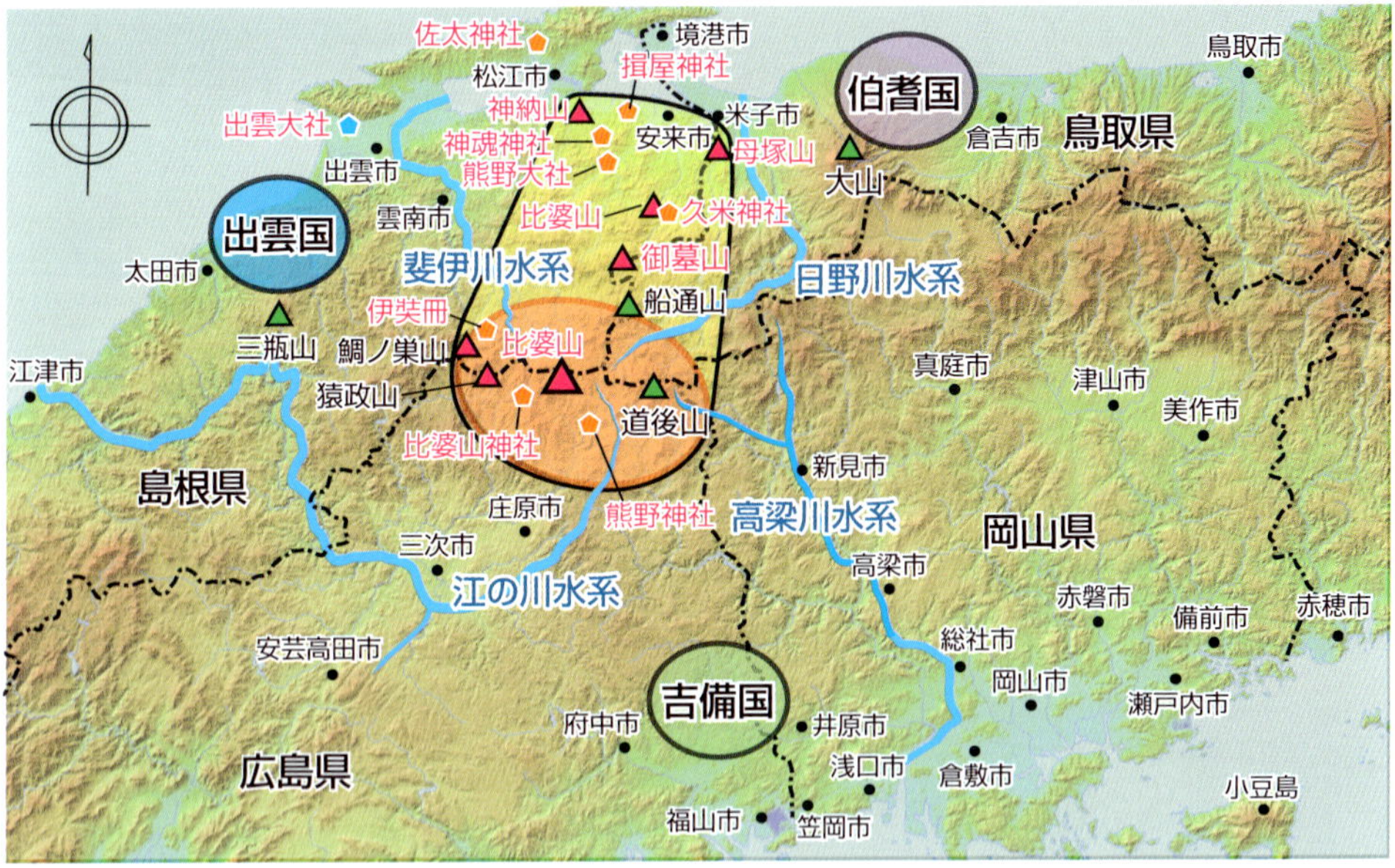

国土地理院 地理院地図より（20万分の1）　0　20　40　60　80　100km

図　比婆山信仰圏の設定

南部町母塚山《はつかさん》などが全部入る。

そうそうたる比婆山伝説地のそろい踏みだ。各伝説地は、それぞれを核とする同心円状の信仰圏を一つずつ有していて、これらが相互に重なってできる比婆山信仰の裾野の総体は、もっとずっと広いだろう。例えるなら、比婆山伝説地の「おしくらまんじゅう」だ。

この素敵な一つの巨大空間を「比婆山信仰圏」と呼ぼう。

三県にまたがる、比婆山信仰圏。

イザナミを慕う歴史と文化を共有してきたこの巨大な神聖空間は、時に人々のご当地論争を眺めながらも、泰然としてあり続けた。

もしも、『古事記』のいう比婆之山が、特定の一つの山を呼ぶ固有名詞でなく、多くの山々を包括して表現した総称だったら、どうだろう。比婆山信仰圏にある、多くの比婆山伝説地からなる山々の巨大な集塊を、一つの「比婆之山」と捉えてみてはどうか。

すると、比婆之山は、出雲と伯耆《ほうき》の「国境上」に確かに存在し、『古事記』の記述をしっかりと裏付けていることになる。しかもこの一帯は、日本史上最大の「製鉄地帯」だ。

驚きと発見は、さらなる探求への原動力になる。

さあ、「比婆山学」のスタートだ。

（稲村秀介）

世界遺産「紀伊山地」に匹敵する巨大な比婆山信仰圏

広島、島根、鳥取三県にまたがる比婆山信仰の広がり

中国地方に伝わる、多くの比婆《ひば》山伝説地からなる「比婆山信仰圏」。それは広島、島根、鳥取の三県にまたがり、庄原・三次盆地と、山陰の平野や中海・宍道湖を結ぶ、南北六〇キロ×東西三〇キロ以上の帯状の巨大空間だ（P47）。

さらに、中世に「比婆山の神陵を遷《うつ》し祀《まつ》った」という佐太《さだ》神社（松江市鹿島町）（写真1）の神威の及ぶ領域までを含めると、この聖なる空間は、島根半島にまで達し、「北ツ海」（日本海）と庄原・三次盆地をつなぐ圏域となる。

比婆山信仰圏は、客観的にみてどれほど広いのか。他地域の例と少し比べてみよう。

例えば、富士山。世界遺産に登録された「富士山―信仰の対象と芸術の源泉」（静岡県、山梨県。平成二十五年登録）の登録面積は、二〇七平方キロ。

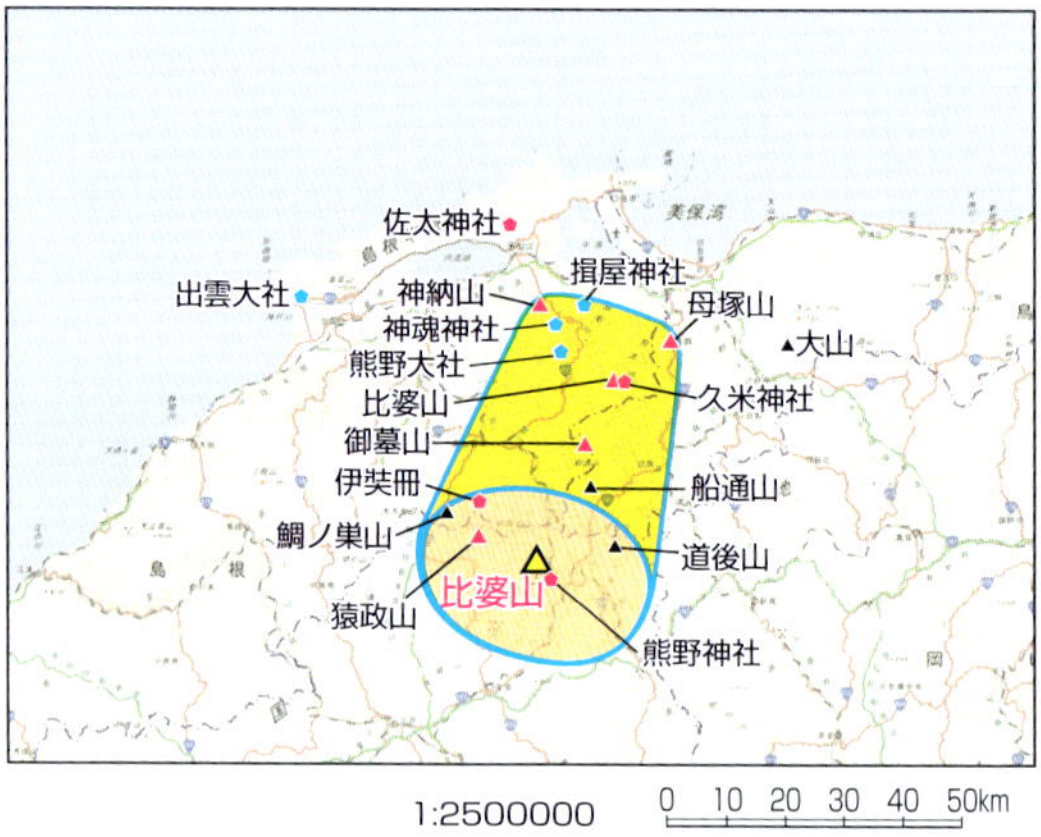

図1　比婆山信仰圏

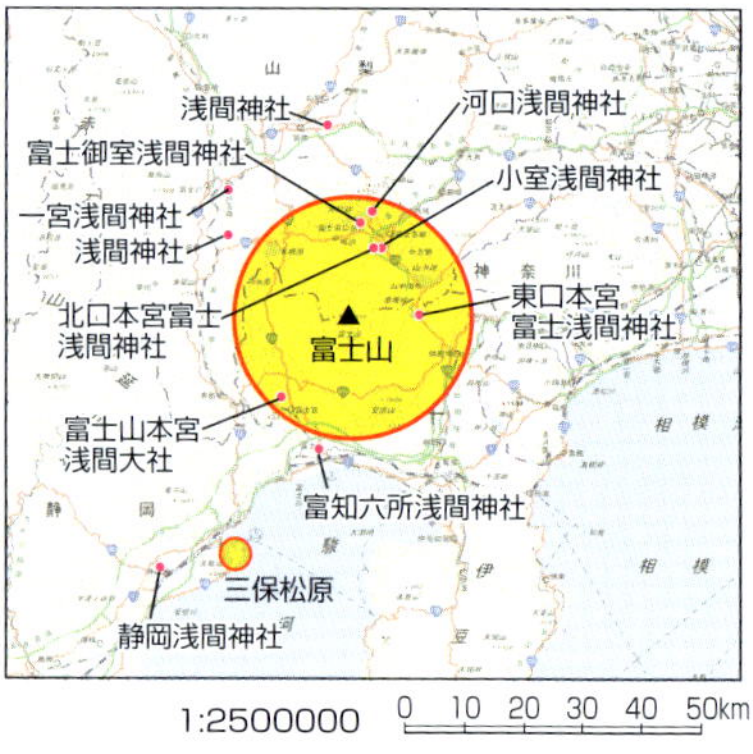

図2　富士山ー信仰の対象と芸術の源泉

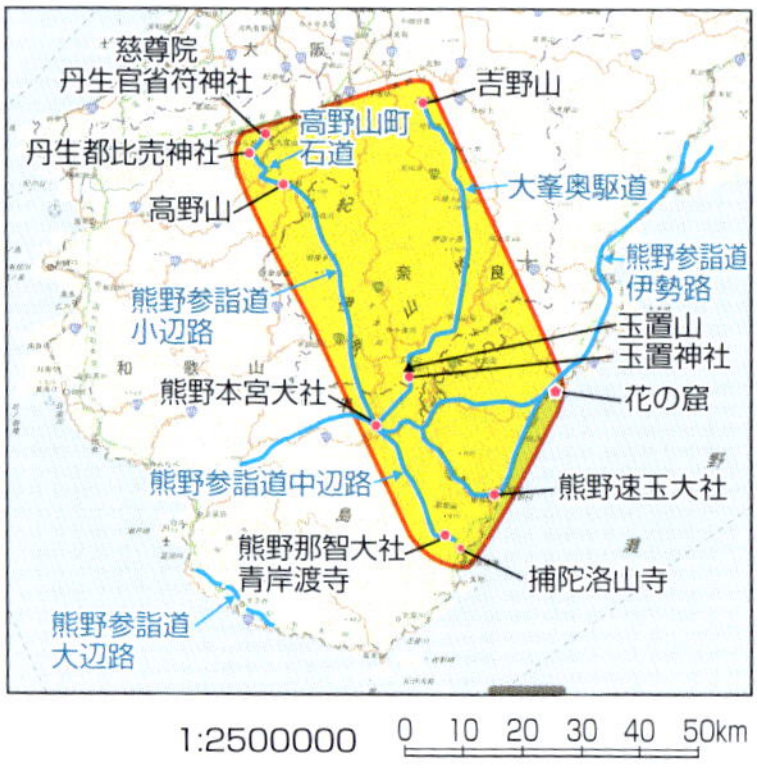

図3　紀伊山地の霊場と参詣道

緩衝《かんしょう》地域四九六平方キロを合わせると、約七〇〇平方キロだ。裾野面積は全部で約一二〇〇平方キロある。

　次に、本書とも関連の深い世界遺産「紀伊山地の霊場と参詣道」（三重県、奈良県、和歌山県。平成十六年登録）はどうか。こちらの登録面積は約五平方キロ。緩衝地域一一三・七平方キロを合わせて、約一二〇平方キロある。主な構成資産が分散する最大範囲を地図上で測ると三六〇〇平方キロ以上あり、その外部へも古道が延びる。

写真１　佐太神社境内（島根県松江市。比婆山の神陵を遷し祀ったというイザナミが鎮座する磐境《いわさか》「母儀人基社《はぎのひともとしゃ》」）

　比婆山信仰圏も、少なく見ても二〇〇〇平方キロ以上の範囲に広がり、さらに外部へと参詣路が延びていたと予想でき、その巨大さは世界遺産にも匹敵することが分かる。

庄原市の比婆山信仰
かつて崇敬者は、中国地方で約一万戸

　ここでは、庄原市比婆山を例として、比婆山信仰の広がりを見てみたい。

　庄原市の比婆山信仰は、御陵《ごりょう》（一二六四メートル）を神体山と崇《あが》め、東西約四〇キロ、南北約三〇キロの楕円形を成す、約九五〇平方キロの独自の信仰圏を形成してきた。

　この地では、国生みの女神イザナミノミコトを比婆山に葬った伝承があり、『古事記』にいう「比婆之山」であるとして信じられてきた。

　そのお膝元に暮らした西城町の人々は、「比婆《ひば》山」とは言わず、「命《みこと》山」（美古登《みこと》山）、「御山《みせん》」などと呼んだ。「イザナミノミコト」と発音することを憚《はばか》り、「山之神」などと呼んだという。比婆山は、「遥拝《ようはい》」する神の山だった。中世には在地領主の久代宮《くしろみや》氏が、遥拝所である熊野神社を崇敬した。

　残念なことに、現在、比婆山への信

写真２　熊野神社の「神札」と宝印（新山勝勇　昭和57年「比婆山・熊野探訪資料」『郷土』第25号）

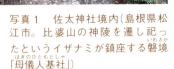

仰を古代以前に遡《さかのぼ》って学べる直接の史料は残っていない。

庄原市西城町の戦後の郷土史家、新山勝勇によると、明治時代になると「比婆山講社」が結成されたという。熊野神社で授かった神使の「烏」を描いた神札（写真2）を、虫よけのため田んぼに立てる風習が昭和初期の大戦前まで続いていたらしい。

昭和二（一九二七）年の「熊野神社崇敬者調書」によると、熊野神社の崇敬者の広がりは、中国地方で五八町村（広島三八、鳥取一三、島根三、岡山四）に及び、戸数にして九七五六戸もあったという（新山勝勇「比婆山・熊野探訪資料」『郷土』第二十五号、昭和五十七年）。

明治初期の月祭日には一万～三万人が登拝

このような比婆山信仰の広がりを、少しずつ時代を遡りながら、追ってみよう（写真3）。

昭和十年代には、熊野神社の春秋の例大祭は、山頂の御陵で行われていた。この頃の様子を、比婆山を実際に訪れ調査した徳永孝一が記している。これによると、興味深いことに御陵での神事を行う上で、現在の島根県奥出雲《おくいずも》町の氏子が大切な役割を担っていた。

> 春秋二回に行われる大祭日には、島根縣仁多郡大馬木方面の氏子と備後方面の氏子とが廣島縣比婆山御神陵に登らなければ神事を執行することが出来ない。而《しか》も往昔《おうじゃく》、この大祭日には近郷近在の崇敬者が彼方此方《かなたこなた》の谷々を長蛇《ちょうだ》の列をなして雲集《うんしゅう》するといふ。
> （徳永孝一『比婆山調査研究報告概要』昭和十六年）

写真3　大正年間の熊野神社参拝（『聖蹟《せいせき》比婆山ト熊野神社』）

明治時代にはどうだったのだろうか。幸いにも、片岡正占、井川須賀雄という二人の研究者が記録を残している。これによると、近世末から明治にかけての比婆山登拝《とはい》は、山陰、山陽、さらには九州という、非常に広い範囲にわたっていた。

さらに、明治九（一八七六）年当時、月祭日の二十八、二十九日は一万〜三万人もの人が登拝したという。明治維新の効果についても指摘している。重要な文献なので、やや長いが紹介しよう。

写真４　熊野神社境内の第三鳥居

（略）比婆山神陵竝《ならび》に熊野神社の例祭は往古《おうこ》より舊暦《きゅうれき》三月二十九日を以《もっ》て執行せり。依《よっ》て毎年参拝人は近郡は素《もと》より雲伯石州等より夥數《おびただしき》登山社参ありて諸作の豊熟を祈り又諸病平癒を請願するに神験著しき由是迄《よしこれまで》は御一新前《ごいっしんまえ》の景況なり。然《しかして》御一新と成ては月日を論ぜず明治六七年頃は春は舊三月より七八月迄毎日参拝人三四百名陸續《りくぞく》として絶ゆる日なきよしなり。既に明治九年には日々幾千人なるを知らず連月二十八九両日は一萬《まん》より三萬人にも及びしよし（略）

（片岡正占『比婆山考證』明治八年（追次考證）、渡辺哲玄編輯、大正十二年）

写真５　鳥居に刻まれた寄進の銘文（寛延四年雲州の僧侶から）

（略）古《いにしえ》より三備州は素より因伯《いんぱく》雲石《うんせき》の近國遠くは九州邊《へん》よりも社参して曰《いわ》く當社《とうしゃ》は伊勢太神宮の御祖所参殿宮代《みおやどころへさんでんのみやがわ》り也《なり》と申て大祭三月二十八九日には社参のもの夥數何千何萬人という参詣有《あり》しなり（略）

（井川須賀雄『比婆山後徵』明治十四年、渡辺哲玄編輯、大正十二年）

江戸中期、雲州（島根）の人が寄進した熊野神社石鳥居

さらに前の、江戸時代はどうだったのだろうか。

熊野神社の境内に移築されて残る現在の第三鳥居（写真４）は、江戸時代に村から広島藩へ献上した『国郡《こくぐん》志《し》書《かき》出帳《だしちょう》』にも「石の鳥居」として載っている。その右柱の表面に「寛延《かんえん》四未天《さるてん》

願主　雲刕《うんしゅう》飯石郡中野村　教傳《きょうでん》　藤川七兵衛」とある（写真５）。

「寛延四年」といえば、西暦一七五一年。八代将軍徳川吉宗の没年でもある。

「雲刕（州）飯石郡中野村」は、今でいう島根県雲南市三刀屋町中野に当たる。

江戸中期の終わり頃、比婆山信仰のシンボル、熊野神社の石鳥居が、遠く雲南市から来た「教傳」たちの寄進によって建立されていたのだ。教傳は、三刀屋の正蔵坊という真宗寺の僧侶と推定されるという（黒田正「熊野神社の構造物」『郷土』二十五号、昭和五十七年）。

ほかにも、熊野神社境内の瑞垣《みずがき》を探してみると、島根県の人による寄進を実際に見いだせる（写真６）。

文献や石造物をもとに、昭和から江戸時代までの比婆山信仰の歴史を遡ってみた。

この作業を通じて分かったことは、歴史を通じ、比婆山信仰の広がりが県境を遥《はる》かに越えて、中国地方、さらには九州などの広範囲にまで及んでいたということである。

こうした広大な広がりを持つ比婆山信仰が、果たしていつどのようにして生まれ、いかなる変遷を経てきたのだろうか。

本書で、さまざまな角度からこれを探っていこう。

（稲村秀介）

写真６　熊野神社境内の瑞垣

第2節

不思議なパワーを秘めた熊野神社の謎に迫る

写真1　熊野神社参道の大鳥居と「比婆大社」扁額。右手前に奉納碑

比婆大神社から熊野神社に改称——幻の官幣大社

熊野神社の由緒を探る

かつて庄原市西城町の熊野神社を「官幣大社《かんぺいたいしゃ》」へと昇格させる運動があったことを、今では知る人は少ない。しかし、熊野神社を訪ねてみると「比婆《ひば》大社」の銘を扁額に刻んだ堂々たる大鳥居がそびえて立つ（写真1）。

中国地方有数のこの鳥居の建立が戦後四半世紀を経た昭和四十八（一九七三）年であったことを知ると、幻を、幻のままで終わらせまいとした関係者の熱い思いが伝わってきて胸を打たれる。

社記によると、熊野神社の創建自体は不詳であるが、和銅六（七一三）年までには存在し、「比婆大神社《ひばだいじんじゃ》」と称していたという。その後、天平元（七二九）年に社殿を再建し、嘉祥元（八四八）年に「熊野神社」へと改称したと伝わる。

　中世には、戦国武将久代宮《くしろみや》氏（写真2）の勢力下にあり、一門による社殿

写真2　宮氏一門墓所。庄原市西城町栗《くり》の浄久寺《じょうきゅうじ》

造営記念の棟札《むなふだ》が三点現存する（市重要文化財、写真3）。

　これをみると、文亀二（一五〇二）年には西条保久里村大檀那源親盛《みなもとのちかもり》が「證誠《しょうじょう》殿《でん》」（紀州熊野本宮の第一殿と同名）を建立、永正十五（一五一八）年には大檀那源尚盛《みなもとのひさもり》が「熊野権現御寶殿一宇」を建立し、天正四（一五七六）年にも大願主源智盛《みなもとのともり》が「密多羅山金福寺宮一宇」を再建している。

　さらに、天正十四年、伯耆《ほうき》国日野《ひの》郡生《しょう》山《やま》城主山名《やまな》景幸《かげゆき》（智

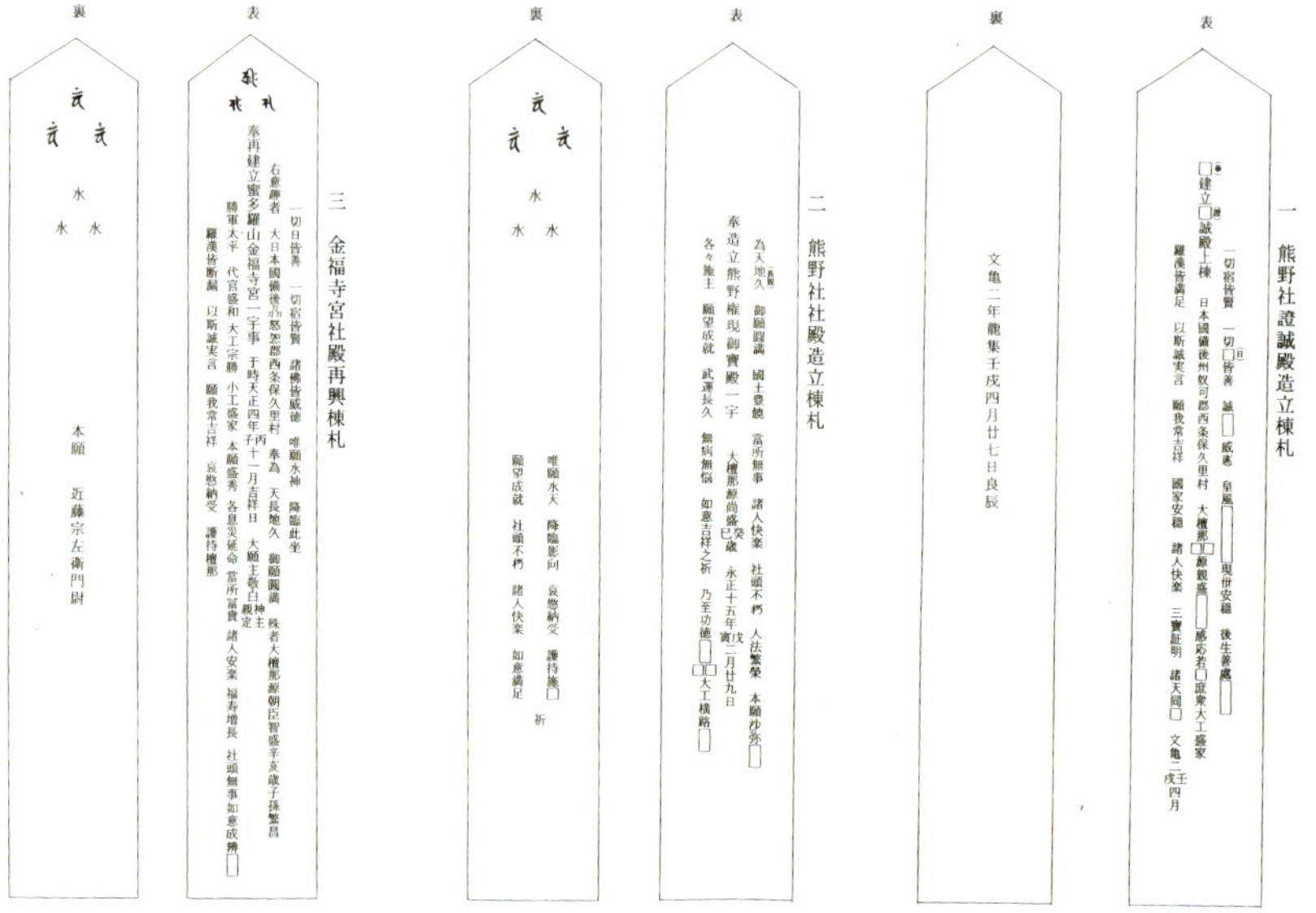

写真3　熊野神社に残る棟札（新山勝勇　昭和57年「比婆山・熊野探訪資料」『郷土』第25号）

盛の弟）が熊野神社造営の材木を寄進して建物を建立したと伝わる。

江戸時代に頼杏坪《らいきょうへい》（頼山陽の叔父）らが編纂《へんさん》した『芸藩通志』も、「熊野山　入江村尺田にあり、山に熊野神社あるを以てかく称す。一にうびのひの山と称す。雲備の界、斐の山の義なり」と記している。「斐」は霊《ひ》＝神とも解され、麗しい表現である。

一方で、熊野神社は、皇族や国司などの信仰の記録がなく、平安時代の『延喜式《えんぎしき》』にも載らず、官幣社《かんぺいしゃ》（中央の神祇官が祀《まつ》る神社）や国幣社《こくへいしゃ》（国司が祀る神社）にも列せられていない。

近代の熊野神社昇格運動

徳川幕府が大政奉還し、王政復古の大号令のもと明治新政府が発足すると、天皇中心の国家体制を支える「国家神道」の普及は重要な国策となっていった。こうした時流のもと、皇祖神（天皇の祖先神）のイザナミノミコトを祀る比婆山御陵《ごりょう》（通称）へは、前項（Ｐ51）で述べられたように「連月二十八九両日は一萬より三萬人」にも及ぶ参拝人があったという（片岡正占『比婆山考證』明治八年（追次考證）、渡辺哲玄編輯、大正十二年）。

しかし、明治二十（一八八七）年頃から比婆山を神陵と「僭称《せんしょう》」（分不相応な名を勝手に名乗る）することが禁じられたといい、参拝者は次第に減少した。この年はちょうど、官幣社や国幣社へ国費支給する「官国幣社保存金制度」ができ、国家が国費を支給する祭祀《さいし》と、一般の宗教との分離が進められた頃である。こうした出来事も、熊野神社の官幣大社昇格運動への熱意を生んだ背景と思われる。

広島県は、明治年間に二度の比婆山神陵顕彰の請願を国へ行い、大正に入ると地元でも顕彰運動が沸き起こって政府へ懇願書を出すなど運動は本格化した。

こうした努力が実り、大正九（一九二〇）年以降、内務省神社局考証官であった宮地直一博士らによる熊野神社の神体調べがあり、宮内省諸陵掛による奥の院（比婆山御陵）の実地調査も行われた。地元の美古登《みこと》村でも大正十一（一九二二）年に、「比婆山保存会」と「熊野神社昇格期成同盟」が結成された。

念願はかない、大正十二（一九二三）年三月十七日、第四六帝国議会で「比婆山熊野神社昇格ニ関スル建議案」が可決された。その後、子爵の北小路資武を総裁に迎え「皇祖崇敬會本部」も結成された。

その会則を読むと、「本會ハ比婆山ニ於ケル國祖伊邪那美命ノ聖蹟ヲ保存シ且ツ仝神ヲ奉祀セル熊野神社ノ社格昇進ヲ期スルヲ以テ目的トス」と高らかに記している（皇祖崇敬會本部『聖蹟比婆山ト熊野神社』、大正十四年五月）。

幻の官幣大社「比婆大神社」請願に徳富蘇峰も名を連ねる

ついで、昭和十四（一九三九）年、第七四帝国議会に提出された「伊邪那美神ヲ奉祀スル官幣大社創建ノ請願」（説明は永山忠則代議士）が採択された。徳永昭氏の尽力で収集されたこの時の官報号外から引用しよう。

請願特別報告第六二五號

意見書

請願文書表第一二三五號

伊邪那美神ヲ奉祀スル官幣大社創建ノ請願　東京市大森區山王一丁目二千八百三十二番地徳富猪一郎外二十五名呈出（紹介議員森田福市君外十二名）

右請願ノ要旨ハ大日本民族ノ始祖伊邪那岐、伊邪那美ノ二大神ノ内伊邪那美神ヲ御單獨ニ奉祀スル官幣社ノ未タ建立セラレサルハ洵《まこと》ニ恐懼《きょうく》ニ堪ヘス而シテ廣島縣比婆郡美古登村鎭座村社熊野神社ハ往古比婆大神ト稱セラレ大皇祖伊邪那美神ヲ奉祀シ同社ノ奥院ナル比婆山ハ伊邪那美神御登遐《とうか》セラレタリト傳ヘラレ由緒深キ地ナリ依テ皇紀二千六百年記念事業トシテ由緒深キ前記比婆山熊野神社ヲ往古ノ社名比婆大神ト改メ官幣大社ノ社格ヲ以テスル神宮ヲ創建セラレタシト謂《い》フニ在リ

衆議院ハ其ノ趣旨ヲ至當《しとう》ナリト認メ之ヲ採擇《さいたく》スヘキモノト議決セリ依テ議員法第六十五條ニ依リ別冊及御送付候也

（昭和十四年三月二八日「官報號外」）

写真４　宮田武義先生顕功碑

同年、「比婆山神蹟顕彰会」が結成され、名誉総裁に徳富猪一郎（蘇峰）、総裁には広島県知事、名誉会長に宮田武義（写真４）を迎え、陸海軍、政財界、学界の要人が会員に名を連ねた。

昭和十五（一九四〇）年、「皇紀二六〇〇年」の祝賀行事が全国で挙行された。

地元でも、徳富蘇峰筆「神聖《しんせい》之《の》宿《やど》処《ところ》」碑を御陵に建て、「崇皇敬神記念樹」として比婆郡内の国民学校に御陵のイチイを記念植樹した。翌十六年三月、「比婆山伝説地」が広島県史跡となる。昭和十七年に國學院大學植木直一郎教授が現地調査、同十八年には國學院大學樋口清之講師による実測図の補訂が行われ、全て順調かに見えた。

しかし、昭和二十（一九四五）年八月十五日の終戦とともに、皇紀二六〇〇年記念事業として実施されるはずであった「伊邪那美神ヲ奉祀スル官幣大社創建」は、幻に終わった。

一世紀に近いこれらの活動は、決して無駄ではなく、顕彰事業は戦後の中国山地国定公園期成同盟会へと引き継がれた。昭和二十七年に「熊野神社の老杉《ろうさん》」を県天然記念物に指定（写真5）、同二十八年には「比婆山」が県立公園に指定され、昭和三十八（一九六三）年の「比婆道後帝釈国定公園」（写真6）として結実したのである。

時局を最大限に活用し、常に比婆山顕彰を第一義とした宮田武義をはじめ、地域の先人の思いは純粋だったと捉えたい。国定公園指定からさらに十年後に建立された大鳥居にも、時を超えて同じ思いを見出すことができる。

（新田成美）

写真５　熊野神社の老杉　石標

写真６　比婆山顕彰功徳之碑（左）

巨岩祭祀と那智ノ滝（鳥尾ノ滝）

知られざる日本の古社「熊野神社」

広島県内の巨杉長者番付の上位五〇位中、実に過半数が集中する熊野神社の境内に立つと、途方もない時の経過と奥深い信仰の成り立ちを感じずにはいられない。この神社はまぎれもなく、知る人ぞ知る日本有数の古社であろう（写真1）。

写真1　熊野神社の第一鳥居

『古事記』に「故《か》れ、其《そ》の神避《かむさ》りまし伊邪那美神《いざなみのかみ》は、出雲《いずも》国と伯伎《ははき》国の堺《さかい》なる比婆之山《ひばのやま》に葬《はぶ》りき」とある。熊野神社は庄原市比婆山御陵《ごりょう》をその「比婆之山」であるとして信仰した人々の「遥拝所《ようはいじょ》」であった。

一方、古社といえば愛媛県の大山祇《おおやまづみ》神社のような宝物《ほうもつ》を想い描くが、熊野神社にはほとんど何も残されていない。明治年間に熊野神社の社掌を務めた白根義孝のスケッチ（明治十九年一月十九日付け）に「頼杏坪奉納額」や

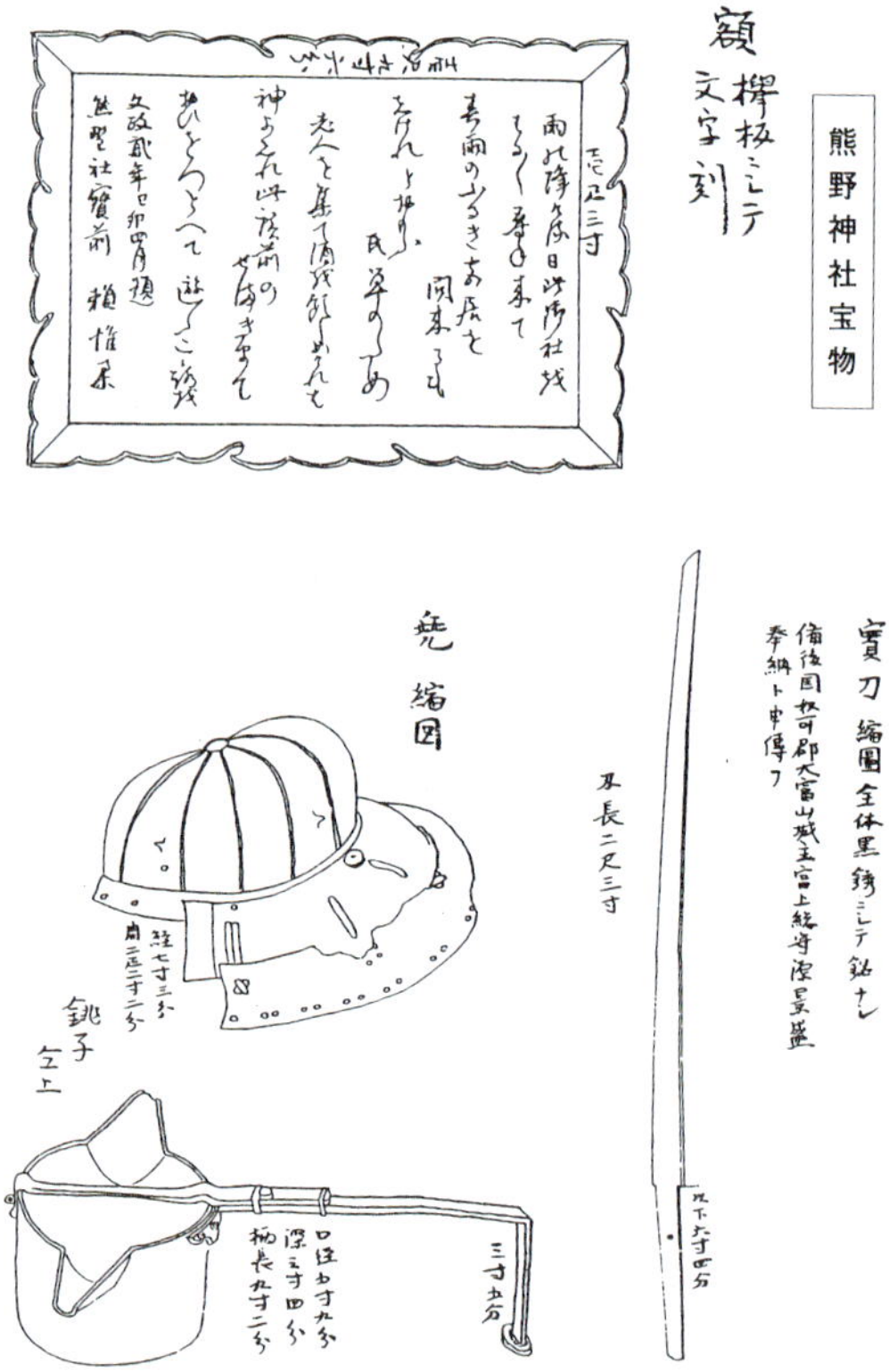

写真2　熊野神社の宝物（明治年間のスケッチ）（新山勝勇　昭和57年「比婆山・熊野探訪資料」『郷土』第25号）

「宝刀」「兜《かぶと》」「銚子《ちょうし》」がみえ、戦国武将の久代宮《くしろみや》氏からの奉納品の一端がわずかに垣間見える程度である(写真2)。

このように、現在の熊野神社に、往時の歴史を直接的にうかがえる資料は限られるが、それを補ってなお余りある、古社ならではの特徴をこれから見ていこう。

熊野神社の原形、パワースポット「神の蔵」

熊野神社には主に三つの社殿(本殿、二ノ宮、三ノ宮)があり、江戸時代の記録『国郡志・尺田』にも登場する(写真3、4、5)。

境内正面奥、拝殿の向こうに鎮座する本殿は、別名を「熊野権現《くまのごんげん》」とも呼び、祭神は、かの伊邪那美神《いざなみのかみ》である。相殿神《あいどのしん》に伊邪那岐神《いざなきのかみ》・天照大神《あまてらすおおみかみ》・大国主神《おおくにぬしのかみ》、須佐之男神《すさのおのかみ》・菊理姫神《くくりひめのかみ》を祀《まつ》っている。

ここから谷川(神社川)に沿って進むと二ノ宮(三間入母屋造・妻入)がある。こちらは「新宮権現《しんぐうごんげん》」の別名をもち、祭神は速玉男神《はやたまおのかみ》である。

少し上りが急になったころ、三ノ宮(正面一間側面二間入母屋造・妻入)が現れる。「飛龍権現《ひりょうごんげん》」と呼ばれてきた。祭神は黄泉津事解男神《よもつことさかおのかみ》である。

かつて熊野神社には、烏《からす》を司《つかさど》る専任の神官「烏太夫」も置かれていた。

写真3　熊野神社本殿、幣殿、拝殿

さて、熊野神社の境内を歩いていると、ある重要事実に気付く。それは、巨杉をよけるように曲がりくねった参道の存在である。このお宮は当初、社殿の配置などまるで考慮に入れなかったかのようである(P64)。

二ノ宮前の高さ五メートル・周囲二三メートルの「磐境《いわさか》」(御戸岩《みといわ》・神の蔵)と伝わる巨岩に注意したい。『国郡志・尺田』は、この巨岩の上に金蔵《かなくら》神社があったと記す。別名を「神の蔵立像権現」と呼んだ(写真4)。

社伝では、和銅六(七一三)年までには神社が存在し「比婆大神社《ひばだいじんじゃ》」と称したというが、社殿の造営前はこの場所で祭祀《さいし》を行っていたというのである。この巨岩の前に立つと、気のせいか霊力のようなものを感じる。

比婆大神が降り立つための依《よ》り代《しろ》とされた「神《かん》の蔵《くら》」こそ、熊野神社の原形「神の磐座《いわくら》」ではなかったか。

写真4　二ノ宮と「神の蔵」（左）

肌美人になれるといわれる那智ノ滝

「熊野」という語には①人里離れた山奥の地②山間の曲がりくねった地③死者がいる国（隠《こも》りの国）④地の果て（隈野）⑤埋葬の古語クメ（久米）の訛《なま》ったもの（転じて「葬所」）など、多くの意が込められているという。

熊野神社のスギの枝葉を持ち帰って焚《た》けば腹痛を起こすとして戒められ、「神の蔵」に登ろうものなら神罰を受けて足腰が立たなくなると畏敬された。境内地は、私たちの暮らす現世《うつしよ》とは異なる、常世《とこよ》（死後の世界）として認識されてきたのであろう。

「神の蔵」を過ぎ、さらに約一〇〇メートル進むと「三ノ宮」に到り（写真5）、それから本格的な山登りになって、六〇〇メートル登ると「那智《なち》ノ滝」に着く。古名を「鳥尾《ちょうのお》ノ滝」と呼んだ（写真6）。

写真５　三ノ宮

写真６　那智ノ滝（鳥尾ノ滝）

滝壷から約一五メートル上った巌壁《がんぺき》にやや平坦な所があり、堂跡と思われ、広さ約二坪ばかりで、その後に岩穴が掘られ、洞中に不動明王の石像が祀られており、奉納の小幟や賽銭なども供えられていた。かつては「滝本《たきのもと》観音堂の千手観音」（紀州熊野信仰におけるイザナミの「本地仏」は千手観音とされる）があり、観音様を拝み、滝で手を洗うときめ細やかな肌の美人になれるといわれた。

　このように、巨岩や滝など、人智を超える自然の営為への人々の素朴な崇拝が、熊野神社には今も色濃く残っており、神社以前の信仰の姿を見いだすことができる。

かつて、比婆山連峰は交通の要衝

　巨岩や滝は、自然崇拝の対象であると同時に、人が旅するときの目印、つまり地図の役割を与えられることもあった。信仰の対象は、貴重なランドマークでもあった。

　比婆山連峰を交通の要衝と看破した、極めて興味深い考察がある（竹本豊重「中世の交通路」『朝日百科・日本の歴史別冊』九号、石井進責任編集、平成七年）。

　竹本豊重によると、『出雲国風土記《いずものくにふどき》』に記された峠はいずれも現存し、峠へのコースも古代や中世のまま残っているという。古代に出雲国府から備後国府に到るには、まず大膳原《だいぜんばら》を登るコースが一番自然であった（P32写真6）。中世になり、出雲峠を越えるコースに変わるが、どのコースをとっても、比婆山連峰に必ず足を止めたであろう。なぜならこの周辺で一番高くて「目印」になる山であり、交通の要所にあるからでもある、と記している。

熊野神社から那智ノ滝へ登り、竜王山、立烏帽子《たてえぼし》山を経て御陵へたどる道が、国境を越える主要な交通路であったとする重要な見解である。

比婆山・熊野神社への信仰の背景に、古代以前の交通路の存在が見え隠れする。それは、畏敬すべき先人たちの通《かよ》い路《じ》、つまり神々の通い路であった。先人が目印にし頼りとした巨岩や滝は、後の世の人からすれば、確かに「神の依り代」だったのである。

比婆山に籠《こ》もった紀州熊野修験者たち

「那智ノ滝」という名前からして、紀州の熊野三山《くまのさんざん》との深い関わりを連想する。実際、中世には紀州の熊野修験《しゅげん》者《じゃ》たちが、比婆山の周辺で修行を行っていた（写真7）。この地は、熊野山《やま》伏《ぶし》や、熊野比丘尼《びくに》たちの行場《ぎょうば》となっていたのである。熊野神社が三つの社殿からなり、本殿を「熊野権現」と呼び、二ノ宮を「新宮権現」と呼び、三ノ宮を「飛龍権現」と呼んだのも、紀州熊野三山の流儀が新たに持ち込まれたことに由来する。

熊野修験者が比婆山連峰一帯を行場とした理由を考えてみると、山岳修行にふさわしい場であったのはもちろんのこと、鉄資源への関心や、紀州熊野地方と同じイザナミを祀る聖地「比婆之山」に対する修験者たちのあこがれもあったと考えられよう。

熊野山伏は、「忍者」の源流といわれる。戦時には、土地に精通し山岳を自在に移動する術が活かされたであろう。神々が開拓した古の山道を尊崇し駆け巡り修行した山伏たちの足跡からも、比婆山信仰と熊野神社の成り立ちの古さの一端を知ることができる。

（新田成美）

写真7　熊野山伏が修行したと伝わる峰々。正面が三角山（井西山）、その右が福田頭（立烏帽子山から）

写真１　天狗の休み木（右）幹周り8.27m・樹高46m（境内の巨杉の最大樹高は56m）

天空を支えるかのような巨杉の鎮守の森

広島県最大の杉――「天狗の休み木」

神額に「比婆《ひは》大社」と記されている参道入り口の白い鉄筋コンクリート製の大鳥居は、昭和四十八（一九七三）年に建立された。鳥居をくぐり参道に進んでいくと島根県産来待石《きまちいし》（出雲《いずも》石）の六十段（約二二メートル）の石段があり、神様や参拝者を迎え「来」るのを「待」つ「石」ということであろうか、参道入り口にふさわしい名前の石段である。

少し進むと江戸中期、雲州（島根県）から寄進されたという花崗岩の鳥居がある。さらに歩を進めると、歴代広島県知事参拝記念樹のイチイ（イチイ科とキャラボク（イチイ科）、サツキなどが両側に植えられている。さらに進むと正面に「天狗の休み木」といわれている県内最大の幹周りを誇る巨杉がある（写真1）。

巨杉を残して参道を造成

これらをよけるように参道が左右に迂回している（写真2）。まるで天空を支えているかのように真っ直ぐに伸びた巨杉のそばを進むと、石段が三個所あり、この辺りも巨杉を残すために参道が迂回している。

熊野神社は和銅六（七一三）年までには存在し、天平元（七二九）年に社殿が建てられたとの言い伝えがある。

当時、既に巨杉があり、これらを残しながら支障木としての伐採を最小限にとどめて参道を造ったものと思われる。この社叢《しゃそう》の杉を平成二十八（二〇一六）年五月に再調査したところ、幹周り（地上一・三メートル）が三メートル以上のものが一〇一本ある。この中には周囲八・二七メートルの県内最大の杉も含まれている（図）。

昭和二十七（一九五二）年二月二十二日に「熊野神社の老杉《ろうさん》」十一本が広島県天然記念物に指定されている。

写真２　杉をよけて迂回《うかい》した参道

これらのことから樹齢を推定すると創建当時、既に巨杉があり、指定されている老杉は千数百年以上経過しているものと思われる。いかに杉を大切に保護していたかが推察できる。

オモテスギとウラスギ
日本の杉は二系統がある

和名の由来は諸説あるが幹が直立していることから、「直木（スキ）」が転化した」という説と、「すくすくと立つ木」という説もある。

樹皮の裂け方、樹形、枝のでる角度、葉の形や長さ・曲がり方などで、オモテスギ（表杉）とウラスギ（裏杉）とに分類される（写真3）。また生育地の積雪などの環境にもよる。

オモテスギは、太平洋側で「表日本型」の杉とされている。鹿児島県屋久島の「ヤクスギ」や奈良県の「ヨシノ

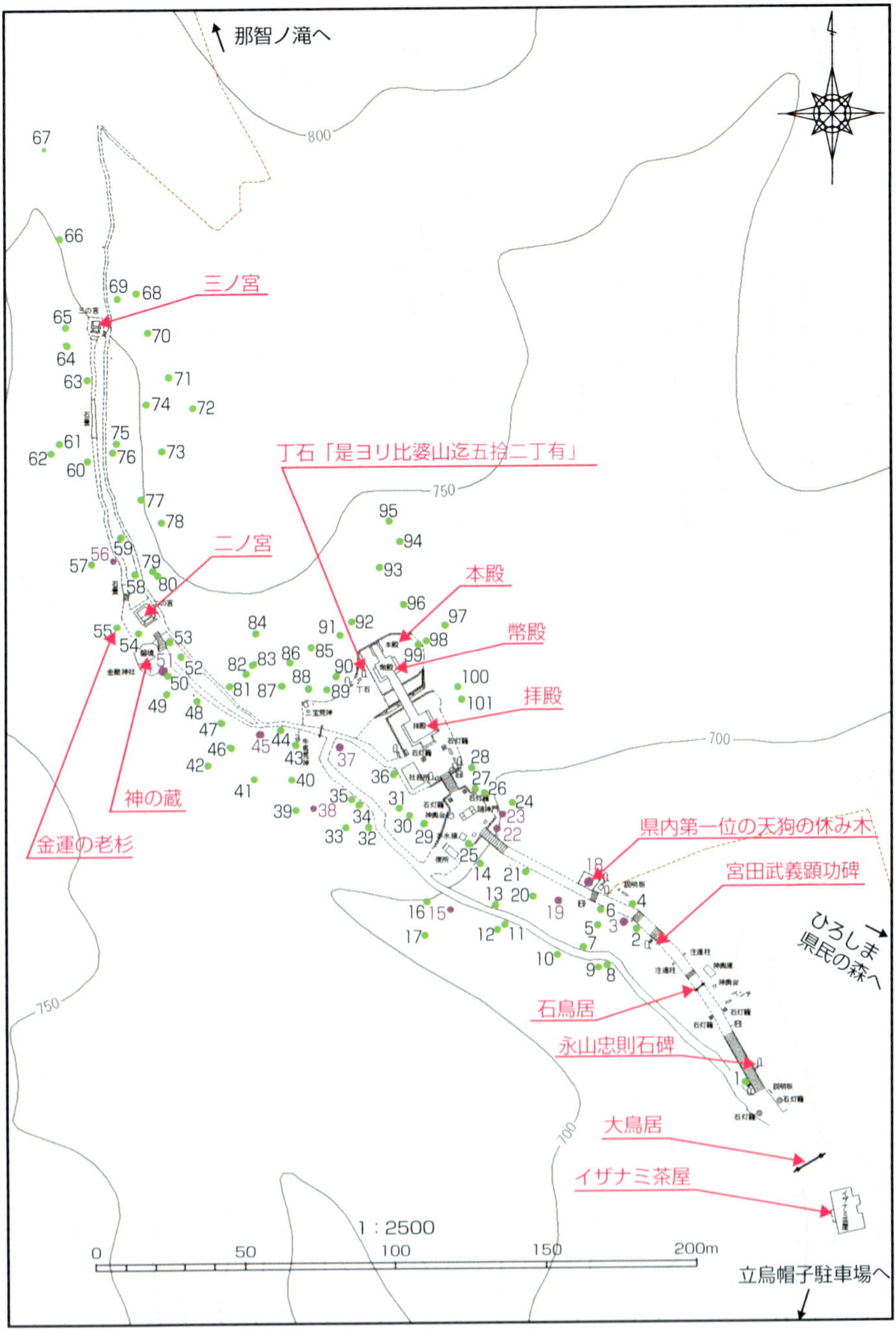

凡例

胸高幹囲3m以上の杉	●
県指定天然記念物	●

・樹高50メートル以上が16本以上
・計測日時：平成28年5月26日（木）
・計測者：角田多加雄、新田晴士、滝口秀志、中村三枝、寺西玉実、伊藤之敏、岡田操、稲村秀介、橋本和憲、松田惇平

図 熊野神社の巨杉分布図

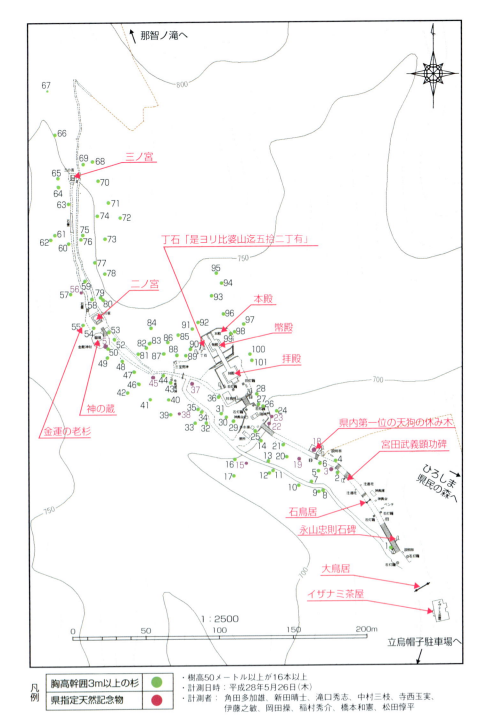

スギ」などがあり、広く植林されている杉の基本型で林業的品種も多くある。針葉は長くて葉幅も広く、先が鋭く尖《とが》り、葉を触ると硬い。やせた土壌では材の木目が複雑になる。

ウラスギは、日本海側で「裏日本型」といわれている杉である。ウラスギの代表種、「アシオスギ」は日本海側の多雪地帯に自生する変種である。枝葉は密生し、葉は短く、小型の針型をしていて、開く角度が狭く触ると柔らかい。球果の付属片は短く丸みを帯びている。若木は枝が下垂して地面に着いた所から根（伏状根）を出し、新しい株を形成して成長する。成長力は旺盛だが種子は少ない。

写真３　ウラスギ系(左)とオモテスギ系(右)

癒し効果と杉の生態を学ぶ貴重な場

このような知識をもって熊野神社の杉をあらためて見ると、自生していたオモテスギ系と気候条件・葉の型からウラスギ系の要素がある。参道入り口付近はオモテスギ系、奥に行くとウラスギ系も見られる。熊野神社の境内を散策するだけでも心身への癒し効果があるが、杉の生態を学ぶ上でも貴重な場所である。

昭和五十七（一九八二）年十月。西城町郷土研究会発行「郷土」で山本英明は次の事を記している。

（一部抜粋）「熊野神社の巨杉群」は貴重な国民的財産であるけれども、残念なことに社殿建立、修理費捻出のため、過去数度にわたり伐採された経過がある。昭和三十一（一九五六）年拝殿建立のため、目通幹周五・五メートルのものをはじ

写真４　本殿付近の老杉

め、数本。昭和三十八（一九六三）年一の宮、二の宮、三の宮の屋根ふき替えのために、目通幹周三・四メートルのものをはじめ数十本に及んだ。昭和五十七（一九八二）年拝殿銅版ふき替えのため目通幹周五・三五メートルのもの、五・二五メートルのもの、ほか二本である。いずれも指定樹ではないとはいえ、全般を含めての熊野神社の巨杉を見るために近郷遠来の来訪者も多く、異口同音にその保護を強調されるのであり、今後共に国民的財産として社叢の価値と言うものを再認識し、社宝として大切にすべきであることを関係者に切望するものである。

「熊野神社の老杉」は不思議なパワーを秘めた、そして心の拠りどころになる場所であり、末永く保護する事が私

写真５　力石付近の杉

たちの願いである。

神話伝説に木の種を播き、森を育んだ神様がいる

伝説によると熊野神社から北側の熊野川上流約三キロ県道左側に「力石《ちからいし》」といわれる石がある。これは、須佐之《すさの》男命《おのみこと》が山の上から戯《たわむ》れに投げたものといわれている。

また『日本書紀』によれば、スサノオが髪毛を抜いて放ると杉（スギ・スギ科）になった。胸毛を抜いて放ると檜（ヒノキ・ヒノキ科）に、尻の毛を抜いて放ると槙（コウヤマキ・コウヤマキ科）に、眉の毛を抜いて放ると、樟（クスノキ・クスノキ科）になった。「杉と樟は、船を造るのによい。檜は宮を造るとよい、槙はこの世の民の棺《ひつぎ》を造るのに適している」と言い残した。

スサノオはさらに子の三神、兄神・五十《いそ》猛命《たけるのみこと》、妹神・大屋《おおや》津《つ》姫命《ひめのみこと》、末妹神・抓《つま》津《つ》姫命《ひめのみこと》に「たくさんの木の種を全国に播《ま》きなさい」と命じ、全国を回って木の種を播かせた。その後、イソタケルはいまも森林林業で繁栄している紀《き》伊《い》国（現在の和歌山県）に戻り住んだとされている。妹神たちも林業や木造建築業の女神として信仰されている。

現在も和船は水に強いスギやクスノキを使用している。日本の世界最大・最古の木造建築物はスギとヒノキがあったからこそ建てることができ現存している。また古墳時代に王たちの遺体を納めた木棺は現にコウヤマキが使われた例が多くある。

熊野神社周辺や谷筋に天然杉や植栽杉が育まれているのは、スサノオたち神々が髪毛を放ち駈け巡ったのではないだろうか。神々の世界に思いをはせる。

（伊藤之敏）

第3節 国生みの女神イザナミに出会う——御山登拝

四つの参道と烏帽子岩

四つの参詣路と比婆山登拝の「法則性」

「幻の官幣大社《かんぺいたいしゃ》」というべき熊野神社を歩くと、境内に林立する幹周り三メートル以上の杉の巨木百本以上に圧倒され、何かとてつもなく崇高なものに触れた気分になる。本殿にお参りし、さらに進むと、境内奥の二ノ宮の脇にひっそりと鎮座する「神《かん》の蔵《くら》」（御戸《みと》岩《いわ》、御門跡《ごもんぜき》ともいう）に出合う（写真1）。

この場所は、わが国に「神社」というスタイルが確立されるよりずっと前から、御陵《ごりょう》を遥《はる》かに拝む「遥拝所《ようはいじょ》」として存在し続けたのだろうか、と感慨にひたる。

驚いたことに、庄原市の比婆《ひば》山信仰では、御陵への遥拝所がこの熊野神社のほかにも三か所伝わってきた。御陵への遥拝所は全部で四か所も在るのだ。四つの遥拝所を目指し、陰陽各方面から四つの遠大な参詣路が集まっている。備後西口《びんごにしぐち》、出雲口《いずもぐち》、六ノ原口《ろくのはらぐち》、備《びん》後東口《ごひがしぐち》である（P70図）。

四か所の参詣路を経て、各遥拝所

写真1　熊野神社「神の蔵」（中央）と参道

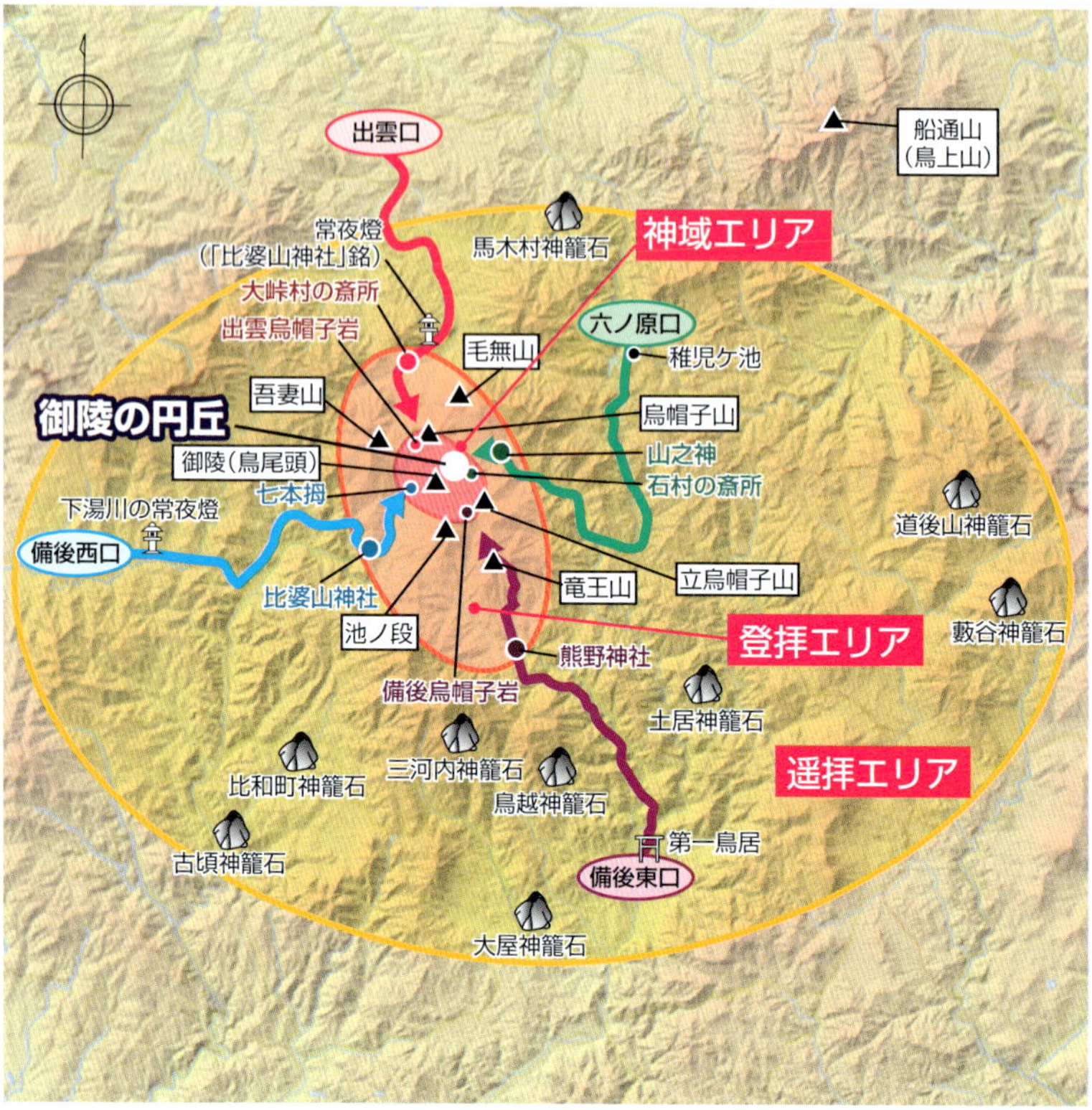

国土地理院 地理院地図より（40万分の1）　0　5　10　15　20km

図　庄原市比婆山への四つの参詣路

（「下《した》の斎所《さいしょ》」）に至る。そこから御陵へと登る四つの参道があり、登りきると四つの「山上の斎所」がある。その先に、一つの「神域」が待つ。こうした法則性・対称性が、比婆山信仰の神秘性を際立たせている。

この法則性を最初に見つけた岡泰雄は、明治年間に旧制三次中学校へ赴任した経歴を持ち、後に官幣大社伊弉諾《いざなぎ》神社・鹿児島神宮・鹿島神宮の宮司を歴任した。昭和十三～十四年に現地調査を行い、比婆山登拝《とはい》の法則性を知って驚嘆し、次のように記している。

（略）四個所の参道が四個所共に上下二個所の斎所《さいしょ》の在る事は注意すべき事である。然《しか》も此《こ》の参道が何《いず》れも山の尾を傳《つた》うて登ることである。今は牧の道、炭焼の道などと渓谷に沿うてあるけれども、参道は何れも山の尾に在る。是《こ》れ上古《じょうこ》の山道の俤《おもかげ》である。

（岡泰雄『比婆山考』昭和十四年）

比婆山信仰の遥かなる参詣路
かつて九州からも参拝者

庄原市比婆山への四つの参詣路の、おおよその行程はこうだ。

「備後西口」は、庄原市比和町越原《おっぱら》の「比婆山神社」を遥拝所とする（写真2）。出雲の西南部、石見、安芸からの参詣路である。試しに石見《いわみ》国の中心部だった浜田市からの直線距離を測ると約九〇キロ、安芸《あき》国の広島市からは九五キロとほぼ同じ距離である。

「出雲口」は、島根県奥出雲《おくいずも》町大峠《おおとうげ》に遥拝所があったと伝わる（写真3）。出雲国の斐伊《ひい》川流域一帯からのルートとして知られる。出雲市から約五〇キロだ。

「六ノ原口」は、庄原市西城町油木《ゆき》の「山之神《やまのかみ》」（金屋子《かなやご》神社）を遥拝所とする（写真4）。出雲東部、伯耆《ほうき》、米子《よなご》市からの参詣路だ。米子市から約五〇キロ。

そして「備後東口」。庄原市西城町の熊野神社を遥拝所とする（写真5）。庄原市内の東城、西城、庄原、さらに

写真2　備後西口（庄原市比和町越原の比婆山神社から御陵へ）

写真3　出雲口（島根県奥出雲町馬木から御陵へ）

写真4　六ノ原口（庄原市西城町油木から御陵へ）

写真5　備後東口（庄原市西城町熊野神社から御陵へ）

備中方面からの参詣路だ。岡山市から約九〇キロある。

比婆山参詣路の遠大さのほどを学ぶには「熊野古道《くまのこどう》」（世界遺産）が指標になる（P48）。

熊野三山《くまのさんざん》への参詣路は五つあり、紀《き》伊路《いじ》、小辺路《こへち》、中辺路《なかへち》、大辺路《おおへち》、伊勢《いせ》路《じ》が伝わる。このうち小辺路は高野《こうや》山から熊野三山までの約七〇キロ、大辺路は田辺《たなべ》市から串本《くしもと》町を経て熊野三山へ至る約一二〇キロ。伊勢神宮から熊野三山への伊勢路ともなると約一六〇キロだ。

やはり世界遺産となるとスケールが違う。だが、比婆山もなかなか凄い。例えば、明治十四年の記録に九州方面からの参拝者があったと記す（P52）。かつて備後西口へと向かう、三〇〇キロ超えの遥《はる》かなる「比婆山古道」が存在したことになる。

遥拝エリア（P70図）
——比婆山信仰の見事な求心性

庄原市比婆山は、御陵（一二六四メートル）を神体山と崇《あが》め、東西約四〇キロ、南北約三〇キロの楕円形をなす独自の信仰圏を形成してきた。およそ九五〇平方キロもの広大な領域だ。富士山や熊野三山への信仰にも匹敵する、知られざる信仰世界なのだ（P49）。

庄原市比婆山の信仰世界を、図解してみよう（P70図）。

外側から順に、遥かに神域を拝む遥拝エリア、神域へと御山《みせん》を登る登拝《とはい》エリア、そしてイザナミノミコトが眠る神域エリアだ。

また、各エリアの内と外とを区画する「結界《けっかい》」ともいえる場所が、外側から順に、投石《なげいし》や神籠石《こうごいし》などの神格化した二〇個ほどの巨石（写真6）、四つの遥拝所（「下の斎所」）、四つの「山上の斎所」である。中心に行くほど（御陵に近いほど）狭く、神聖性も高まっていく、見事な求心構造だ。

この不思議な世界へ一歩足を踏み入れると遥拝エリアである。

「投石」「神籠石」などの巨石に守ら

写真６　「道後山神籠石」と伝わる巨岩

れた、御陵を遥かに拝む空間だ。これらの巨石は、イザナミを祀る御陵の霊威の及ぶ範囲を自然石に託して表現した「標石」のようだ。いにしえ人から私たちへの、メッセージかもしれない。

『古事記』に登場する高天原《たかまがはら》の神々を祀る神社、小祠《しょうし》もそこかしこにあり、イザナミや夫のイザナキの伝説も多く残る。庄原市比婆山の広大な信仰世界の実に九六・四パーセントにも及ぶ、この遥拝エリアの全域が、既に神々の庭なのだ。

遥拝エリアには、比婆山信仰の広がりを特徴づける石造物がほかにもある。

例えば、庄原市高野町下湯川《しもゆかわ》の「比婆山神社」常夜燈は、遠くから比婆山を遥拝するポイントとして備後西口の参詣路上に置かれ、遠方からの巡礼者を導く陸の灯台のような役割を果たしてきた（写真7）。また、熊野神社から遥か一〇キロ先に建立された「第一鳥居」も、備後東口への道筋を示し人々を誘《いざな》う重要なランドマークである。

写真7　下湯川の常夜燈から見た御陵（右奥）

登拝エリア（P70図）
——御山への祈りの登拝

登拝エリアは、御陵の地形に沿った北西・南東方向の、長径約八キロの楕円形の空間（約二五平方キロ）だ。全面積の二・六パーセントにすぎないこの小空間が、比婆山信仰では重要な位置を占める。「御山」への立ち入りを比婆大神（イザナミ）に請《こ》い、心身を清め、さらに登拝へと至る、特別な空間だからだ。

「備後東口」を例に、かつての登拝作法を再現しよう。

ほかの参詣路と同様、備後東口も、備後の東城、庄原、西城、さらには備中方面からの巡礼者が集まってくる遠大な旅程である。特に、御陵の南正面への参詣路として重視されてきた。庄原市西城町の熊野神社が、遥拝所（下の斎所）だ。

人々はここで御陵の峰に鎮《しず》まる比婆大神を遥かに拝み、御山へ登拝する許しを請い、心身ともに清めて、御山へと続く長い尾根伝いの参道を歩み出す。

熊野神社の境内が醸し出す凛とした空気と、圧倒的に厳粛な雰囲気を味わい、御山を登る。時に自己の内面とも向き合いながら、祈りの路をゆっくりと登拝する。

途中、境内の老杉《ろうさん》を見上げ、古の「神の蔵」および二ノ宮に詣で、さらに三ノ宮に詣でて、「那智《なち》ノ滝」（古名「鳥《ちょうの》尾《お》ノ滝」）、天狗の相撲場などを経由し竜王山を登りきる。その先の立烏帽子《たてえぼし》山（一二九九メートル）の山腹に、山上の斎所「備後烏帽子岩《びんごえぼしいわ》」が鎮座する（写真8）。

写真8　備後烏帽子岩（立烏帽子山）

ここで再び、御陵の峰に鎮まる比婆大神を拝み、御山への立ち入りを請う。

神域エリア（P70図）
——比婆大神の聖域を守る烏帽子岩

備後東口の山上の斎所として信仰された備後烏帽子岩を過ぎると、そこは、比婆大神が眠るとされる神域エリア（約二・五平方キロ）である。

九五〇平方キロにも及ぶ庄原市比婆山の広大な信仰世界が、全面積の一パーセントにも満たない、この神域エリアの存在によって成り立っている。

さらに、神域エリアの核心をなす御陵の円丘にいたっては、ほんの九八四平方メートルしかない。陰陽各方面からの四つの遠大な参詣路は、全てこの極小の一点に向かって集まっているのだ。

神域エリアでは、御陵の山頂を守るように、四つの参道をおおむね登りきったところへ、四つの「山上の斎所」が規則正しく鎮座する。

出雲口からの山上の斎所が、烏帽子山（一二二五メートル）にある出雲烏帽子岩（写真9）。

同様に、備後東口からの山上の斎所が、立烏帽子山（前出）にある備後烏帽子岩。

備後西口からの山上の斎所が、御陵の西斜面にある「七本栂《しちほんとが》」。ここにも恵蘇《えそ》烏帽子岩（通称「太鼓岩《たいこいわ》」）がある（写真10）。これで烏帽子岩は、三つあることになる。

また、六ノ原口からの山上の斎所が、御陵の東斜面にある集石群。岡泰雄はこれを烏帽子岩に相当すると捉え、「石村《いわむら》の斎所」と仮称した（岡泰雄『比婆山考』昭和十四年）。

烏帽子岩の秘密を探る

神域エリアを守る四つの山上の斎所のうち、実に三か所に烏帽子岩があっ

写真9　出雲烏帽子岩（烏帽子山）

写真10　恵蘇烏帽子岩（御陵）

て驚く。

さらに、御陵の峰を中心に南北二つの「烏帽子山」が並んでいて、それぞれに烏帽子岩が鎮座する（写真11）。しかも、烏帽子山という特徴的な二つの山の名は、そもそも烏帽子岩の存在に由来するのだという。

なぜ、いにしえ人はそれほどまで烏帽子岩を神聖視し、神域を区画するという大切な役割まで与えたのか。

私は、烏帽子岩が所在する絶妙の位置と、その特徴的な形態が、御陵の在りかを明示する永久地図としての機能を、最も持っていたからだと考えてみた。いにしえの山岳交通の羅針盤だ。

しかし、そんな理屈はおいて、もっと大切にしたいことがある。

それは、かつて人智を超える自然物に神性を見出した先人たちへの、人間としての共感と憧れであり、地形や岩石を独特の感性で類型化し、比婆山信仰の世界観を構築していった精神活動への驚きと畏敬である。

（稲村秀介）

写真11　御陵と２つの「烏帽子山」（右の高峰が立烏帽子山、その手前に池ノ段。中央左が御陵でその左が烏帽子山）

比婆山のイチイ群
——神々の依り代となる神木

「門栂」
——神木・イチイの巨木はパワースポット

神域、「比婆山《ひばやま》御陵《ごりょう》の峰《みね》」（一二六四メートル）の南側登山道入口に「門《もん》栂《とが》」といわれている神木のイチイ（イチイ科・イチイ属）の巨木がある（写真1）。

この地域は古来、霊山として崇《あが》められている場所で伊邪那美命《いざなみのみこと》の神跡《かみあと》（陵墓《りょうぼ》）と伝承され「御陵石《ごりょういし》」が鎮座する。

その周囲にイチイが自生しており、特に南西側に多い。

御陵周辺のイチイ群は昭和四十三（一九六八）年六月十日「比婆山のイチイ群」として西城町天然記念物に指定されている（現在は庄原市指定）。

写真１　昭和30年代以前の「門栂」

この地域に群生しているイチイを平成二十八（二〇一六）年六月に再調査したところ、大きいものは幹周り三メートル以上が一本、一メートル以上が九十四本、そのほか幼樹などがブナやミズナラなどと共生している（図）。

「比婆山御陵の峰」は神域として古来、この地方の篤《あつ》い信仰を集めていた。

御陵に群生するイチイの木は、東洋では最長寿木とされ、古代の神殿造営材として重用されたともいい、古来、神域の象徴として崇められてきた。また、一帯に点在する巨石と一樹一石の組み合わせとなり、御陵に向かって神霊を降臨させるための祭場の場である「神籠磐境《ひもろぎいわさか》」と信じられ、神聖の境域を表しているものと考えられてきた。

明治初めの記録によると、春の大祭日には参拝登山者が一万～三万人集まり、臨時の宿泊所や食べ物店も仮設されていた。そして、この広場で奉納行事も行われていたという。

古くから既にこの場所にはイチイが点在していたと考えられる。

イチイは成長が遅いので成長の早いブナ（ブナ科）やミズナラ（ブナ科）などが生い茂り、あまり目立たないようにも見受けられる。

そしてこの辺りに生育しているスギは、麓《ふもと》から移植されたものと思われる。

神話伝説を想像してみると、イザナミを含む神々は、イチイに囲まれた船《せん》通《つう》山（鳥取県日南町と島根県奥出雲《おくいずも》町との県境）や道後山一帯の森を駆け巡って語らいをしたのではなかろうか。

イチイは神々の依《よ》り代《しろ》となる神木で、今流に言えば、この辺りはパワースポットと呼ぶべき霊山（聖域）なのかもしれない（写真2）。

イチイの細密画
（伊藤之敏画、ひろしまの林業No756.2014年3月）

イチイの名の由来

飛騨の国（岐阜県）大野郡宮村位山から切り出した木を笏《しゃく》の材料として宮中に献上したところ、今までにないほどの素晴らしい笏ができた。

仁徳天皇がそれを絶賛してこの木に「正一位《しょういちい》」という最高の位を授与されたといわれ、それ以来この木は一位（イチイ）と呼ばれるようになったとの由来がある。現在でも神官の持ち物として活用されている。

分布は中国東北部、シベリア、サハリン、千島、朝鮮半島、日本では北海道、本州、四国、九州は鹿児島県高隈山を南限（ブナの南限でもある）とする広い地域に分布している。亜寒帯から温帯にわたる気候に原生する常緑針葉樹である。

本州、九州では亜高山地帯に分布するイチイは、ごくまれながら小面積の

・計測日時：平成28年6月6日（月）
・計測者：　新田晴士、竹内隆文、
　　　　　　中村三枝、寺西玉実、
　　　　　　伊藤之敏、岡田操、
　　　　　　稲村秀介、千田喜博

・計測日時：平成28年6月14日（火）
　　　　　　※再計測
・計測者：　稲村秀介、千田喜博

・計測日時：平成28年6月26日（日）
　　　　　　※現地検査、再計測等
・計測者：　岡田操、稲村秀介

図　「比婆山のイチイ」分布図

写真２　イチイの古木（門栂）

純林をつくって原生することがあるが、通常は主林とならず次のような林で混生している。

北海道の針葉樹ではエドマツやトドマツなど、落葉広葉樹ではダケカンバやハルニレ、ドロノキ、ハリギリ、シナノキなどと混生している。

本州では針葉樹のシラビソやウラジロモミ、クロベなど、落葉広葉樹ではブナやミズナラ、トチ、ホウノキなどと混生している。

雌雄別株《しゆうべつかぶ》（雌木と雄木が別な株）。やや浅根性《せんこんせい》で耐寒性があるが、酷暑に弱い。幼樹は耐陰性があり岩に護られるように、その近くなどで育ったものも多くある（写真３）。

アイヌでは弓の材料、北海道・東北北部では神事に用いられる

北海道では「オンコ」といわれ、特に広範囲に分布している。

日本海に浮かぶ羽幌町焼尻島には国天然記念物「焼尻《やぎしり》の自然林」の中に「オンコの荘」があり、厳しい風雪に押しつぶされ樹高より横に枝を張ったものもあり、奇妙な形をしたものも多く見受けられ、力強さと生命力が窺《うかが》われる(写真4)。イチイをアイヌ語で「クネニ」と呼ぶ。「弓の木」の意味である。弾力性に富むのでアイヌの人たちは狩猟用の弓を作る材料とした。

イチイの枝を乾かしたものを削り、弓を作るのである。ほかの木では長時間弦を張り続けると弾力がなくなり矢が飛ばなくなるが、イチイの材の弓はいくら雨に濡れ、雪にさらされ、また長時間にわたり弦を張りつめていても弓がなまって狂うことがないそうだ。

北海道と東北北部は榊(サカキ・ツバキ科)、非榊(ヒサカキ・ツバキ科)が自生しないため、これらの代わりにイチイを「玉串」などの神事に用いている所もある。また積雪に強く耐寒性もあり神社の境内にも植えられて神木として大切にされている。

(伊藤之敏)

写真3　一樹一石(立烏帽子山のイチイ)

写真4　風雪に耐えたイチイ(焼尻島「オンコの原生林」)

御陵の円丘——御陵石は自然石か人為物か

門栂を経て聖なる神域へ

立烏帽子《たてえぼし》方面からの登山道を御陵《ごりょう》へ向けて進むと、一対の大イチイ（栂《とが》）の木が巨石を抱いて茂り、聖域への入り口を形成している。通称「門栂《もんとが》」である。

門栂を過ぎて、さらに御陵へ近づくと徳富蘇峰（一八六三〜一九五七）筆の「神聖之宿処《しんせいのやどるところ》」と刻んだ石碑が立つ（写真1）。周辺一帯は神々しさが漂っていて、その先にはかのイザナミノミコトの魂が眠るとされる円丘があり、ササに覆われている（写真2）。

その円丘上のブナの古木に囲まれた間に、苔むした周囲一二・七メートル、高さ一・五メートルの巨石がある。

写真1　徳富蘇峰「神聖之宿処」碑

写真2　御陵の円丘に眠るイザナミへの祝詞奏上。御陵祭（7月）にて

明治九（一八七六）年頃、御陵と南麓の熊野神社の例祭は、御陵の広場で行われ、毎月二十八、二十九日には一万〜三万人が参拝したという（片岡正占『比婆山考證』明治八年〈追次考證〉、渡辺哲玄編輯、大正十二年）。この頃の参拝者は備後、備中、伯耆《ほうき》、出雲《いずも》、石見《いわみ》の各地から訪れ、相撲大会も催され、御陵の峰の広場付近には、数軒の旅館や茶店が営まれたともいう。

大正中頃までは、この墓石といわれている円丘付近は、聖なる地として参拝する人や、放牧される牛の侵入を防ぐため、神社などの周囲に設ける垣根の「玉垣《たまがき》」がめぐらされ拝殿も建てられていて神事が行われていた（米花斌「比婆《ひば》山」『郷土』十六号、昭和五十四年）。しかしその後、管理が行き届かず長年にわたって風雪にさらされ、湿気によって腐食し、昭和二十九年には拝殿、鳥居などは取り除かれた（森下忠二郎『比婆山の追想』）。

御陵の円丘を解き明かそうとした先人たち

昭和十四（一九三九）年、第七四回帝国議会で「伊邪那美神ヲ奉祀スル官幣大社創建ノ請願」が採択されると、地元でも「比婆山神蹟顕彰会」が組織されて比婆山顕彰の機運が盛り上がった。

昭和十五年三月、御陵の山頂に徳富蘇峰の筆による「神聖之宿処」碑が建立され、四月には御陵の円丘周辺に木製の玉垣が整備された（写真3）。次の年の十六年三月に「比婆山伝説地」が広島県史跡に指定されている。

こうした「聖蹟顕彰」（P45）の流れの中で、御陵を計測し図化する試みも加速した。

昭和十六年四月、比婆山の周辺に籠《こ》もって踏査した徳永孝一は『比婆山調査研究報告概要』を著わし、「廣島縣比婆山御神陵傳説地附近見取図」を発表した（図1）。

徳永は、御陵の山頂には三つの円丘と二つの小丘の、合計五基の墳丘（図

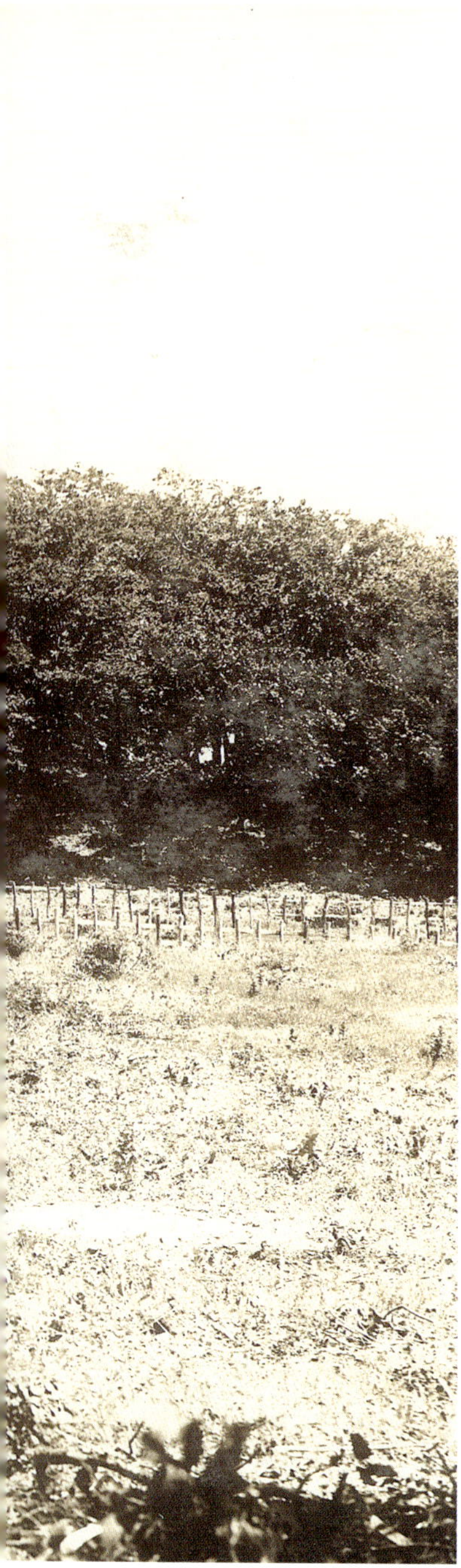

写真３　在りし日の御陵（古写真）

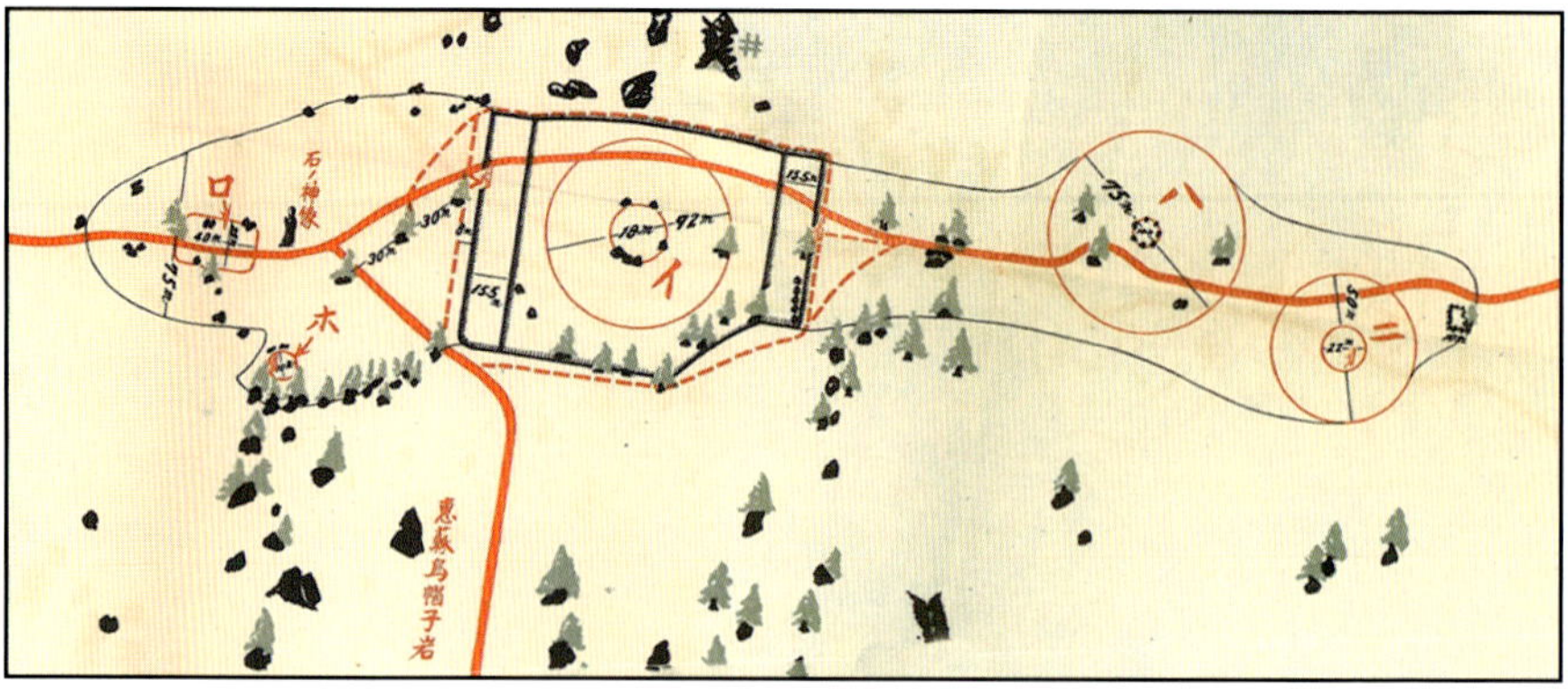

図1　徳永図(徳永孝一1941「廣島縣比婆山御神陵傳説地附近見取図」『比婆山調査研究報告概要』より)

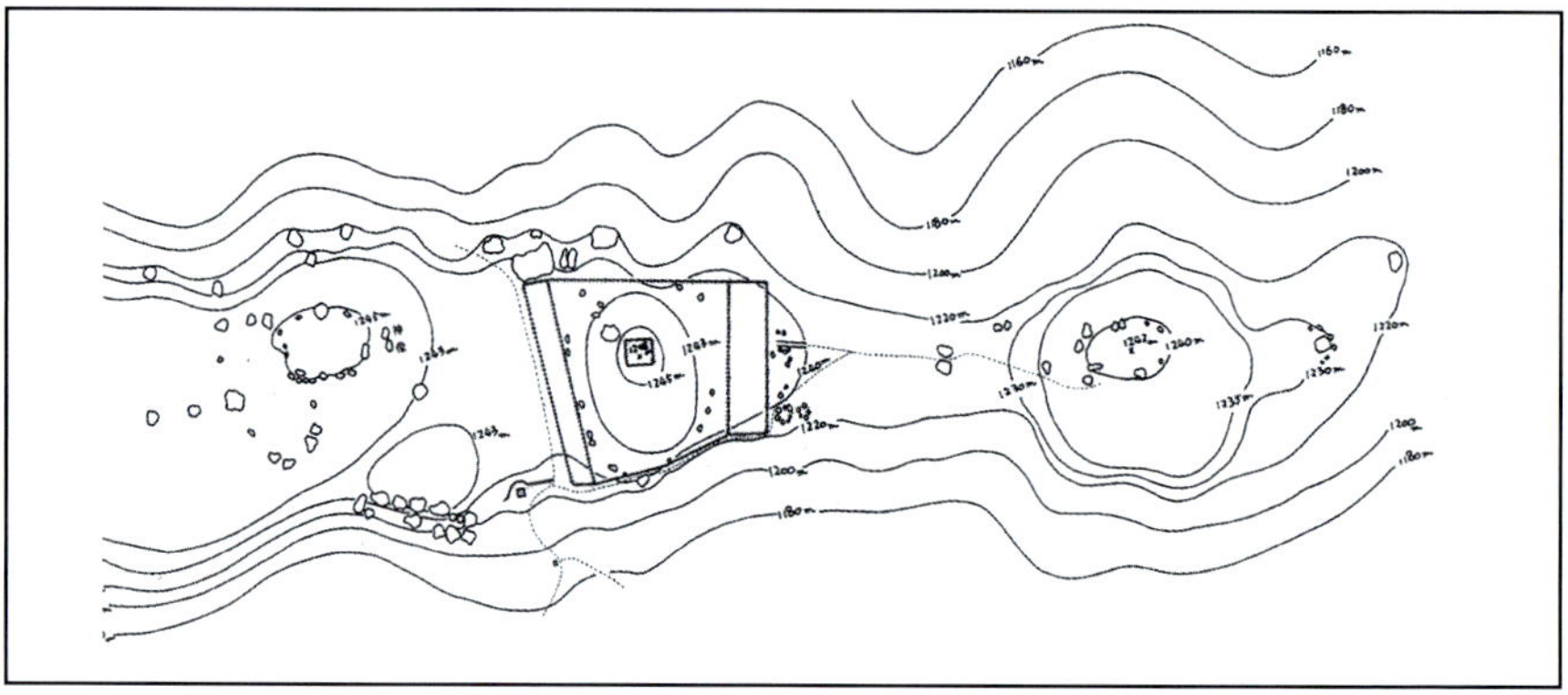

図２　樋口図(南・金子・村上調査測量、樋口清之補訂製図1943「比婆山神蹟実測図」より)

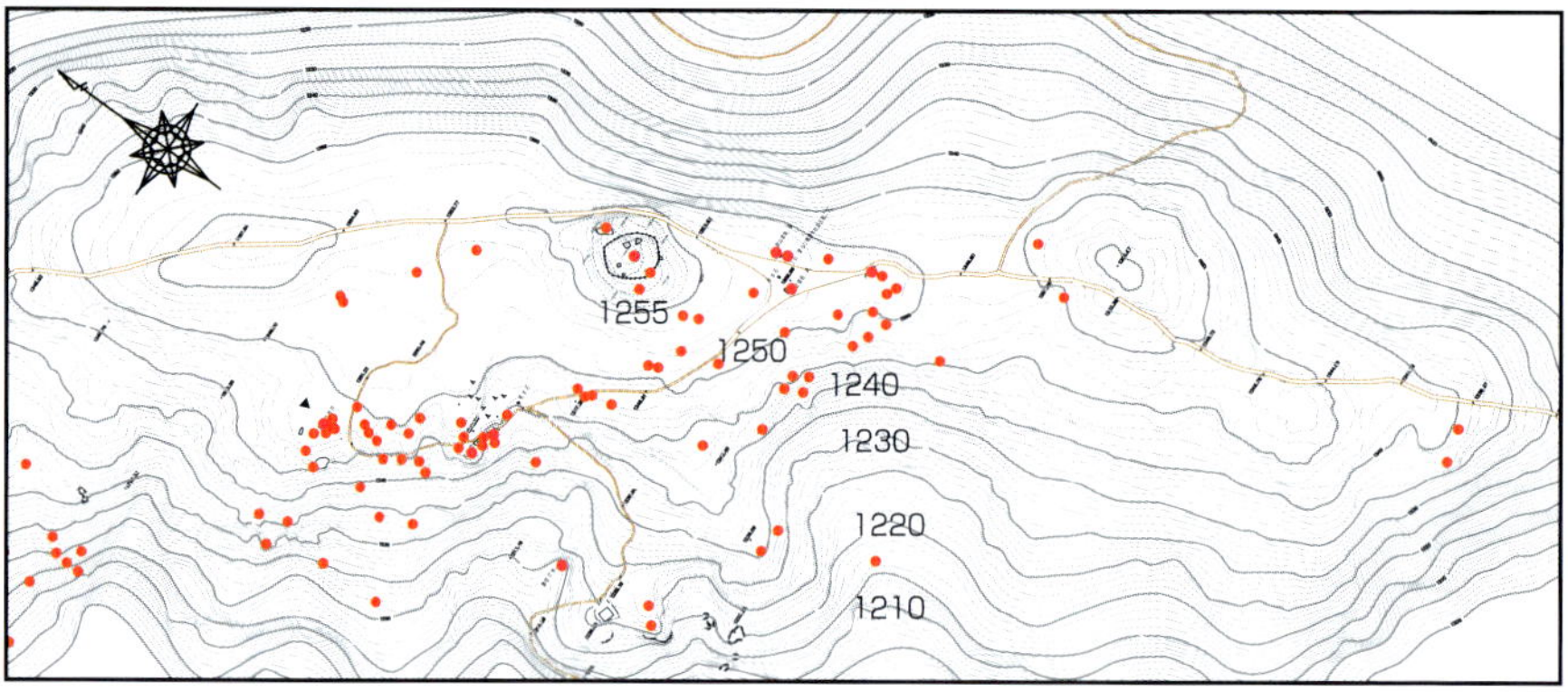

●はイチイ　1/6000　0　100　200　300m

図３　御陵の円丘周辺測量図(庄原市教育委員会2016)

1ーイロハニホ）があるとし、さらにこれらを取り巻く合計九四本の大イチイ、岩石、泉が並んだ様子を図化している。今は残ってない「柵」を詳細に描き、泉の位置を「井」で示していて、貴重な資料といえる（図1の中央上部分）。

昭和十七年に御陵の調査を行った國學院大學の植木直一郎は「御陵の円丘は三丘二庭に区画されていて中丘が古代祭祀《さいし》遺跡の「奥津磐座《おきついわくら》」、その前後が祭りの庭で、そのまた前後が外丘であって、この二つの外丘は古墳群をなす小型の古墳ではなかろうか」と説いたという(森下忠二郎『比婆山の追想』)。

翌年の昭和十八年八月、國學院大學の樋口清之たちによって「比婆山神蹟実測図」が作成されている（図2）。この図面を見ると、徳永図にはなかった等高線も加わっていて、測量機材を用いた本格的な実測作業であったことが分かる。

しかし、このような取り組みは終戦によって出来なくなり、「神陵」と崇《あが》められる円丘や、その周囲の丘について、戦後の科学的な議論も行われないまま現代に至っている。

御陵の円丘への最新測量で見えてきたもの

今回、戦後初となる御陵への測量調査を実施した。小型飛行機で御陵の上空を飛行し、写真測量法によりデジタル地形図データを作成した。縮尺率一〇〇〇分の一で原図を作成したので、国土地理院の二万五〇〇〇分の一の地形図に比べて二五倍の精度ということになる。徳永図から実に七五年後の図である（図3）。

これを見ると、徳永図で「五基」、樋口図で「三基」とされた円丘状の高まりは、結論から言えば自然の小起伏に端を発している。基盤となる花崗岩《かこうがん》類や流紋岩《りゅうもんがん》類の表層が何万年もの間に侵食され風化し、火山灰や黄砂などが堆積してできた山頂部の微地形だ。

ただし、こうした自然地形に手が加えられた可能性がないかといえば、そうでもない。

実際、古墳以前の「弥生墳丘墓《やよいふんきゅうぼ》」などでは、自然の小起伏を巧みに利用し最小限の労力で墳丘とする例も少なくない。さらに、盛土が流失し当初の形を失ったものも多い。庄原市佐田峠《さだだお》・佐田谷《さだだに》墳墓群などを見ても、発掘調査前の地表観察だけで墳丘の精確な形状を知ることは難しかった。

となると、古来イザナミが眠る墳墓として信じられてきた中央の円丘を、ただちに自然地形と断ずることも難しいということになる。

この円丘は従来、直径九二メートル（徳永一九四二）とも六四メートルともいわれてきた（図４）。
今回測量結果から、北東―南西方向に主軸をとる長径三八メートル、短径三三メートルの楕円形の範囲を一つのまとまりある地形「円丘」として捉えてみた。「御陵石《ごりょういし》」を守る現代の木柵を越え、外側へなだらかに続いている。面積にして九八四平方メートルだ。

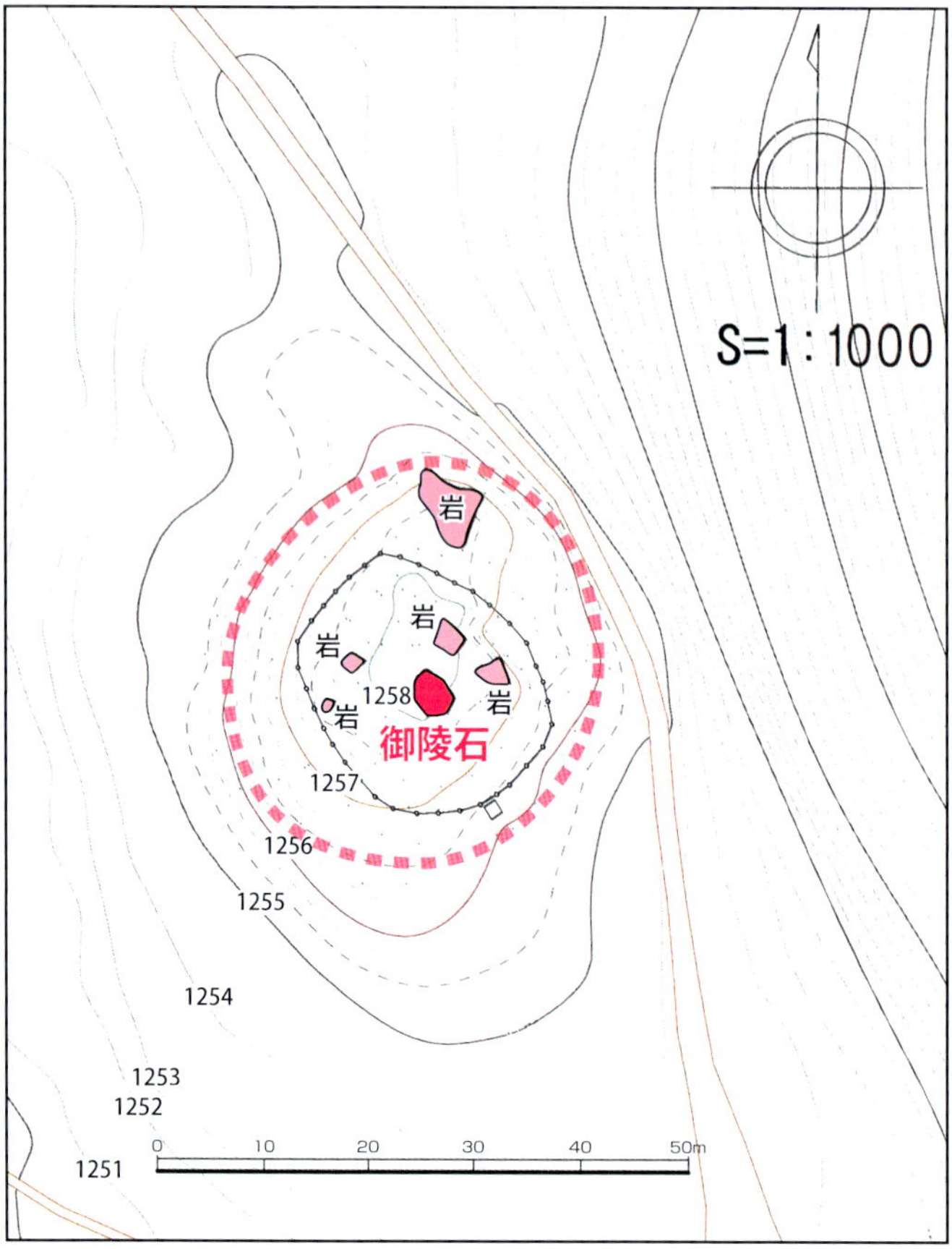

図４　御陵円丘平面図（縮尺率500分の1の図面を元に作図）

円丘の一部は、谷頭侵食により東側が大きく崩れ、岩石が露出する。この崩れた部分の表土を少し削ると、円丘の土層堆積状況が分かるはずだ。

そうなると、がぜん知りたくなるのが次の二つ。①円丘の土層断面はどうなっているのか、②露出した岩石や御陵石は自然物か人為物か、だ。

残念ながら、非破壊を前提とした今回の測量調査では、ここまでが精一杯であった。なお、この調査中に、円丘の近くで大型土器の破片を表面採集したが、表裏両面を欠損し帰属年代は不明だった。今後の調査が待ち遠しい。

（角田多加雄、稲村秀介）

参考文献

・比婆科学教育振興会『比婆船通道後帝釈郷土科学資料』一九五九年
・森下忠二郎『比婆山の追想』一九八六年
・米花斌「比婆山」『郷土』十六号昭和五十四年
・角川書店『広島県地名大辞典』
・『広島県史　民俗編』

第2章

神話の世界が息づく里の魅力を体感する

――歴史編

この里の人々の心の中には、いつもイザナミの大きな存在感があった。『古事記』で活躍する高天原《たかまがはら》ゆかりの多くの神々が庄原市北部に祀《まつ》られているのにも驚く。天照皇大神《あまてらすすめらおおかみ》をはじめ、木の神様・大屋比古神《おおやひこのかみ》、天岩戸《あまのいわと》からアマテラスを引き出した力の神様・天手力雄命《あめのたぢからおのみこと》、縁結びの菊理比売命《くくりひめのみこと》……。こうした有名な神々とともに、比婆荒神神楽《ひばこうじんかぐら》や塩原《しおはら》の大山供養田植《だいせんくようたうえ》（ともに国重要無形民俗文化財）など豊かな文化財も比類ない。出雲《いずも》との深い文化交流や製鉄神ゆかりの日本を代表するたたら製鉄などの遺跡もあり、多彩な魅力を体感できる。

比婆荒神神楽（国譲りの能）
（比婆荒神神楽保存会提供）

第1節 イザナミ伝説と信仰の力

『古事記』、『風土記』の世界から見た備後北部は、先進技術の地

国生みの神——イザナキ、イザナミ

「昔々、独神《ひとりがみ》のタカミムスビ、カミムスビ、アメノミナカヌシの三神が表れなさった後、イザナキ（男神）イザナミ（女神）の二神が表れなさった。二神は交合《まぐわい》をなさり、淡路、四国、隠岐、九州、壱岐、対馬、佐渡、本州をお生みになった。その後も、たくさんの神々をお生みになり、最後にイザナミ神は、火の神をお生みになったとき、御陰《みほと》を焼かれて病に臥《ふ》せられた。

そのとき金山彦、金山毘売《ひめ》二神を吐き、埴山彦、埴山毘売二神を屎《くそ》として出され、ミツハノメ、ワクムスヒの二神を尿《ゆまり》として出された。この神はトヨウケビメ神ともいう。イザナミは、火の神をお生みになって、お隠れになった。そして出雲《いずも》国と伯伎《ははき》の国との堺《さかい》の比婆《ひば》の山に葬られた（写真1）。

イザナキ神が、その子カグツチ神を剣でお斬《き》りになると、さまざまな神が生まれられた」

トヨウケビメ神の意味は、火の効用で農業・窯業・鉱業などで暮らしが豊かになったことを示すと思われる。

「イザナキは妻に会おうと黄泉《よみ》の国にいらっしゃったが、イザナミ神は『もう黄泉《よみ》の国の食を食べてしまったのです。黄泉の神に帰れるか尋《たず》ねます。その間私を視《み》ないでね』と言われる。イザナキはとうとう我慢できず櫛《くし》に火を

写真１　鳥尾から鳥上への風景（烏帽子山から。手前中央が毛無山、その向こうが伊良谷山。左奥には船通山。背後に大山など）

点《つ》け、ごらんになると、蛆《うじ》がわき、身のそれぞれに雷神《いかづち》ができていた。

『私を辱《はず》かしめた』と、イザナミは黄泉醜女《よもつしこめ》を遣わし追いかけさせなさる。イザナキが髪を結《ゆ》わえていた黒《くろ》御鬘《みかずら》を投げられると、蒲子《かずらのみ》ができ、醜女はそれを食べる。終わると、また追いかけて来るので、髪に挿した湯《ゆ》津《つ》津《つ》間櫛《まぐし》を投げられると、笄《たかむな》（筍《たけのこ》）ができ、醜女はそれを食べる。

醜女以外に黄泉軍《よもついくさ》も追いかけてきた。やっと黄泉比良坂《よもつひらさか》にお着きになったイザナキはそこに在《あ》った桃の子《み》三つ取って、投げ撃《う》たれたら、全て逃げ去った。その坂は今、出雲国の伊賦夜《いうや》坂という」（写真２）。

この話は、初夏から夏には雨が多く、かびが生えやすく、食物のない時季《じき》に飢えと戦い、人々が生き延びた暮らしを思わせる。桃の実はたぶん栽培種で大きく、香り高く、人々を生き返らせただろう。ちなみに弥生時代の水辺の祭祀《さいし》遺跡からは、桃の種が出土することが多い。

アマテラス神、ツクヨミ神、スサノオ神の誕生

「イザナキは筑紫の阿波岐原《あはきはら》で禊《みそ》ぎをなさり、さまざまの神ができるが、最後に、左の御目から天照《あまてらす》大御神《おおみかみ》、右の御目から月読命《つくよみのみこと》、御鼻から建速須佐之男命《たけはやすさのおのみこと》が生まれられる。

アマテラスには高天原《たかまがはら》（神々が住む天上世界）を、ツクヨミには夜《よる》の食国《おすくに》を、スサノオには海原《うなばら》を、治めるように、イザナキは告げられる」

写真２　伊賦夜坂にちなむ揖夜《いや》神社（島根県松江市東出雲町）

古代の人々の暮らしに絶対欠かせないものは、太陽と月・星、そして海の力だったと思われる。特に日本にとって、海の力が風や雲、雨なども意味しただろう。

「スサノオは鬚《ひげ》が胸先に垂れる年になっても『母の国、根の国に行きたい』とお泣きになる。イザナキが『この国に住むべからず』とおっしゃったので、スサノオは、アマテラスに事情を話そうといらっしゃった。そのときの様子が異常なので、アマテラスは不審に思われ、そこでスサノオに、清明（身の潔白）を誓約させなさる。

その結果、スサノオは見事に心の清明を表わしたと、逆におごりたかぶられて、乱暴を始められる。

営田《つくだ》の畔《あぜ》を離ち、溝を埋め、祭殿に屎をまき、機織《はたおり》の建物に逆剥《さかは》ぎにした馬の皮を堕《おと》し入れなさったので、とうとう神に奉げる衣を織る服織女《はたおりめ》は、機織り具の「梭《ひ》」で陰部《ほと》を衝いて、死んでしまった」

この描写は、農業が集落的に行われ、水利を管理する長の存在があり、地機《じばた》で機織りが行われていたことを示す。

天岩戸神話

「アマテラスが乱暴をご覧になって、天の石屋戸《いわやと》におこもりになる。高天原も葦原中国《あしはらなかつくに》（人々が暮らす地上世界）も真暗になり、万《よろず》の妖《わざわい》が起こる。神々はご相談になり、天宇受売命《あめのうずめのみこと》が槽《うけ》の上

で神懸《かみがか》りして、胸乳を出し、裳《も》緒《ひも》を陰部《ほと》まで押し垂れて踊られることになった。高天原は、八百万《やおよろずの》神々の咲《わら》い声に包まれた。

アマテラスが細めに開《あ》けてごらんになったとき、天手力男神《あめのたぢからお》が、御手を取って引きだされたので、元のように照り明るくなった。スサノオは高天原から神逐《かむや》らい（天からの追放）になられた」

神々をどう拝み、どのように祀ったのかは分からないが、未知のもの、超越したものに向かうときの人々の神祀《かみまつ》りの一端を示すように思われる。ちなみに、これは日食《にっしょく》を示すともいわれる。

スサノオ、出雲国・鳥髪の地に降臨

「神逐らいになられたスサノオは、出雲国肥《ひ》の河上《かわかみ》、鳥髪《とりかみ》の地に降りられた。箸《はし》が流れて来たので、行かれると、大山津見神《おおやまつみ》の子のアシナヅチ、テナヅチの二神とクシナダヒメ神がおられて、八俣大蛇《やまたのおろち》の話を聞かれる。その姿は、目は鬼灯《ほおずき》のように赤く、身は八《やっ》つの谷、八《やっ》つの尾根に渡り、その身に蘿《かずら》と杉と桧《ひのき》が生《は》え、腹は血が爛《ただ》れている。

クシナダヒメは櫛になってスサノオを守り、八塩折《やしおおり》の酒を八つ用意して待ち、八俣大蛇は酔って眠ってしまい、スサノオが尾を切りなさると、草薙《くさな》ぎの大刀《たち》が出てきた（図1）。

スサノオは、出雲国須賀の地にいらっしゃやって『我が御心、すがすがし』とおっしゃり『八雲《やくも》立つ

出雲八重垣《やえがき》　妻籠《つまご》みに

八重垣作る　その八重垣を』とお詠みになる。

宮をお造りになり、二神は鎮座なされた」

桧や杉の生えるのは軟らかい花崗岩質の山といわれる。目の赤さは、製鉄の炎という解釈もある。クシナダヒメは広い稲田を意味し、農業も豊かな地を示す。なだらかな連山に囲まれた盆地の情景が思われる。

古事記ものがたりは、この後、大国《おおくに》

図1　斐伊川《ひい》流域の風土記、オロチ伝承地図

主神《ぬしのかみ》の一連のものがたりへと続き、国譲りの場面を迎える。建御雷神《たけみかづち》に「幽《かくり》世《よ》を治めましょう」と告げられる。

これ以後大国主神は目に見えぬ御縁の世界を司どられたと考えられている。

「高天原よりアマテラスの孫神、ニニギノミコトが神々を従えて、筑紫の高千穂の峰に降臨なさる。そこで大山津見神の女《むすめ》、コノハナサクヤヒメ神にあわれ、火照命《ほでり》、火須勢理命《ほすせり》、火遠理《ほをり》命が生まれられる。ホオリ神は別名ヒコホホデミ神という。この神は海神の女《むすめ》、トヨタマヒメ神と結ばれ、ウガヤフキアヘズ神が生まれられ、その御子として、神武天皇が誕生される」

高天原の神々は、現在庄原市の神社で御祭神として祀られていることが多い。

古代から鉄の生産で重要な役割を果たした奥出雲と備後北部

『古事記』は七一二年成立、『日本書紀』は七二〇年、『出雲国風土記《いずものくにふどき》』は七三三年成立とされる。『風土記』は七一三年全国に各国の状況などを奏申するようにと勅命が下り、全国から提出されたが、一三〇〇年後の現在、唯一完本として残るのが『出雲国風土記』である。これによって、『古事記』の伝承や比婆山伝承を考察してみると、この備後北部の地、比婆山周辺が重要な場所だったことが考えられる。

(一)『出雲国風土記』では当時、出雲国は九郡から成り立っていたが、その中で唯一仁多郡《にた》だけ「仁多郡（布勢《ふせ》・三沢《みさわ》・横田《よこた》・三処《みところ》の四郷から成る）の諸《もろもろ》の郷《さと》より出《い》づる鉄《まがね》は、堅《かた》くしてもっとも雑《くさぐさ》の具を造《つく》るに堪《た》ふ」と記されている。つまり、仁多郡は備後国（現庄原市ほか）に隣接する製鉄産業地帯であったといえる。また、このときの仁多郡は、鳥取県日南町と島根県広瀬町東比田・西比田も領有している。つまり御墓《おはか》山も鳥上山《とりかみ》も持つ郡なのである。

仁多郡家（郡の役所）からの通道も二筋に分かれ、一つは、伯耆国日野《ひの》郡の堺の阿志毘縁《あしびえ》山（砥波《となみ》峠辺）に通い、もう一つは備後国恵宗《えそ》郡の堺の遊記《ゆき》（託《た》）山（烏帽子《えぼし》山）に通じる道であり、どちらにも常に剗《せき》があった。御墓山にも比婆山にも通じる関所のある重要な道がついていたのである。

(二)仁多郡横田郷の存在は、標高四〇〇メートルの高地にあって、古代から鉄器による農業開発を示している。それは横に広い田のことでイナタヒメ神の存在を示している。

(三)備後も出雲と同じで鉄の生産が豊かで、それらの道具による稲作も盛んであったと考える。「備後国神石奴可《かめしぬか》三上《みかみ》恵蘇《えそ》甲奴《こうぬ》世羅《せら》三谿《みたに》三次《みよし》の八郡は土《つち》宜《よろ》しく鉄を採《と》る。調（税）を糸に換えて鍬鉄とする」と『日本後紀』（八〇五年）に記している。また平城京出土木簡では「備後国三上郡調鍬壱拾口　天平十八年」（七四六年）とも記されている。その上備後国の中世文書では稲の収穫量の多さも記載されている。

（四）『古事記』のイザナキが初めに投げられたカヅラが、『出雲国風土記』の仁多郡に載《の》る。国堺にある四山、すなわち鳥上山（船通《せんつう》山）、室原山（三《み》国《くに》山）、遊記（託）山（烏帽子山）、御坂《みさか》山（猿政《さるまき》山）には「塩味葛《えびかずら》有り」と記されている。これも、この周辺が「比婆之山」であるゆえんを示し、出雲国備後国が一体化していることを表している。つまり仁多郡・奴可郡・恵蘇郡は一体となって、地域を豊かにしていったと考える。

（五）七一三年の風土記撰進の命令にも、「郡の内に生れる、銀・銅・彩色などの物を詳しく記せ」と、国家として金属資源調達を必要としていることが分かる。藤原京や長登《ながのぼり》銅山跡などの出土木簡から、この頃の古代の国家生産体制が、地域の特性を生かしつつ、分業、交換、管理を整備していたことが分かる。

出雲国仁多郡と備後国奴可郡・恵蘇郡・三上郡は一体化して、製鉄産業があり稲作も盛んであったと考えられる。

備後北部の式内社のご祭神が物語ること

最後に備後北部の式内社（『延《えん》喜式《ぎしき》』〈九二七年〉に載る社）について記す（図2）。

①奴可郡爾比都売《にびつめ》神社（写真3）、②恵蘇郡多加意加美《たかおかみ》神社（写真4）、③三上郡蘇羅比古《そらひこ》神社（写真7）、④甲奴《こうぬ》郡意加美《おかみ》神社、⑤三谿《みたに》郡知波夜比古《ちはやひこ》神社、⑥三次《みよし》郡知波《ちはや》夜比売《ひめ》神社の六社について説明する。

①は『芸藩通志』によれば久代《くしろ》の高野権現山（高野権現）に鎮座したとされ、朱砂《すさ》が採掘された。

図2　備後北部の式内社地図

真言修験山で、その北西には三上郡界の御神山（鬼神山）があり、南の土生辺は良質の粘土で知られる。現在は西城町に鎮座する。ニヒツヒメ神は『播磨国風土記《はりまのくにふどき》』で神功皇后の御船を赤くして航海を守護した後、紀伊《きい》国の吉野山辺に鎮座した神話を持つ。全国

写真３　①奴可郡式内社爾比都売神社（庄原市西城町西城）

のニヒツヒメ社は、水銀鉱床など良質の鉱山地に鎮座する。

この社の御祭神は埴山毘売《はにやまひめ》、金山毘《かなやまひ》古《こ》、大山祇《おおやまつみ》の三神である。

②は八国見山《やくにみ》（八国見《やくろび》大明神、写真5）から木原へ、さらに宝蘇《ほうそ》山に遷座されたという。タカオカミ神は高龗《たかおかみ》神と書き、雲気を起こす水の神ともいわれる。④と同神とされる。

写真４　②恵蘇郡式内社多加意加美神社（庄原市口和町）

④は、現在、吉備津彦神も祀る（写真6）。

③は①の近くにあり、備後と備中、あるいは石見《いわみ》、馬洗川を伝って芦田川へと通じる交通要衝地に鎮座する（写真7）。御祭神は彦火火出見《ひこほほでみ》命とされる。『古事記』の綿津見《わたつみ》神の宮訪問のとき、海神が山幸彦を「天津日高《あまつひこ》の御

写真５　多加意加美神社の神体山「八国見山」

子、虚空津日高《そらつひこ》ぞ」と申し上げたことに由来するという。

⑤⑥は対になる神と考えられる。どちらも戦国時代は、合戦場になったような場所で、出雲と備後の重要地に鎮座する。

写真６　④甲奴郡式内社意加美神社（庄原市総領町）

製鉄には、砂鉄、粘土、水、そして炭は欠かせない。①～⑥の社は、それを暗示しているように思う。

イザナミが火の神を出産なされるときの神々について、湯、陶器、鉱業を意味する解釈や、鋳物、鍛冶などの技術を意味する解釈もある。

いずれにしても『古事記』、『風土記』から見える備後北部の世界は、比婆山に見守られ、古代から独自に先進技術を持って、営々と豊かに築き上げられてきた感じがする。

（川島芙美子）

写真７　③三上郡式内社蘇羅比古神社（庄原市本村町）

高天原ゆかりの神々が眠る社

イザナミだけでない、神々のふるさと

国生みの女神イザナミノミコトが眠る山として崇《あが》められてきた比婆《ひば》山と、これを取り巻く熊野神社など複数のお宮。これらを少し巡ってみるだけでも、相当な「ご利益《りやく》」がありそうだ。でも、それだけではない。

実は、比婆山の周辺には、イザナミだけでなく、『古事記』で活躍する高天原《たかまがはら》ゆかりの大勢の神々が祀《まつ》られている。

先ほどの「式内社」がそうだ。

爾比都売《にびつめ》神社のハニヤマヒメ、多加《たか》意加美《おがみ》神社・意加美《おがみ》神社のタカオカミたちだ。知波夜比売《ちはやひめ》神社も、チハヤヒメと共にアメノウズメが鎮座する。

蘇羅比古《そらひこ》神社の祭神はヒコホホデミノミコトとカムヤマトイワレヒコ。彼らは、天皇家の祖先神たちだ。

「天孫降臨」で高天原から旅立った天孫ニニギ。その子がヒコホホデミだ。そのさらに孫がイワレヒコ、苦難を乗り越え大和入りした「神武《じんむ》天皇」だ。

そんなスペシャルな古社が、庄原市には他にもある。とくに東城町に多い。

東城町加谷《かだに》の金倉《かなくら》神社はイザナキ、ハニヤスヒメ・ヒノカグツチを祀る。このヒノカグツチはかつて紐解《ひもとき》神社として崇められ、近くの「火児山《ひぼとけ》」は、イザナミがお産のとき「剣を解かせ給ひし所」と伝わる。登れば即死するという。凄まじい言い伝えだ。

内堀《うつぼり》の天照真良建雄《あまてらすますらたてお》神社は、旧称を杉戸大明神ともいい「天岩戸《あまのいわと》」で活躍した鍛冶《かじ》の神・アマツマラにちなむという。「三代実録」に貞観三（八六一）年に従五位下の位を受けたと記す「備後国天照真良建雄神」であるとされ、タヂカラオ、アメノウズメを祀る。

塩原《しおはら》の石《いし》神社もタヂカラオを祀る古社で、国重要無形民俗文化財「塩原《しおはら》の大山供養田植《だいせんくようたうえ》」が奉納される。

森《もり》の白鬚《しらひげ》神社も、サルタヒコ、イザナキ、アメノウズメ、カグツチ、アメノコヤネたちを祀る古社だ。

さらに御陵《ごりょう》の南西約二〇キロの口和町釜峰《かまみね》山（七八八メートル）にも、サルタヒコを祀る釜峰神社がある。ここは中世山城跡だ。尼子方の山中鹿之助が天狗と修行したという修験の山である。

この地は、類まれなる神々のふるさとだ。

高天原の神々を訪ねる

庄原市西城町の中心部から東へ少し行くと、大佐《おおさ》集落の耕地が広がる。一

写真１　天戸神社（庄原市西城町大佐）

帯を見渡せる高台に天戸《あまと》神社がある（写真１）。祭神の名は天《あまの》手《た》力雄命《ちからおのみこと》。「岩戸隠れ」でアマテラスを天岩戸から引き出した力の神様だ。

この神を祀る長野県の戸《と》隠《かくし》神社には、タヂカラオが高天原から投げた岩戸が飛んできて落ちたと伝わる。ひょっとして、タヂカラオはこの天戸神社辺りから岩戸を投げたのかなと空想してみるのも楽しい風景である。

ここから東へ進むと八鳥《はっとり》集落だ。「服部《はっとり》」と同音で、機織部《はたおりべ》にちなむという。

「白山《しらやま》神社」と刻まれた鳥居を過ぎ八鳥川を渡る。谷へ入ると丘の上に白山神社が見える（写真２）。祭神は、菊理比売命《くくりひめのみこと》。白山《はくさん》信仰の石川県白山比《しらやまひ》咩《め》神社が有名だ（Ｐ１９８）。『日本書紀』の記述では、イザナミとイザナキの夫婦げんかを止めたとされ、縁結びの御利益がある。

写真２　白山神社（庄原市西城町八鳥）

また、「ククリ」は括《くく》りで、糸を紡《つむ》ぐ仕事、つまり養蚕や機織《はたお》りの神様でもある。

ハットリ、ククリヒメの組み合わせから、『古事記』の高天原でのスサノオの乱暴の場面が連想される。アマテラスが機屋《はたや》で神に奉げる衣を織《お》っているとスサノオがその屋根に穴を開けて逆剥ぎにした馬の皮を投げ込む。これに驚き、天服織女《あまのはたおりめ》が、機織り具の「梭《ひ》」を体に刺して死ぬ。恐れたアマテラスが天岩戸に閉じこもる。

何だか、高天原の、岩戸隠れの現場に立ち会ったような気持ちになる。

集結する高天原の神々

西城の町に戻り、大屋川上流の中迫《なかざこ》集落に一野宮《いちのみや》神社がある（写真３）。祭神は、大屋比古神《おおやひこのかみ》。イザナミとイザナキから生まれた木の神様だ。『古事記』では、木の国に住み、兄神たちに追われたオオクニヌシをスサノオのいる根の国へと逃がす。

別名は五十猛神《いそたけるのかみ》。『日本書紀』の一書では、スサノオの子として登場し、スサノオとともに新羅《しらぎ》の「曾尸茂梨《そしもり》」から渡海し、「出雲國簸川上《いずものくにひのかわかみ》」の「鳥《とり》上之峯《かみのみね》」に至った。島根県船通山《せんつう》だ。多くの樹木の種を植え、日本は青山の国になったという。木の国（紀伊《きい》国）、現在の和歌山県和歌山市に、この神を祀る伊太祁曽《いたきそ》神社がある（Ｐ２２９）。

何やら、西城町内の神社を巡るうち、全国に散らばる高天原ゆかりの神々が、狭いこの地域に一大集結している模様となってきた。

西城の町から、西城川沿いに西へ下ると奥名《おくな》集落だ。ここに御神《おんがみ》神社がある。祭神は、猿田毘古神《さるたひこのかみ》。「天孫降臨」でニニギ一行を先導し、さらには神武《じんむ》の紀州熊野入りを助けた。

ここから西城川の支流、山家川《やまががわ》をさかのぼると大滝《おおたき》があり、その上方に八《や》坂《さか》神社がある。祭神は素戔嗚尊《すさのおのみこと》。さらに相殿神《あいどののかみ》として玉祖命《たまのおやのみこと》、大山祇命《おおやますみのみこと》、鹿《か》屋野比売《やのひめ》を祀る。

西城川に戻り西へ下ると平子《ひらこ》の集落に出る。ここの掛開《かけがい》神社の祭神は、天《あま》照皇大神《てらすすめおおかみ》と思兼大神《おもいかねのおおかみ》（写真４）。「岩戸隠れ」の主人公と、高天原で一番の知恵者という、高天原最高レベルの神々が、おそろいで鎮座していた。

いにしえの神々が残された幸運

比婆山の麓《ふもと》の神社を歩くうち、気がつくと、『古事記』でおなじみの、高天原の神々のオンパレードだった。いにしえの神々は、なぜこれほどに残されたのだろう。

地域に残る神社には、人々の信仰の歴史が凝縮されている。古代、中世、近世、さらには近代にも、世相とともに変化を余儀なくされたことは度々あっただろう。例えば、広島県北部で

写真３　一野宮神社（庄原市西城町大屋）

写真４　掛開神社（庄原市西城町平子）

写真5　国重要無形民俗文化財「塩原の大山供養田植」

写真6　国重要無形民俗文化財「比婆荒神神楽」
（比婆荒神神楽保存会提供）

は、中世以降、八幡《はちまん》神社が急速に増加した。それは、鎌倉幕府が滅亡する一四世紀初めごろ、毛利《もうり》氏ら坂東《ばんどう》武者たちが中国地方へこぞって移住したこととと関係する。

庄原市北西部の恵蘇《えそ》郡は当時「地毘《じび》荘《しょう》」と呼ばれ、幕府の御家人《ごけにん》だった山《やまの》内首藤《うちすどう》氏が移住した。彼らも、氏神の鶴岡八幡宮《つるがおかはちまんぐう》を鎌倉から迎え、民衆の在来信仰に介入した（武田祐三「第五章　御家人山内氏と信仰」『庄原市の歴史』通史編、二〇〇五年）。

一方、いにしえの神々を祀る神社が今も多く残る庄原市東部の奴可《ぬか》郡（現在の西城町、東城町）ではこの時の攪《かく》乱《らん》は少なかったようだ。備後国一ノ宮・吉備津神社の社家出身ともいう久代宮《くしろみや》氏の勢力圏だったからかもしれない。戦国時代に宮氏が熊野神社の社殿を造営した記念の「棟札《むなふだ》」も伝わっている。

中世の宮氏だけでなく、神社・仏閣、伝統を守り伝えた先人に、感謝したいことがある。それは、国重要無形民俗文化財「塩原の大山供養田植」「比婆《ひば》荒神神楽《こうじんかぐら》」などの文化財を、今に伝えてくれたことだ（写真5、6）。これらの伝統行事が、今こうして高天原の神々と共にこの地にあることは、天祐だともいえる。

（稲村秀介）

女神《イザナミ》を慰める神楽

高校時代の親友は、いつも故郷の自慢をしていた。彼の故郷庄原市には、ある事故で死んだイザナミの葬られた山があるのだという、比婆《ひば》山伝説だ。どうしてそれが自慢なのかよく分からなかったが、比婆山山麓の神楽《かぐら》を見て歩くうち彼の自慢話が理解できるようになった。

比婆山山麓は神楽の聖地

比婆山山麓は、神楽の聖地である。国の重要無形民俗文化財の「比婆荒神《こうじん》神楽」と、県の重要無形民俗文化財の「比婆斎庭《さにわ》神楽」（旧三上《みかみ》郡の「三上神楽」もこれと同類）の二種類の神楽が伝承している。比婆荒神神楽は旧奴可《ぬか》郡（現在の庄原市東城町と西城町）の神職組が伝えてきた神楽、比婆斎庭神楽は旧恵蘇《えそ》郡（高野町と比和町および口和町）の神職組が伝えてきた神楽である。

この二つの神楽を実際に見ると、随分違った印象を受ける。比婆荒神神楽は岡山県の備中《びっちゅう》神楽に、比婆斎庭神楽は島根県の出雲《いずも》神楽に似ているようだ。しかしこの二つの神楽は、同じ親から生まれた兄弟の神楽なのである。

その親に相当する神楽こそ、比婆山山麓の神楽を特徴づける神楽である。中世に、修験者《しゅげんじゃ》と呼ばれる神仏混交の宗教者たちが作り出した神楽で、江戸時代からは神職の手に移り今日まで伝えられている。地域の神社で行われる神楽とは一線を画し、民家の座敷や仮設の小屋で行われる神楽である。

身震いするほどすごい荒神神楽

「荒神神楽」と呼ばれるこの神楽は、七年、一三年、あるいは三三年ごとに神職たち（一般人の舞手も加わる）によって大掛かりに行われている（写真1）。各地で見た荒神神楽の記憶をまず確認しておきたい。

どこの荒神神楽でも、「前《まえ》神楽」と「本《ほん》神楽」の二つを必ず見学した。前神楽では湯立《ゆたて》を済ませてから、荒神さんを民家の座敷に迎えて神事舞《しんじまい》（七座神事）をする。それから「土公神《ろっくうしん》遊び」

写真1　荒神神楽の迎幣（東城町粟田《あわた》）

写真2　土公神遊び（東城町森）

写真3　八頭《やと》（八重垣）の能（比和町布見《ぬのみ》）

（写真2）や「諸神《しょしん》遊び」など、不思議な祈祷《きとう》が行われた。その後、場所を神殿《こうどの》と呼ぶ祭場に移し、本神楽となる。各種の能舞（「八《や》重垣《えがき》の能」「国譲《くにゆず》りの能」「岩戸《いわと》の能」など）を、人々は夜を徹して楽しんだ（写真3）。私もどぶろくや地元の漬物などの御馳走《ごちそう》にあずかったことを思い出す。

夜が明ける頃に、荒神神楽の本番が始まる。身震いするほどすごい神楽だった。男たちが野外で藁《わら》製の蛇を引き合い、神楽の雰囲気が一気に盛り上がった。そして神殿にその藁蛇を引き入れてはすかいに張り渡し、その下で白装束の神職が「荒神の舞納め」を舞う

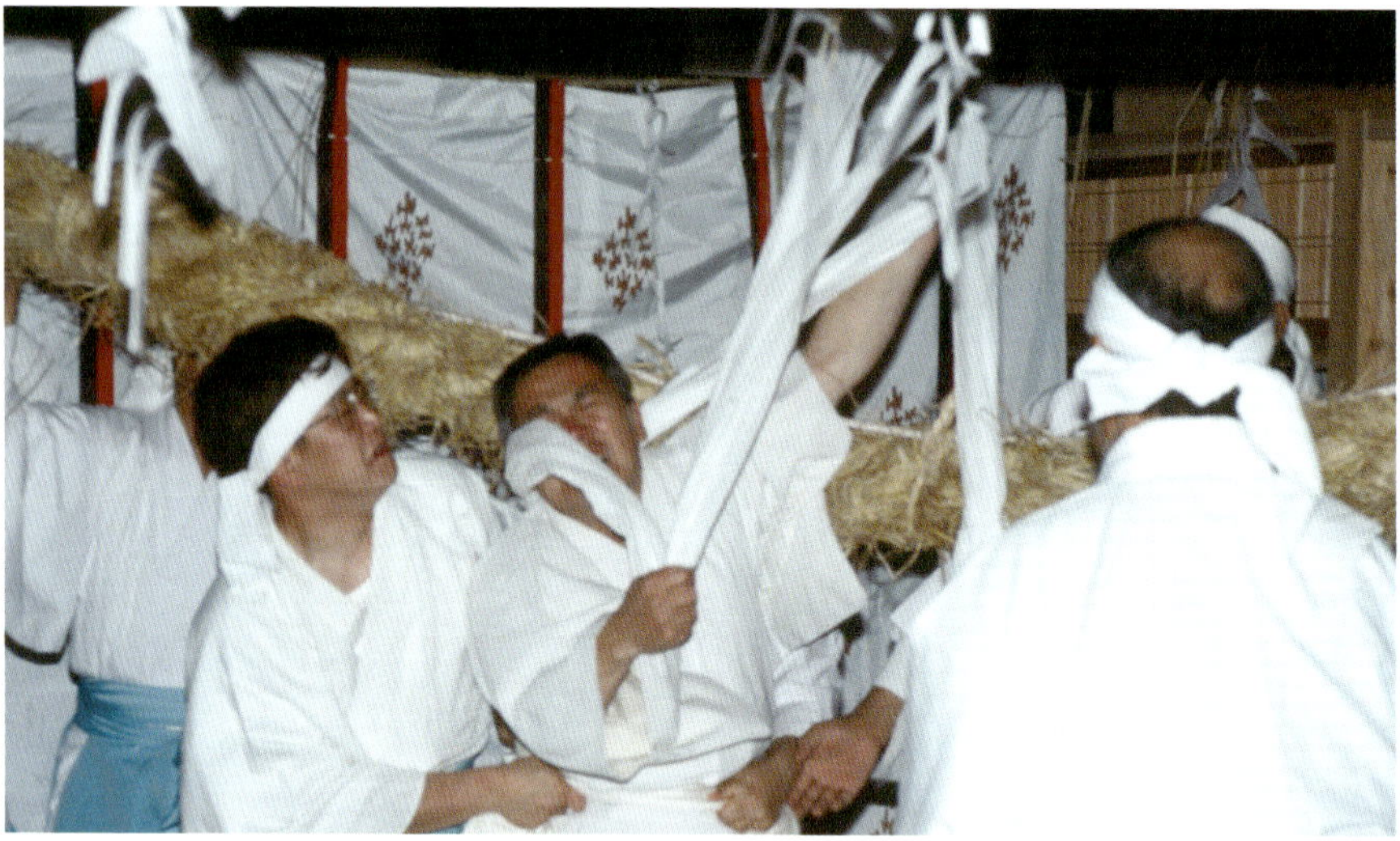

写真4　荒神の舞納め（西城町平子《ひらこ》）

のである（写真４）。
まるで巫女《みこ》のように順逆に何度も繰り返し舞い、藁蛇に寄りつきながらさらに舞い続けた。やがて彼は藁蛇に向け白い布を振って舞い狂い、神がかりして絶叫・失神した。この世のものとは思えない空気が漂《ただよ》う中で、神の言葉が語られた。集まった人たちは拝むようにこの神楽に見入っていた。

死者の霊を慰め、浄土入りさせる神楽

この荒神神楽は元々、どんな形で行われていたのだろう。慶長十七（一六一二）年の「伊与村神祇太夫詑状《いよむらじんぎだゆうわびじょう》」（庄原市本郷町の児玉家所蔵）に、恵蘇郡で「御神前湯立《ごしんぜんゆたて》」「浄土かぐら」「こう神まい」の三つの神楽が行われた記録がある。この一連の神楽は既に浄土入りした先祖たちや、まだ浄土入りしていない死者たちと時を共にする神楽であった。

これまでに見た荒神神楽とこの記録を参考に、誕生した頃の比婆山山麓の神楽の姿を描き出してみよう。まず「御神前湯立」で神楽の場を清め、次に家の中で「浄土かぐら」を行った。天蓋《てんがい》

写真５　天蓋（比和町森脇）

と呼ばれる飾りを揺らし、浄土にいる先祖たちの霊を迎えて一夜を共に過ごし、夜が明ける頃に再びその天蓋を揺らし先祖たちを浄土へお送りした（写真５）。

その後に、「こう神まい」と呼ぶ重要な神楽が行われた。この「こう神まい」は事故などで亡くなり、まだ浄土入りしていない死者の霊を慰め、新たに浄土入りさせるために行われる神楽である。あの世をさ迷う霊の祟りが及ばないように、屋敷の外に仮設した小屋の中に、同族の者だけがこもり、この神楽を目の当たりにしたのである。

写真６　荒神送り（東城町粟田）

「王子《おうじ》舞」であの世の門が開かれると、不遇《ふぐう》な最期を遂げた死者の霊の宿る藁蛇が小屋の中に運び込まれる。そしてその周りを舞手たちが順逆に繰り返し舞って、その霊を慰めた。

太鼓が連打され、白い布を藁蛇に向け打ち振りながら舞手は激しく舞い狂う。舞手は突如神がかりして絶叫し、しばらくの沈黙が続く。やがて、亡くなった先祖の思いが子孫たちに語られ、藁蛇は荒神の森へ送られた（写真６）。こうして死者たちは新たに浄土入りを果たしたのである。

イザナミ信仰が深く根付く地だからこそ、生まれた神楽

親友が自慢していた比婆山山麓は、ある事故で最期を遂げたイザナミの霊がたゆたう地である。そのイザナミの眠る聖地に、事故などで亡くなった死者の霊を新たに浄土入りさせる神楽が発祥したのは、決して偶然ではないであろう。

不遇な最期を遂げたイザナミへの信仰が深く根付く地であったからこそ、先祖たちと一夜を共にし、死者の霊を慰める神楽が誕生し、発展したのだと私は思う。そこはイザナミの眠る聖地であったがゆえに、神楽の聖地ともなりえたのであろう。ひょっとすると遥《はる》か古代から、この御陵《ごりょう》の前で白装束の巫女たちが布を打ち振って舞い狂い、女神《イザナミ》を慰めていたかもしれないのである。

（三村泰臣）

熊野の信仰とイザナミ伝説

イザナミノミコトの「奇蹟」を信じた人々

明治九（一八七六）年七月、奴可《ぬか》郡小鳥原《しととばら》村（現庄原市西城町）八幡神社社掌《しゃしょう》の松尾喜久間と戸長《こちょう》の久保勝之助が、次のように役所へ上申した。

六月十日、「比婆《ひば》山山頂烏帽子岩《えぼしいわ》の東南の丘」に「幾百年の星霜《せいそう》を経しとも分別し難き石組上塚《いしぐみのうえにつか》の如くなるもの」があり、「中央の古栂《ふるとが》」の大木が倒れて枯木となっていた。その枯木から芽が出ていて、その側に「異木一本」あるのを見て、「是《これ》や實《じつ》に伊邪那美命《イザナミノミコト》御陵ならん」と拝し奉ると、「尊廟《そんびょう》ならんと参拝の輩《やから》」は「日日數百《すうひゃく》絶ゆること」がなかったという（片岡正古『比婆山考證』明治八年（追次考證）、渡辺哲玄編輯《へんしゅう》、大正十二年）。

現代人からは一笑に付される向きもあるだろうが、当時、御陵《ごりょう》（美古登《みこと》山）を神の座《いま》す山として崇《あが》めた人々の暮らしの中には、イザナミが確かに存在し、その霊力のなせる奇蹟を信じることのできる、素直な心があった。

戦後の昭和三十年代に西城町熊野で行われた聞き取り調査でも、複数の古老から、「イザナミノミコトの姿を拝んだ」経験についての証言が得られた。霧が立ち込める中や、夕日の光の中に、イザナミの上半身を見いだし、その後、重病が全快した人など、四人の証言が報告されている（新山勝勇「比婆山をめぐる伝説・民話」『郷土』第十六号、昭和五十四年）。

熊野の人々に語りつがれる民話

熊野の人々の信仰の深さを窺《うかが》わせるエピソードはほかにも多くある。

熊野には複数の六地蔵があり、参拝客の安全を祈願して建てられたともいわれている（写真1）。明治の初め、熊野の吉田祭ヱ門《まさえもん》が出雲《いずも》大社へ参詣する前夜、夢に六地蔵が現れ、大社の「とみくじ」で「六地蔵と七人組」と書けば、必ず当たると告げた。お告げ通り

写真1　六地蔵

にすると本当に当たり、大金を得た。その報恩として、祭ヱ門は六地蔵を雨《あめ》つゆから守る屋根を作ったという。

明治末ごろ、熊野の広沢ウメは小学校からの帰り道、日が落ちた中、寂しい気持ちで歩いていた。六地蔵の前まで来ると、不意に「寂しかろう、家までついて行ってやろう」と声がした。すると、今までの寂しさはたちまち消えてしまい、全く二人で歩いているような安心した気持ちになった。家の前の橋のたもとまで来ると、「もう寂しくはあるまい」。はっきりと聞こえたという。

西城町大屋から熊野神社への古い参詣路の峠にあたる「鳥越《とりごえ》」では、熊野神社の神主が伯耆《ほうき》大山からやって来た一つ目入道に襲われそうになったが、熊野権現のご加護で助かったという。

熊野神社の西隣の「ぬく油谷《ゆだに》」では、下駄職人が、美しい女人に化けた魔性の大蛇に誑《たぶら》かされそうになったが、イザナミのご加護によって助かった。「蛇のクボ」は、山津波で安住の地を失い、全山を鳴動させ熊野川を上っていった大蛇が棲《す》んでいたといわれる穴であり、「巫女田《みこだ》」（写真2）では、舞を奉納する岩が田の中にあるため移動したら良からぬことが相次いで起き、元に戻すと治まったという。

写真2　巫女田があったと伝わる水田

イザナミとイザナキの愛憎にまつわる伝説

「比婆大神《ひばのおおかみ》」（イザナミ）への思慕と愛着から、人々は我が事のようにイザナミ、イザナキ二神の喜怒哀楽を語り継ぎ、その愛憎劇を土地に刻み伝承していった。幾つか例をあげてみよう。

二神の仲睦まじく、人間的な暮らしぶりを語る伝説が、熊野の各集落に伝わっている（写真3）。

西城川と支流の熊野川が合流する辺りを「別所《べっそ》」というが、女神イザナミは「月のさわり」（月経）のとき、夫のイザナキと別れ、ここで仮住まいをした。上流の「別路《わかりょうじ》」は、見送りにきたイザナキと、ひと時の別れを惜しんだ場所であり、さらに進んだ「不寒原《へんばら》」は大雪の降る寒い場所のため、冬の間でも比較的暖かいこの地に宮を造り、避寒の地とした。

写真３　左から別所、別路、不寒原、田鋤集落

写真４　飛越岩

一方、二神の離別にまつわるはかなくも悲しい伝説も、伝わっている。

黄泉《よみ》の国で変わり果てたイザナミに驚き、逃げまどうイザナキ。恥をかかされて怒り狂い、追いかけるイザナミ。イザナミが差し向けた千五百《ちいお》の黄泉軍《よもついくさ》に追われるイザナキは、御陵山頂の西側にある「飛越岩《とびこいわ》」（写真４）を飛び越えて逃れ、西麓の「越原《おつばら》（追原）」で黄泉軍を追い払った。

黄泉平坂《よもつひらさか》の桃の実を投げつけて黄泉軍を撃退したイザナキは、桃に意富加牟豆美命《おほかむづみのみこと》（大神つ実）の名を与え、以後、自分と同じく窮地におかれる者があれば助けよ、と命じた。この時の助けが転じたとされる地名「田《た》鋤《すき》」が、熊野川下流の集落に伝わっている。

さらに、立烏帽子《たてえぼし》山北側の中腹に「千引岩《ちびきいわ》」が伝わる（写真５）。二神はこの岩を間に挟んで「あなたの人草《ひとくさ》を一日に千人《ちたり》絞め殺す」「ならば一日に千五百《ちいお》の産屋《うぶや》を建てる」と問答し別れたという。

烏帽子山西隣の吾妻《あつま》山は、イザナキが御陵のイザナミを偲《しの》び、「愛しい吾《あ》が妻よ」と呼び掛けた山だといわれている。

写真5　千引岩

三井野原に伝わる神々の物語

比婆山連峰の北東にある三井野原《みいのはら》には、斐伊《ひい》川の源流の一つの室原《むろはら》川が流れ、現在は島根県仁多《にた》郡奥出雲町八川《やかわ》に属している（写真6）。しかし昭和二十八（一九五三）年まで、この地は広島県比婆郡八鉾《やほこ》村であった。つまり、元は備後国であった。

三井野原から北側は、JR西日本木《き》次線《すきせん》のスイッチバックがあるほど急峻な天然の要害であり、国境でもあった。オオクニヌシノミコトが兄神たち「八十神《やそがみ》」に対して城を築いたとされる伝説が三国山（『出雲国風土記《いずものくにふどき》』にいう室原山《むろはら》）に残り、スサノオノミコトの「御室《みむろ》」の地とも伝わっている。

さらに、イザナミが御子神《みこがみ》たちの産湯を使ったといわれる「稚児ヶ池《ちごいけ》」が伝わっている（写真7）。現在は埋め立てられて小さな井戸となっている

写真６　天然の要害・三井野原から比婆山連峰へ（手前に坂根の断崖。右奥の吾妻山から順に烏帽子山、御陵、池ノ段、立烏帽子山、竜王山、福田頭、三角山、野口山）

が、かつて「大雨溢れず大旱《おおひでり》枯れず」と称えられた。

至高の泉の在りか、「御井《みい》」の原なのである。現在、JR西日本木次線出雲坂根駅の愛称が「天真名井《あめのまない》」、三井野原駅が「高天原《たかまがはら》」とされているのも非常に興味深い。

ここから南は、御陵への四つの参詣路のうち、出雲東部・伯耆からの登拝《とはい》ルート「六ノ原口」に通じる。また、西へ尾根伝いに進んでも御陵へ至る。その経路に伝説が残っている。

「ジャバミ山」は、イザナミに仕える神・泣沢女《なきさわめ》が、稚児ヶ池での洗濯の帰路に毒蛇の難に遭《あ》った場所と伝わっている。また、ある時、泣沢女が狼の群れに襲われた。イザナミは、狼たちが隠れられるような「ゴトゴトマキ」（ナラガシワのこと）の茂みがあるからだと激怒し、それ以来、御陵周辺にはゴトゴトマキが生育しなくなったと伝わる。

写真７　稚児ヶ池神社

御陵から三井野原へ下り、東側へ尾根伝いに進めば、船通山《せんつうざん》へ至る。難敵からの防御性が高いこのルートは、まさに神々の通《かよ》い路《じ》であり、日本神話揺《よう》籃《らん》の地にふさわしい。

遥《はる》か昔から人々は、イザナミ、イザナキ、スサノオ、オオクニヌシたちの息吹《いぶき》を肌身に感じて神々の物語を紡ぎ出し、語り伝え、神楽《かぐら》を舞い、神々と共に暮らしてきたのである。

（新田成美、稲村秀介）

参考文献
・比婆科学教育振興会、一九五九『比婆船通道後帝釈　郷土科学資料』

神籠石伝承と巨石への信仰

巨石への信仰

伊邪那美命《いざなみのみこと》の陵墓《りょうぼ》とされている御陵《ごりょう》の峰から南へ七キロ下りた所に、このイザナミを祭神とする熊野神社がある。

社記によると、この神社は、和銅六（七一三）年には存在し、「比婆大神《ひばだいじん》社《じゃ》」と称していた。嘉祥元（八四八）年「熊野神社」に改称したと社記にみえ、この地方で最も古い神社とされ多くの人たちから崇拝を受けてきた。

この時代の信仰について考えてみるとき『古事記』（七一二年）、『日本書記』（七二〇年）、『出雲国風土記《いずものくにふどき》』（七三三年）の古書に巨石を信仰したと思われる記述があり、当時の信仰形態として自然界の木や石に神域や神霊を感じ取り信仰していたことに気づかされる。

神が宿るとして信仰された巨岩・巨石は「磐座《いわくら》」「磐境《いわさか》」「石神《いしがみ》」と呼ばれ、その側《そば》で祭祀《さいし》が行われた際に残されたと考えられる鏡・玉・武器や土器などの遺物が各地で発掘されている。その一例として福岡県宗像市の沖ノ島祭祀遺跡（世界遺産候補）が有名である。

熊野神社に伝わる巨石信仰

御陵山頂は、イザナミへ神饌《しんせん》（飲食物を供える）し、「御陵石」と呼ばれる磐座（神を招いて祭りを行うための石）を中心に古代祭祀の遺跡を思わせる形態があると考えられ、比婆山信仰は古くから広い信仰圏を持っていた。これを裏付けるように、江戸時代に遠く出雲国や伯耆国の崇拝者から鳥居や玉垣《たまがき》などの寄進があったことを示す神物が残っている。

このように多くの信者があり、御陵の峰へは、備後（広島県）・備中（岡山県）・出雲（島根県）・伯耆（鳥取県）の四方からの参道を登り参拝していた。各方面の山麓には神社（遥拝所《ようはいじょ》）が祀《まつ》られており、その南正面参道の登り口の社《やしろ》が、ここ尺田の熊野神社である。

熊野神社の本殿（一ノ宮）からシャガの群生する中を一〇〇メートル上ると速玉男神《はやたまおのかみ》（約束をかためるためにはいた唾《つば》から生まれた神）を祀る二ノ宮があり、その左下に周囲二三メートル余り、高さ五メートルの巨石がある。古来、この石の上に上ればたちどころに神罰を受け、足腰が立たなくなるといわれ、「神の蔵」・「御門跡《ごもんぜき》」といって神聖視されてきた。

社伝にいう比婆大神社創建以前は、比婆山に鎮《しず》まる比婆大神（イザナミ）への祭儀は、この巨石を神籬磐境《ひもろぎいわさか》（神霊を降臨させる場、神社を意味する）

として行われたという（新山勝勇「比婆山・熊野探訪資料」『郷土』第二十五号、昭和五十七年）。

また、古代にこの祭祀遙拝所で祈祷《きとう》したところ、後年「比婆山大神の拝所を建てよ」との詔《みことのり》（おつげ）が下ったことにより、熊野神社が神籬磐境に代えて創建されたと伝えられている（社記）。

神籠石と力石

さて、比婆山信仰を考えるとき信仰圏内の信仰者全てが御陵へ参拝できるとは限らず、できない人たちの事情も考え、各四方向の山麓には遙拝所が祀られていた（P70）。

また、いにしえより神域を外界から守る尊い岩としてきた巨石を「神籠《こうご》石《いし》」と呼び、遙拝所としてイザナミを崇拝する磐境の場としていたという（写真1）。

神籠石は、陰陽の四方から御陵へ向かう街道筋に約十か所伝わり、ほとんどが山中の峠にある見通しの良い巨石であるが、中には御陵が見えない河原の中の岩石も含まれていて、その全ての場所は確認できていない。

「ヒョウゴイワ」「コウボウイシ」など村々での呼び名は転訛《てんか》に富み、非常に長い時の経過を物語るかのようだ。

また、圧倒的な存在感からか、それ自体が信仰の対象となったものも少なくない。

徳永孝一によれば次のとおりであった（『比婆山調査研究報告概要』一九四一年　徳永孝一）。

写真1　「道後山神籠石」上空（岩樋山）から御陵を遥拝

写真２　比婆山古道「鳥越」
（左の野口山の向こうが西城町市街地）

写真３　鳥越の神籠石

一、鳥取県日野町山上村神籠石

二、島根県奥出雲町大馬木村神籠石

三、広島県庄原市比和町神籠石

四、広島県庄原市比和町古頃神籠石

五、広島県庄原市比和町三河内神籠石（井西山）

六、広島県庄原市西城町大屋神籠石（馬酔越え）

七、広島県庄原市西城町鳥越神籠石（野口山八合目）

八、広島県庄原市西城町小鳥原土居《しととばらどい》神籠石（小鳥原川岸部）

九、広島県庄原市東城町道後山神籠石

十、広島県庄原市東城町薮谷神籠石

中でも特記すべきこととして、「七」の「鳥越《とりごえ》神籠石」は比和・大屋方面からの道中「鳥越峠」の野口《のぐち》山の八合目に立つ、高さ約八メートルの二つの巨岩があり、この周囲から土器が出土したと伝えられている（写真2、3）。

また、小鳥原土居神籠石は、東城方面からの参拝者が遥拝していたといわれており、この地域の古老の記憶で、「子どものころから戦前までの間、時々岩の上に供え物が置かれていたことを覚えている。しかし、戦後はいつの間にかその情景を見ることはなくなった」と言う（写真4）。

写真４　小鳥原土居の神籠石（手前の巨石）

立烏帽子《たてえぼし》山の山腹にある「千引岩《ちびきいわ》」は、『古事記』の「黄泉《よみ》」（死）の国でイザナミの変わり果てた姿に驚き逃げるイザナキと、恥をかかされて怒り追いかけるイザナミの二人が大岩をはさみ、喧嘩問答をした場所であると言い伝えられてきた（写真5）。

比婆大神（イザナミ）が山上から四方に大石を投げて神陵の領域を示したといわれる「投石《なげいし》」も伝わる。「投石」の屋号が、その石近くの家に今も伝えられている。

また、御子神のスサノオノミコトが

写真５　千引岩（中央奥）

御陵から戯《たわむ》れに投げたという「力石《ちからいし》」も伝わり、スサノオの手のひらの痕だというくぼみに溜まった水は、ヒシネ（子どもが罹りやすい手足の皮膚病）の特効薬として信じられた（写真6）。

写真6　力石

その他の興味深い巨石

そのほか、「烏帽子岩」「太鼓岩《たいこいわ》」「産子《うぶこ》の岩戸《いわと》」など、岩石に関連する多くの伝説が語り継がれている（写真7）。

写真7　出雲烏帽子岩。左後方に吾妻《あづま》山が見える

昭和六十二（一九八七）年、県北在住の地質学者である三浦亮によって古代祭祀で使われたとする「磐境」が多数報告され、話題を呼んだ（三浦亮「比婆山の岩刻彫遺跡〈予報〉」『郷土』第四十一号、西城町郷土研究会、昭和六十三年）。

これらの岩石は「刻彫岩《こくちょうがん》」と名付けられ、比婆山周辺の巨石の一部に人工的に加工された石があるとして多数報告された。その内の代表的な「条溝《じょうこう》石《せき》」は、御陵の北西の烏帽子山山頂付近にある高さ一メートル、横幅一・五メートルの石で、「幅約五センチ、深さ二〜五センチの溝が規則正しく彫られ、上面縦の溝は御陵を指している」という（写真8、P154写真3）。

写真8　条溝石と御陵（後方）

人工なのか自然のままなのか、その実証は難しいが、興味深い話題である。

（角田多加雄）

第2節

塩町式土器文化圏と出雲王権を結ぶ比婆山

古墳や土器が物語る陰陽交流の証し

庄原市内の横穴墓

庄原市内から比婆《ひば》山へ向かう途中、二〇キロほど進むと西城町の古い町並みが見えてくる。さらに、西城川を遡《さかのぼ》ると西城川の右岸に小高い丘陵が見えてくる。その一帯が八鳥《はっとり》という地域である。

八鳥地域は、西城川に面した河岸段丘状の地形となっており、見るからに遺跡がありそうな雰囲気が漂っている（写真1）。実際に、常納原《つねのうばら》遺跡など、縄文時代から古墳時代までの遺跡が広範囲に見つかっている。八鳥の丘陵東側の谷筋を進むと、丘陵の斜面にぽっかりと穴が開いているのが見える。これが広島県史跡の八鳥塚谷《はっとりつかだに》横穴墓だ（写真2）。

八鳥横穴墓――九州から山陰を経て伝わる

八鳥塚谷横穴墓は、横穴墓《よこあなぼ》の多くが崩落などで現存しているものが少ない中、尾根に直交する形で六基もの横穴が残っている。特徴が窺《うかが》い知れる遺跡として、昭和五十九（一九八四）年一月二十三日に広島県の史跡に指定となったものである。

写真1　八鳥から常納原遺跡を望む

横穴墓は、その名前のとおり、丘陵斜面に横穴を掘って墓とするもので、古い例は九州に起源をもつと考えられ

写真２　八鳥塚谷横穴墓

ており、広島県内の横穴墓は九州から山陰を経て伝播《でんぱ》したものと考えられている。

この地域では、主に砂岩を刳《く》り貫いている例が多く、当時の人々も掘りやすく崩れにくい土質を選んで造ったようである。壁を見てみると、鉄製の鑿《のみ》などで掘削した痕跡があり、当時の技術の高さを垣間見ることができる。

横穴墓は二基一組で造られ、一・二号墓と三・四号墓は距離で一〇メートル、比高差一・五メートル、三・四号墓と五・六号墓は距離で五メートル、比高差二メートルの位置にあり、あたかも低地から墓道が延び、それぞれに家族墓を造ったと推定できそうだ。

それぞれの平面形を見てみると、一・二号墓が正方形、三〜六号墓が長方形となっている。墓道を造りながら横穴墓を造っていくと仮定すると、形態の異なる一・二号墓が最初に造られたと考えられ、平面形が正方形を成す横穴墓が多い出雲《いずも》地域から移り住んだ、または影響を受けた人が、この八鳥の地に横穴墓を築いたのではないだろうか。

珍しい造りかけの横穴墓

この八鳥の地から二〇分ほど西城川を下ると庄原の中心街が見えてくる。庄原インターチェンジの手前に「食彩館ゆめさくら」がある。この調査のときにも横穴墓が見つかっている。

このとき見つかった横穴墓は「小和田《こわだ》横穴墓」と呼ばれている（写真３）。小和田横穴墓も八鳥塚谷横穴墓と同様に二基が一つの単位として造られている。ここで面白いのは、二基の間がかなり離れているが、どうも間には固い岩盤が存在していることから断念したのか、造りかけの横穴墓が見られる面白い一例である。

いずれにしても、山陰地域と結びつ

写真３　小和田横穴墓

きの強い横穴墓を伝えてきた人々は、比婆山連峰をどういう思いで越えてきたのだろうか？　思いをはせずにはいられない。

広島県北部に突如現れた四隅突出型墳丘墓が示唆すること

横穴墓とならんで山陰との交流を示す遺跡として、四隅突出型墳丘墓《よすみとっしゅつがたふんきゅうぼ》がある。

四隅突出型墳丘墓とは、いったい何ものだろうか？　墳丘墓とは、弥生時代の土を盛った墓のことを指すが、名前からすると、四つの隅が外側に張り出している弥生時代の墓ということになる。

弥生の墳丘墓と古墳は何が違うのか？　とよく聞かれる。どちらも土を盛った古い墓としているので、最近は弥生時代の墓を墳丘墓と呼び、古墳時代の墓を古墳と呼んでいる。ただ、その境界に位置している墓の多くは、どちらとも考えられる墓の形態があり、さまざまな議論がある。

一般的に、巨大な墳丘、全国的に画一された古墳の形、長大な竪穴式石室などが、古墳の特徴として挙げられている。

話を戻そう。四隅突出型墳丘墓は、弥生時代の中期頃にこの広島県の北部地域で突如として現れる。現時点で、最古のものは、三次市の宗祐池西《むねすけいけにし》一号墓と考えられている。山陰では、米子《よなご》市の妻木晩田《むきばんだ》遺跡のように複数の四隅突出型墳丘墓が現れるものもあり、やはり山陰が主流ではないかとの見方もあった。

しかし、中期の古い段階の四隅突出型墳丘墓は、この三次・庄原を中心とした地域でしか見つかっていないことから、県北地域が源流であると言わざるを得ない状況であろう。前述した横穴墓が山陰からの影響があったのと異なり、四隅突出型墳丘墓は、県北地域から山陰へ逆に影響を与えたといえるようだ。

宗祐池西一号墓以降の四隅突出型墳丘墓といえば、同じく陣山《じんやま》墳丘墓群のように、ほぼ同時期に狭い範囲の中で四隅突出型墳丘墓とそうでない墓の形態が混在するものがある。

また、庄原では、佐田峠《さだだお》・佐田谷《さだだに》墳墓群でも、中期から後期にかけての周溝墓、墳丘墓、四隅突出型墳丘墓と多様な墓の形態があり、陣山墳墓群と同様に多様な文化交流があったのではないだろうか。

佐田谷一号墓
——四隅が大きく張り出したタイプ

庄原市内で本格的に発掘調査が行われたのは、田尻山《たじりやま》一号墓と佐田谷一号墓である。先ほど述べた陣山墳丘墓や宗祐池西墳丘墓に比べて、四隅が大きく張り出したタイプで、弥生時代後期のものである。

佐田谷一号墓は昭和六十一（一九八六）年に発掘調査が行われ、北側に貼り石が顕著に見られる四隅突出型墳丘墓であることが分かった（写真4）。特にSK2と呼ばれる土壙《どこう》（墓穴）は木槨《もっかく》と考えられており、遺体を納める棺《ひつぎ》を木槨で覆う非常に手の込んだ作りになっている。

出雲市の西谷三号墓では、木槨とそうでない墓とは、大きさや副葬品で差が見られ、二〇〇以上の土器が副葬され、他をしのいでいる。

写真4　佐田谷墳丘墓

写真5　佐田谷墳丘墓出土土器

佐田谷一号墓の木槨をもつ主体部及び三号墓主体部からも、注口《ちゅうこう》付きの脚台付鉢形土器など特殊な土器が出土しており、ほかの埋葬施設とは異なる様相を示している（写真5）。

こうしたバラエティーのある墓が造られ続けてきた県北地域であるが、これより約百年後の出雲地域では、突如として四〇メートルにも及ぶ巨大な墓が造られる。それが西谷墳墓群である。特に三号墓はガラス製の勾玉《まがたま》や多量の土器など、古墳時代を想像させるような副葬品の数々が見られる。

倉敷市にある盾築《たてつき》墳丘墓も木槨を持つ全長約八〇メートルの巨大な墳丘墓である。副葬品も鉄剣、装身具があり、周りには巨大な特殊器台《とくしゅきだい》と呼ばれる、まさに古墳時代の埴輪を思わせるような土器も置かれていた。

西谷墳墓群も盾築墳丘墓も各地域の王墓と呼ぶにふさわしい墓であるが、県北で突如として出現した四隅突出型墳丘墓が、こうした各地の王墓に直接ではないにしても、何らかの影響を与えたと考えずにはいられない。次にくる古墳時代の前方後円墳《ぜんぽうこうえんふん》の礎が出来つつあったのであろう（写真6）。

塩町式土器——独特の文様が特徴

四隅突出型墳丘墓と並んで、弥生時代の県北地域で特徴的なものに塩町式《しおまちしき》土器《どき》がある（写真7）。

塩町式土器は、三次工業高校（現三

写真６　大迫山古墳(庄原で最も古いと考えられる前方後円墳)。後方に見えるのは東城町の町並み。左の山は五品嶽《ごほんがたけ》城跡

次青陵高校）のグラウンド造成時に見つかった遺跡から出土した土器で、凹線文（へら状の工具で溝をつけた文様）や刺《し》突文《とつもん》（櫛状工具で突き刺した文様）を組み合わせた独特の文様が特徴である。

その特異な文様から弥生時代中期の年代決定の指標となっているもので、特に三次・庄原で顕著に見られる土器である。この土器は、県を越えて、島根や鳥取でも類例が増えている。

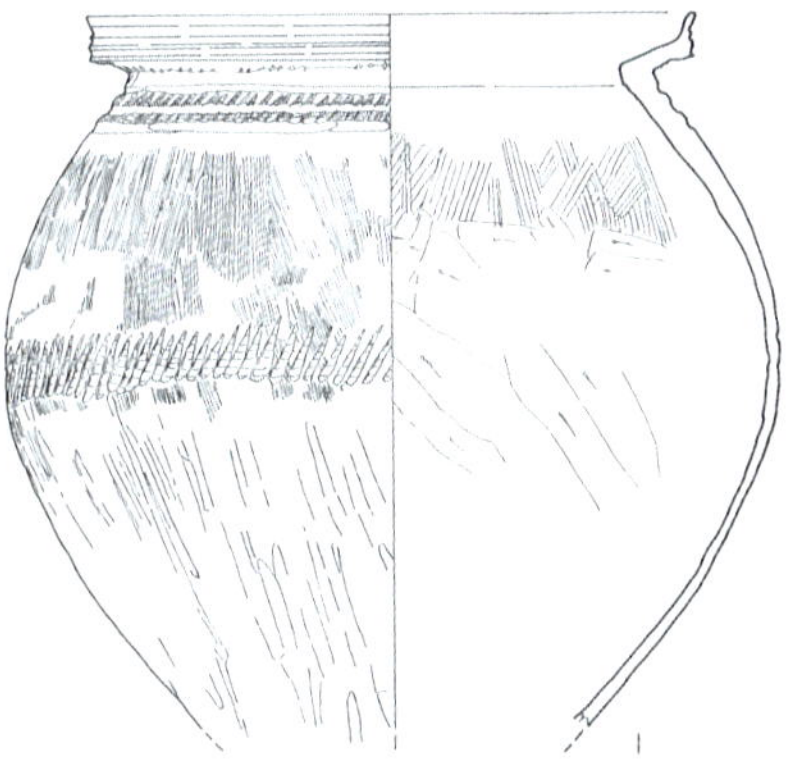

図　写真7（上）の実測図。銅鐸の文様に非常に似た文様

銅鐸形土製品
——銅鐸の出土を期待させる

この塩町式土器に見られる文様は、銅鐸に見られる文様とも非常に似ている。斜めの格子目や刻目《きざみめ》の文様などである（図）。これらの文様は従来の弥生土器には見られなかった文様構成であり、広島県世羅郡世羅町で見つかった黒川銅鐸の時期とも合致し、銅鐸を見た人が塩町式土器を開花させたとも考えられる。

残念ながら、県北地域では銅鐸は出土していないものの、庄原市の和田原遺跡群で二個の銅ではない銅鐸（土製品）が出土している（写真8）。一点は紐《ちゅう》の表現はあるものの、全体的に文様が無いもので、もう一点は両サイドが銅鐸の鰭《ひれ》の表現を、表面が格子の中

写真7　塩町式土器(上)、台形土器(下)

に刺突と孔《あな》の表現を施している。

これは、銅鐸そのものを見ないとできない表現であり、この付近で銅鐸が出土することを期待させるものである。

この銅鐸形土製品は、柱の下敷きになった状態で出土しており、銅鐸が村の祭りで使用されたとするならば、ミニチュアということもあり、家の守りとして使用されたのではないかと思われる。

写真８　銅鐸形土製品

いずれにしても、弥生時代中期に突如として現れた塩町式土器であるが、銅鐸や四隅突出型墳丘墓と同じように山陰との結びつきが強かったことを証明するものである。また、この後にも山陰系の二重《にじゅう》口縁《こうえん》土器や古墳時代の横穴墓など、陰陽の交流が盛んに行われてきたのである。

現在も比婆山連峰は陰陽どちらから見ても象徴としての山であり、それは塩町式土器や四隅突出型墳丘墓、横穴墓が営まれた時代にも、人々の象徴であり、文化や人々の往来が積極的に行われたのではないだろうか（写真９）。

（今西隆行）

写真９　庄原盆地から比婆山連峰を望む

女神がくれたヒント、神話と考古学の接点を探る

雲伯国境の「比婆之山」「鳥上山」

『古事記』に「出雲國《いずものくに》與《と》伯伎國《ははきのくに》堺《さかい》」とある。比婆《ひば》之山に対する、あまりにも簡単な位置説明に落胆せずにはおれなかった。だが、そんな時には女神がヒントをくれる。ある日、瓜二つの「伯耆《ほうき》與《と》出雲《いずも》之《の》堺《さかい》」と書かれた山を『出雲国風土記《いずものくにふどき》』に見つけ驚いた。その山は鳥上《とりかみ》山。船通《せんつう》山（島根県奥出雲《おくいずも》町、鳥取県日南町）のことである。

同時代（八世紀）の『古事記』と『出雲国風土記』が、比婆之山、鳥上山を、ともに雲伯国境にあるとした共通性に、驚かされたのだ。

比婆山連峰と船通山は直線距離で二〇キロ足らず（写真1）。至近距離といえる。各地に伝わる比婆山伝説地も含め、欧米流の国境線概念がない当時、これら中国山地有数の峰々は、いずれも十分に「国境」の目安になり得たのだろう。

写真１　比婆山御陵《ごりょう》（手前やや左）と船通山（その向こう）、右奥は大山

鳥上山と鳥尾頭――天空を自在に移動した神「天鳥船」を連想

船通山の古名が鳥上山（写真2）なのに対し、実は、比婆山連峰の古名も「鳥尾頭《ちょうのおのかしら》」（写真3）という。

それぞれにかかる滝も鳥上滝《とりかみのたき》、鳥尾《ちょうのお》ノ滝（那智《なち》ノ滝）だ。鳥上山から鳥尾

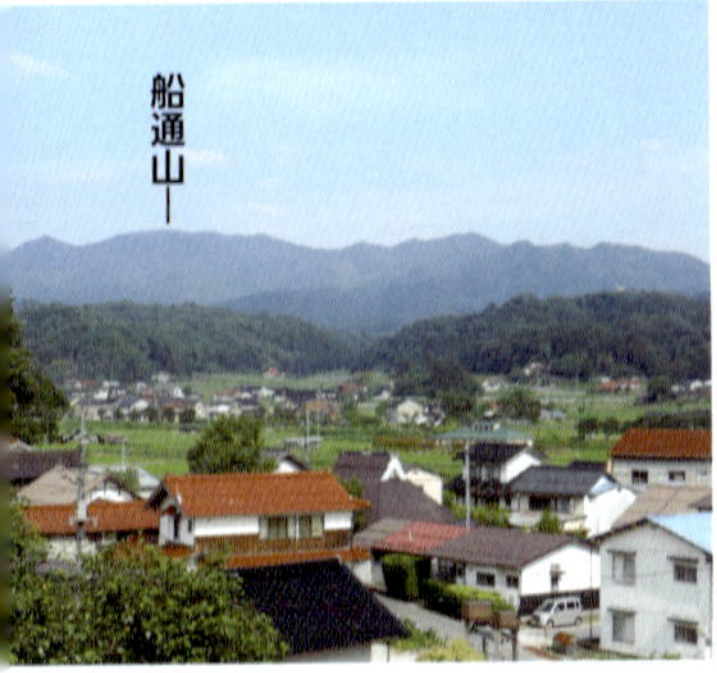

写真２　伊賀多気神社付近（奥出雲町横田）から見た船通山（鳥上山）、その麓が鳥上（髪）

頭に至る峰々を鳥の身体に対比したとも見え、東西約五百キロの中国山地が左右の翼のようにも感じられる。高天《たかまが》原《はら》の神々を乗せ天空を自在に移動した神「天鳥船《あめのとりふね》」を連想させる。

「鳥《とり》」は「通《とおり》」に通じ、船通山は「経《ふ》な通《とお》し」あるいは「通《とお》り上《かみ》」なのだともいう（広瀬繁登、一九五九年『船通山をめぐる建国神話』「比婆船通道後帝釈　郷土科学資料」比婆科学教育振興会）。天鳥船神は天《あめ》の「通《とお》り経《ふ》ね」の神か、とも思う。交通手段としての

写真3　伊賀多気神社付近（奥出雲町横田）から見た比婆山連峰（鳥尾頭）。正面に御陵と烏帽子《えぼし》山、右奥に吾妻《あつま》山

鳥上山であり鳥尾頭だったのだ。まさに神々の通《かよ》い路《じ》であった。

鳥上山の麓《ふもと》の地名が、『古事記』に登場する。乱暴《らんぼう》の末「高天原」を追われたスサノオが降り立った場所こそ、「鳥髪《とりかみ》」（現島根県奥出雲町横田）だ。ここでスサノオがクシナダ姫を救うためヤマタノオロチと戦い勝利し、出雲八重垣《やえがき》の地で姫と暮らしたサクセスストーリーはあまりにも有名だ（P29）。

さて、『古事記』の記述に素直に従えば、鳥髪は、高天原に隣り合って存在したとも読める。

地図を開き、鳥髪（横田）を基点に、鳥上山や鳥尾頭などの山々が連なる中国山地と、山陰の平野部を眺めると、大きな疑問が湧《わ》いてくる（図1）。「鳥髪を経て葦原中国《あしはらなかつくに》（出雲）へ『降る』ことのできる隣国」としての高天原があったのであれば、それはどこなのか。

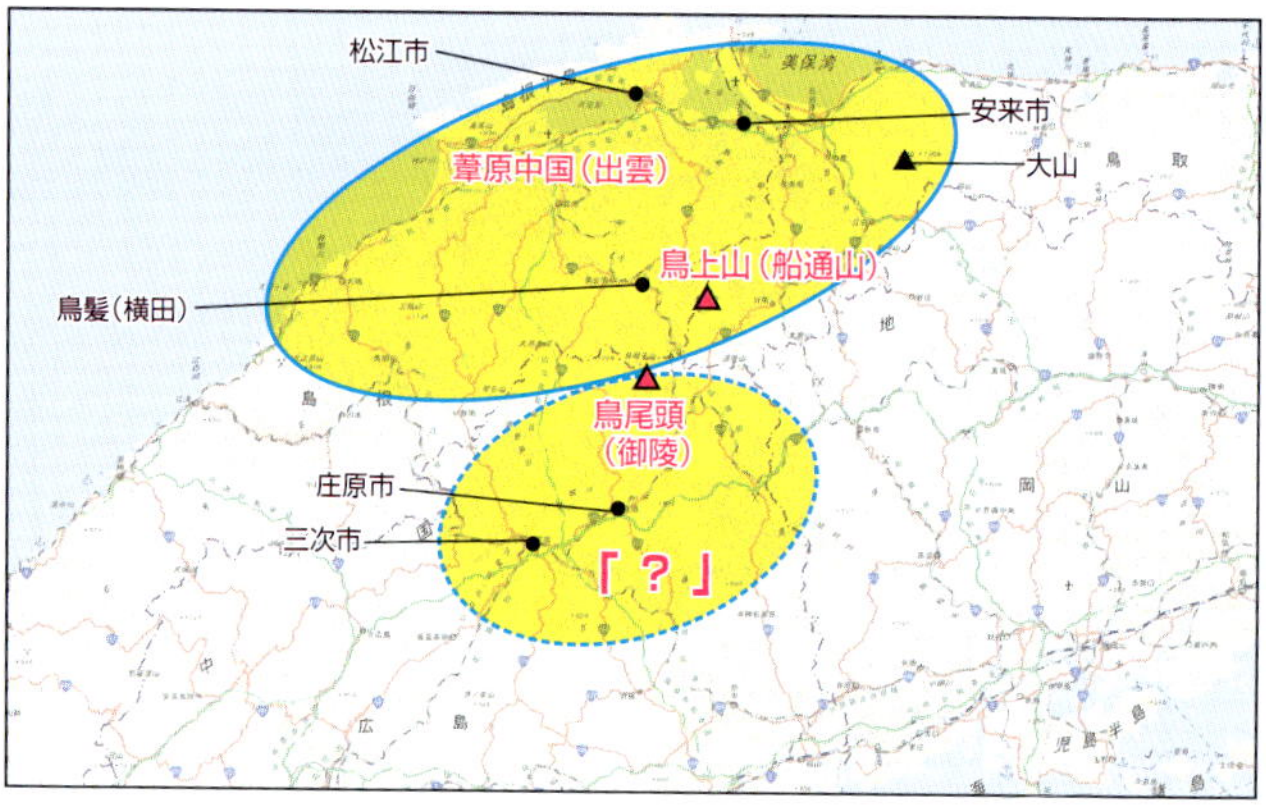

図1　鳥上山と鳥尾頭、出雲と「高天原」を地図に探る

庄原・三次盆地独自の塩町式土器文化圏と出雲

近年、中国山地を挟む南北の地域で、

考古学上の重大な関係性が判明しつつある（P117〜122）。

　庄原・三次盆地一帯では、弥生時代中期（約二千年前）に独自の塩町式土器《しおまちしきどき》が盛んに作られるようになり、一大文化圏「塩町式土器文化圏」を形成した（図2）。当時ここで、偉大なるイノベーションが起きていたのだ。従来の方形台状墓《ほうけいだいじょうぼ》へ四つの突出部《とっしゅつぶ》がつく四隅突出《よすみとっしゅつ》型墳丘墓《かたふんきゅうぼ》の誕生だ。

　折しも同じ頃、出雲平野は急速な拡大期を迎え、灌漑《かんがい》用水路を備えた大規模な集落遺跡が随所に造られた。これらの一部から、塩町式土器が出土している。庄原市など塩町式土器文化圏から移住した人々のコロニーだ。驚いたことに、こうした集落の周辺で、出雲では最古となる四隅突出型墳丘墓が見つかっている。

　出雲に伝わった四隅突出型墳丘墓は、日本海沿いに越《こし》（福井県）まで分布を広げた（図3）。その分布範囲こそ出雲王権を中心とする強大な山陰勢力の最大版図《はんと》とされる。出雲平野を望む西《にし》谷《たに》丘陵では、六〇メートルを超す西谷九号墓など王墓級の大墳墓が築かれた。西日本各地ではその後、突出部をも

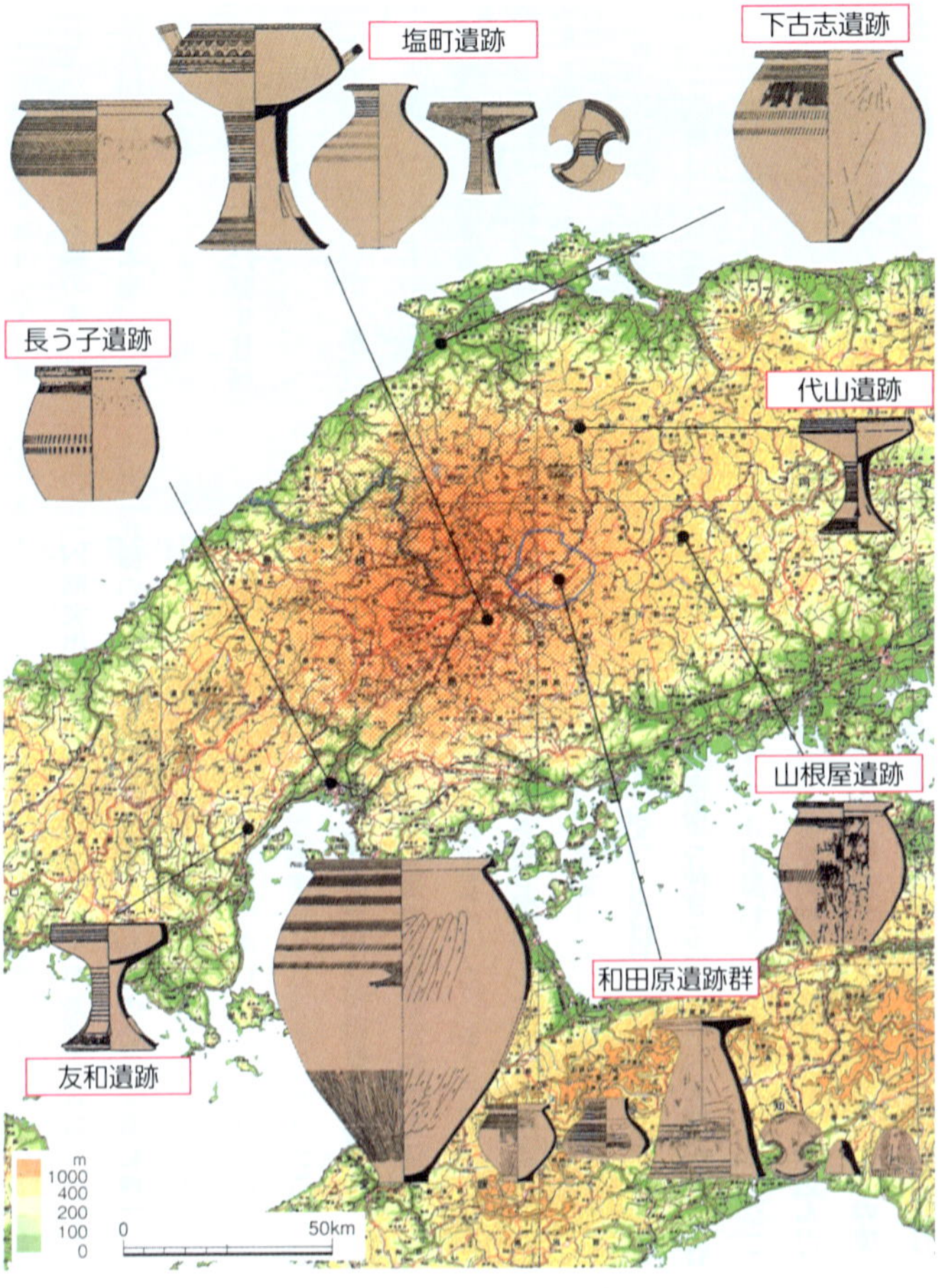

図2　塩町式土器とその分布（地図250万分の1）
（『庄原市の歴史』通史編をもとに作成）

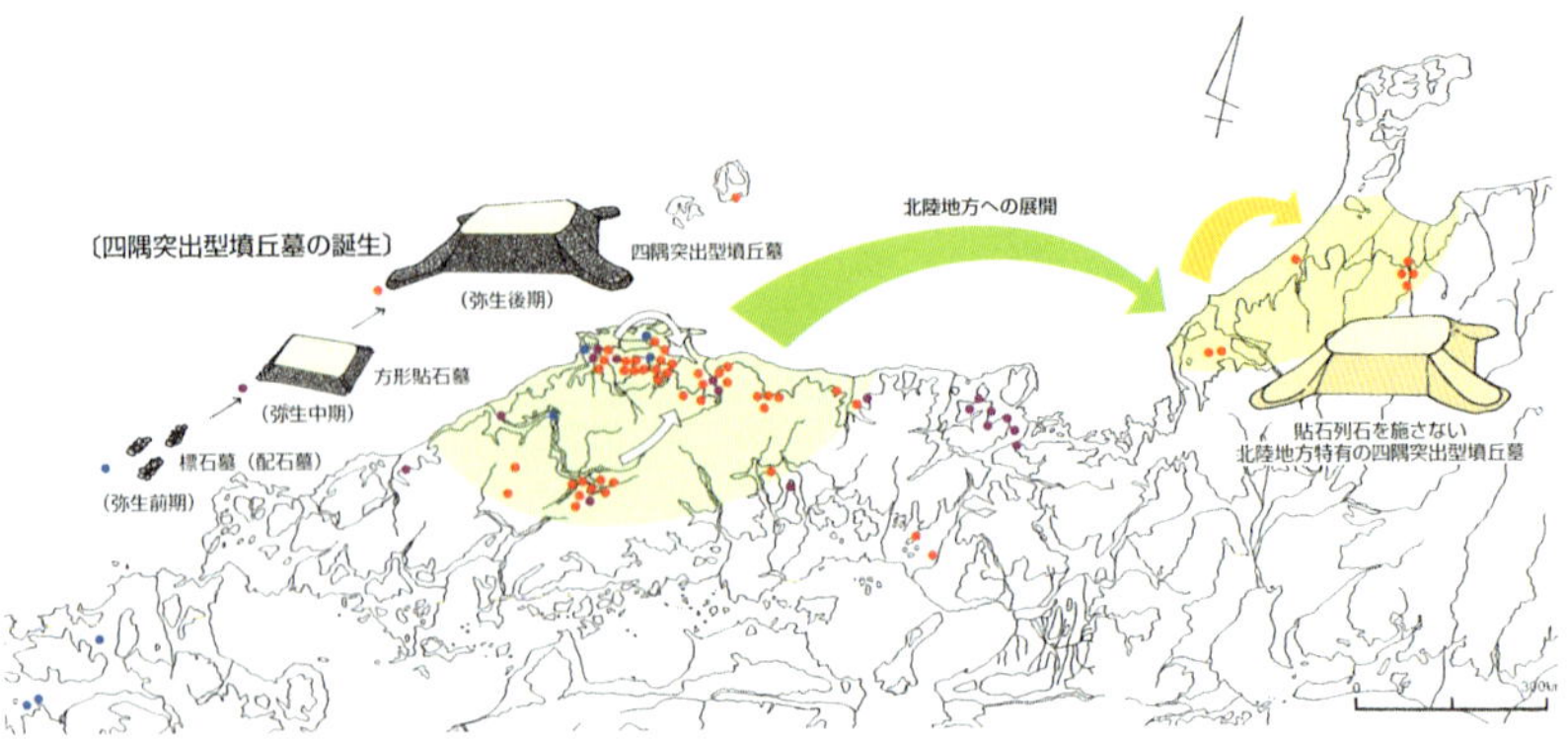

図３　四隅突出型墳丘墓の誕生とその展開
（島根県立古代出雲歴史博物館2007『弥生王墓誕生　出雲に王が誕生したとき』）

つ墳丘墓の規格がほかにも登場し、やがて円形墳丘に一つだけの突出部をもつ前方後円形弥生墳丘墓《ぜんぽうこうえんけいやよいふんきゅうぼ》ができ、前方《ぜんぽう》後円墳《こうえんふん》になった。古墳時代の幕開けだ。

神話と考古学の接点から見えてくるもの

こうした最新知識から、突出部をもつ墳丘墓を最初に考案した塩町式土器文化圏が、同時代の出雲や吉備、後世の倭国《わこく》形成史に与えたインパクトのほどを想像できるだろう。

弥生人の、塩町式土器文化圏への記憶がかすかに伝わり、古墳時代を経て数百年後、『古事記』の「高天原」像を描く際のモチーフの一部になったか、などとも考えてみたくなる。

さて、その弥生時代に、出雲と塩町式土器文化圏は、互いをどう呼び合ったのだろう。

例えばスコットランドのローランドとハイランドのように、高低差による土地の呼び分けがあったならば、それが「葦原中国」「高天原」でも不思議はない。

また、塩町式土器文化圏固有の墳墓が後に出雲王権の象徴となったことは、出雲王族の出自の一端をも暗示していよう。その事と、高天原を追われたスサノオが出雲に降臨する『古事記』の神話はどう関係し、何を物語るのか。

そして、この二つの古代世界を結ぶ尾根越えの要衝に鳥上山、鳥尾頭があった。ここから稜線伝いに分布する複数の比婆山伝説地があり、これをたどって下れば出雲平野へと容易に至る。

出雲と塩町式土器文化圏にまつわる神話と考古学の接点。そこに女神がくれるヒントが少しずつ重なって、いつか解き明かしたい「高天原所在地」論（高天原地上説としての）へ、一筋の光明がさしてくる。

（稲村秀介）

第3節

比婆山とたたら製鉄との密接な関係

たたら製鉄によって生み出された日本刀の魅力

美しい日本刀の魅力と玉鋼

世界にはさまざまな刀剣があり、金銀宝石で飾られた刀剣は美術品としての魅力も備えている。しかし、刀身、すなわち刃の部分だけが鑑賞の対象として扱われるのは実は日本刀だけである。機能を追求した結果生まれた反り、不純物の少ない鋼を鍛え上げて造られた強靭な地鉄《じがね》と、そこに焼かれた美しい刃文、さらに、卓越した研磨技術でその魅力を最大限に引き出された日本刀は、比類なき切れ味と美しさを備えている。

刀を造る技術は、千数百年前に直刀《ちょくとう》の製作技術として大陸から伝えられたが、平安時代には反りのある湾刀《わんとう》となり、以後、日本独自の刀剣として発展していくことになる。刀姿は戦闘様式と共に変遷したので、今日私たちはその姿から、製作された時代をほぼ正確に知ることができる。

戦国時代以前の刀を古刀、江戸時代前期の刀を新刀、江戸時代後期の刀を

写真１　作刀の様子（左が筆者）

新々刀、そして明治以降の刀を現代刀と名付けて区別しているが、中でも鎌倉時代を中心にした古刀期には数多くの名刀が生み出された。湿度の高い日本で数百年前の刀が今日まで数多く遺《のこ》されていることは、刀が単なる武器ではなかったことを如実に示している。そして、この美しい日本刀は、たたら製鉄によって作り出される鋼、いわゆる「玉鋼《たまはがね》」でしか造ることができないのである（写真1）。

日本独自のたたら製鉄と中国山地

日本で製鉄が始まった六世紀頃は、原料として鉄鉱石が用いられていた。これは鉄鉱石を用いる製鉄法が大陸から伝わったためであるが、その後、時を経ず、原材料は鉄鉱石から砂鉄に代わっている。鉄鉱石の品質と埋蔵量に問題があったことと、中国地方の河川や海岸のあちこちに砂鉄が自然堆積しており、採取が容易であったためである。

このように、中国地方は砂鉄と森林資源に恵まれていたために製鉄が栄え、江戸時代後期には日本の鉄の約九割を中国地方で生産していたと推計されるほどである。

しかし明治維新後、国内外の廉価な高炉生産鉄に押され、大正十（一九二一）年、庄原市西城町の小鳥原《しととばら》たたらを最後にたたら製鉄の火は消えてしまった。軍刀を生産するために一時操業が再開されたが、終戦とともに再びその火は消えてしまう。

その後、長らくたたらが操業されることはなかったが、昭和五十二（一九七七）年、玉鋼不足に悩まされていた刀匠《とうしょう》の強い要望を受け、（財）日本美術刀剣保存協会によって島根県仁多郡横田町大呂《おおろ》（現奥出雲《おくいずも》町）でたたらは再興された（写真2）。今日、年に三〜四回の操業が行われ、全国の刀匠に玉鋼が供給されている。

解き明かされた、たたら製鉄の謎

たたら製鉄には鋳物用の融点の低い鉄（銑鉄《せんてつ》）を生産する銑押《ずくお》し法と、玉鋼を生産する鉧押《けらお》し法があり、銑押し法には赤目《あこめ》と呼ばれる砂鉄が、鉧押し法には真砂《まさ》と呼ばれる砂鉄が用いられていた。しかし戦後、銑押し法は途絶えてしまい、赤目砂鉄と真砂砂鉄の品質の違いを科学的に解明することができなくなっていた。

世界の製鉄法は、炉の高度化と送風量の増加、さらにコークスの使用により、強い還元力で溶解した銑鉄を効率よく連続生産する方向に発展していった。

一方、木炭を燃料としたたたら製鉄では、約一・二メートルの炉が高く改良されることはなく、粘土製の炉を三

写真２　日刀保たたら製鉄操業風景

〜四日間の操業ごとに取り壊し、生産物を取り出すという極めて効率の悪い方法を最後まで採り続けた。たたらの生産性の低さは、近代化という点では致命的ではあったが、この低温還元のたたらでしか、不純物の少ない玉鋼を生産することはできなかったのである（写真３）。

また、低温還元のたたらで、通常、高炉でしか生産できない銑鉄をも生産できることは、長い間金属学上の謎であった。ようやく最近になって筆者らの研究により、砂鉄に含まれる酸化チタンが銑鉄生産に重要な役割を果たしていることが明らかになった（「真砂砂鉄と赤目砂鉄の分類――たたら製鉄実験から明らかになったチタン鉄鉱の役割――」『たたら研究会』第50号〈二〇一〇年十二月〉）。銑押しに適した赤目砂鉄とは酸化チタンを多く含む砂鉄であり、真砂

写真３　日刀保たたら玉鋼

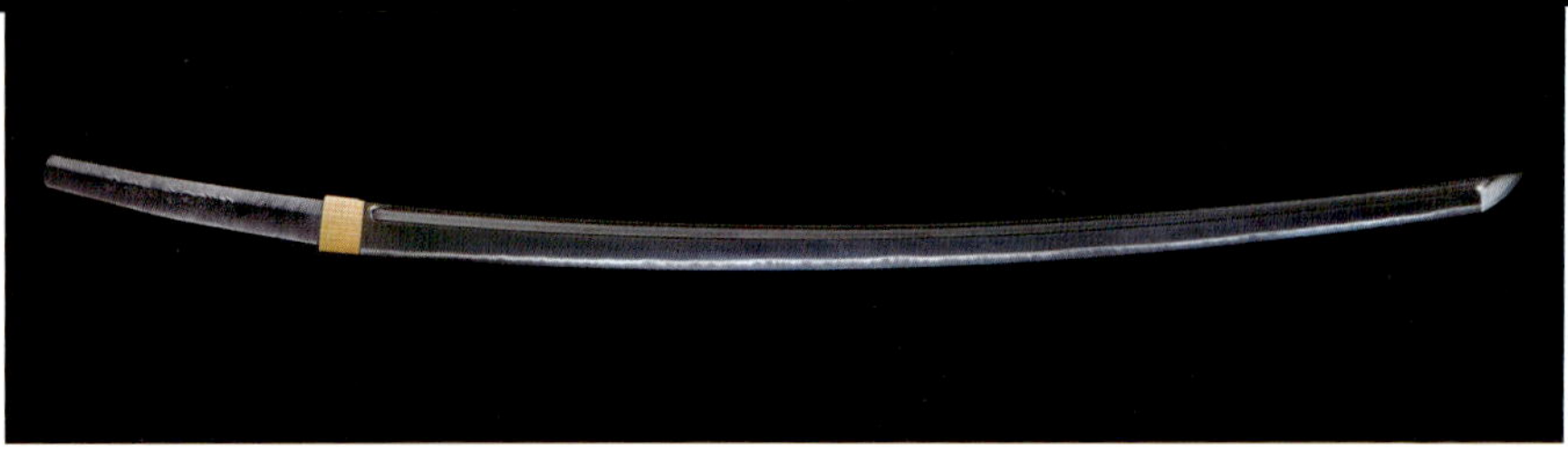

写真4　太刀《たち》（銘）備後國住　善博作

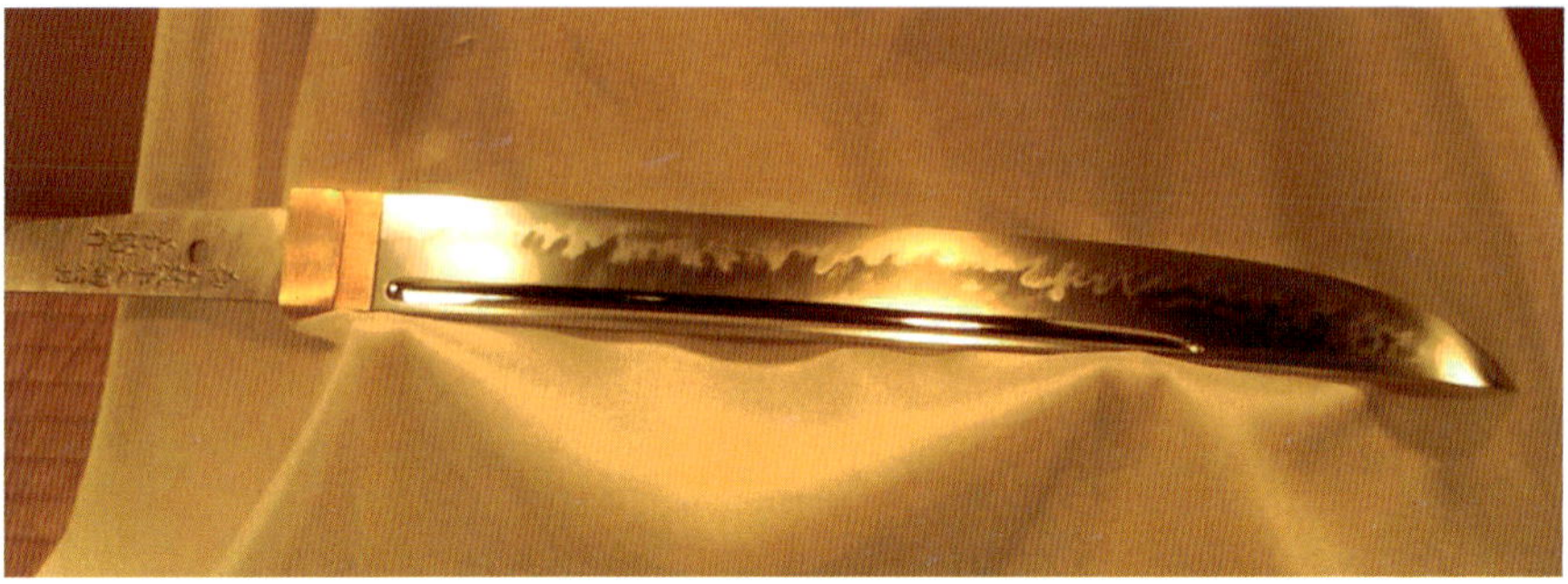

写真5　短刀（銘）為森繁久彌翁　善博作

砂鉄とは酸化チタンの少ない砂鉄のことであった。

長い間、酸化チタンは製鉄に有害な不純物だと考えられており、酸化チタンの多寡《たか》を利用し鋼と銑鉄を作り分ける製鉄法は、これまで報告されていない。日本に製鉄法が伝えられて間もなく、原材料が鉄鉱石から砂鉄に代わり、日本独自の製鉄方法が誕生したのである。

古刀独特の地鉄の質感の秘密は、酸化チタンにあった

古刀が優れているというと、切れ味のことだと誤解されがちだが、決して機能のことを言っているのではなく、刃文や地鉄の味わい深さを比較しているのである（写真4、5）。古刀を和紙に描かれた水墨画に例えるなら、新刀以降は洋紙に描いたイラストと言えるかもしれない。

特に古刀が優れているのは、地鉄の質感であり、その古刀独特の地鉄は、酸化チタンなどの介在物から醸し出されていることが、筆者の研究でも明らかになってきた（人間国宝・故天田昭次刀匠の著書『鉄と日本刀』〈慶友社〉「古刀の地金とチタン」に詳しく述べられている）。

たたら製鉄において有害な不純物と考えられていた酸化チタンが、実は銑鉄生産に重要な役割を果たしており、さらに古刀独特の地鉄にも関与していたのである。なんとも興味深い話である。

（久保善博）

鉄を産む峰
——比婆山のたたら製鉄の始まり

「くろがねどころ」と比婆山

比婆《ひば》山への登山道を歩いていると、途中、足元に黒いガラス質の礫《れき》を目にすることがある。一見そこらに落ちている小石と同じように見えるが、実はこれ、自然に存在するものではない。「鉄滓《てっさい》」という鉄を作るときに出た副産物なのである（写真1）。

比婆山連峰一帯では、豊富な自然環境に支えられ鉄づくりが盛んに行われており、近世には「当郡第一の産業、諸民これによりて生活するもの甚だ多し」（『芸藩通志』廣島藩、文政八〈一八二五〉年）というほど、地域との関わりが深い。

そうした歴史の面影は、今なお金屋子《かなやご》神社（鉄づくりの神様を祀《まつ》る神社）、鉄穴《かんな》残丘《ざんきゅう》といった地形や遺跡として、庄原市内の各所に残っているが、先に述べた鉄滓のように風景に溶け込んでおり（むしろ風景そのものを改変している場合もあるため）、見過ごされることも多い。しかし、後世の改変を受けず、現在もその姿を留めていることは非常に貴重なことなので、ぜひ関心を持って見てもらいたい。

鉄文化の夜明け
——砂鉄と鉄鉱石を利用

では、この地でどのような形で鉄づくりが発展したのだろうか。これまでの発掘調査によって、少なくとも古墳時代後期（六世紀後半）には鉄鉱石や砂鉄といった原料、炉跡が見つかっており、この地において製鉄が行われていたことが分かっている。

鉄づくりと言えば、砂鉄を使用した

写真1　比婆山登山道周辺で見られる鉄滓

写真２　則清1号遺跡から出土した炉跡の真っ赤な受熱痕跡

製鉄を思い浮かべる方も多いと思うが、古代においては製鉄の原料として鉄鉱石も利用されていた。常納原《つねのうはら》遺跡（庄原市西城町八鳥）からは六世紀後半頃の遺構から約七・五キロの鉄鉱石が見つかっており、常納原遺跡や、その近くの遺跡で鉄鉱石を使用した鉄生産が行われていたことが考えられる。

　また遺跡からは原料だけでなく、原料を製錬するための炉も見つかっており、小和田《こわだ》遺跡（庄原市新庄町）、岡山《おかやま》A地点遺跡（庄原市上原町）では鉄鉱石、

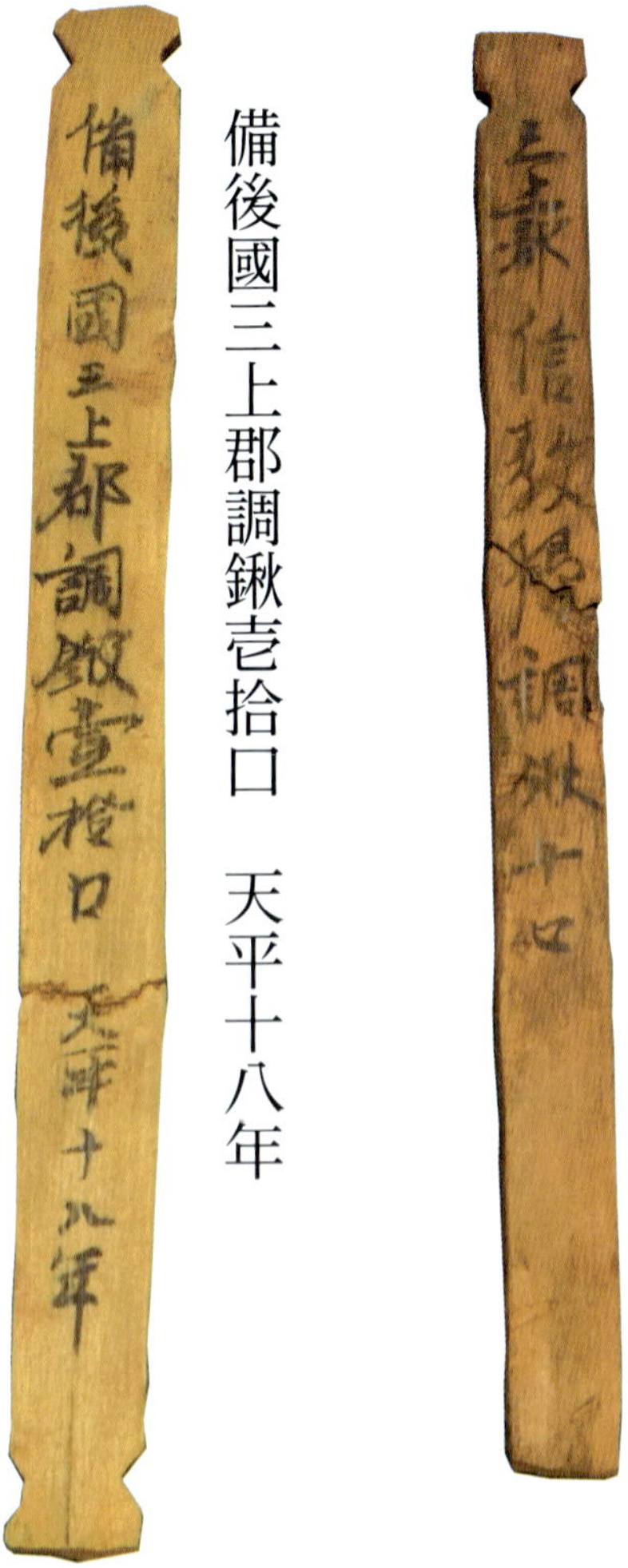

写真３　平城宮跡出土木簡のレプリカ。
三上郡は旧庄原市の東部、信敷郷は峰田町付近に相当する

戸《と》の丸山《まるやま》製鉄遺跡（庄原市濁川町）では砂鉄、西山《にしやま》遺跡（庄原市新庄町）では砂鉄と鉄鉱石を併用していたことが明らかになっている。

　また大成《おおなり》遺跡（庄原市三日市町）、則清《のりきよ》遺跡（庄原市是松町）では集落内から多数の鍛冶炉跡が見つかっており、鍛冶専業集落があった可能性が指摘されている（写真2）。これらのことは、当時既に材料である鉄鉱石や砂鉄から鉄塊を作る集団と、その鉄塊から鉄素材や鉄製品を生み出す集団とによる分業体制ができるほど産業として発展していたことがうかがえる。

さらに時代が下り、奈良時代にまでなると律令によって租・庸・調などさまざまな税がかけられたが、この地では調（土地の特産物を納める税）として絹糸に代わり鉄鍬《てつくわ》などを納めていたことが平城宮跡（奈良県奈良市）から出土した大量の木簡《もっかん》（荷札）の記載から明らかになっており、鉄づくりが既にこの地の基幹産業となっていたことが分かる（写真3）。

比婆山連峰は、たたら製鉄のメッカ

さて、近世に入るとふいごを利用した「たたら製鉄」と呼ばれる製鉄技法が技術的に完成し、生産規模が飛躍的に拡大することとなる。「近世たたら」の立地条件として「小鉄七里に炭三里」（一里約四キロ）という言葉があるが、これは原料となる砂鉄、炭を輸送するときの最大範囲を示している。

比婆山連峰周辺の東城、西城、比和、高野では、こうした規模で多くのたたらがあったことが『芸藩通志』などに記録されている。

中国山地では主に赤目砂鉄を使った銑《ずく》押《お》し法と呼ばれる製鉄技法で鉄生産が行われていたが、一代（一度の操業）で砂鉄一四トン、炭一三トンを使って、生み出される銑鉄《せんてつ》はわずか四トン弱であった。この材料となる砂鉄を用意するために大規模な採掘が行われた。

「鉄穴《かんな》流《なが》し」と呼ばれる流水を利用した比重選鉱法で山から削り出した土砂から砂鉄を精選したのだが、原砂に含まれる砂鉄は〇・三〜〇・五パーセント程度であり、これが最終的には八〇パーセント程度の原料としての砂鉄に精選される。つまり一四トンの砂鉄に対して二〇〇〇〜四〇〇〇トンの土砂が必要だった。

比婆山や吾妻《あづま》山、道後山といった比婆山連峰一帯の中国山地は花崗岩を母岩とする地帯で砂鉄の産地だったことから、大規模な砂鉄採取場があった。

この採掘の痕跡は今では鉄穴残丘（花崗岩の分布域において硬質の未風化部である孤立した小丘と鉄分を含む風化部が削り取られた平坦な水田面からなる人工改変地形）として確認することができ、比和町三河内地域や東城町小奴可《おぬか》地域の特徴的な風景を形成している（写真4）。

イザナミ神話を彷彿とさせるたたら製鉄の生産プロセス

このように、この地域の基幹産業を担っていた鉄づくりだが、実は面白いことに各地の比婆山伝説地（島根県安来市比婆山、松江市神納《かんのう》山、鳥取県日南町御墓《おはか》山、南部町母塚山《はつかさん》）でも共通する特徴として見ることができる。

潤沢な自然環境の恩恵を受け、たた

写真４　市内で見られる鉄穴残丘（庄原市東城町小奴可）

ら製鉄によって「鉄」という新たな資源を手にする一方で、大規模に山を削り、鉄穴流しによって流された土砂は水質汚濁や洪水といった環境破壊の要因ともなっていた。そうした自然に対する感謝と畏怖の念もあったかもしれない。

　しかし、何よりも「たたら製鉄」は鉄を生産するための単なるプロセスでありながら、一代三～四昼夜にわたって行われるそれは、神話を彷彿《ほうふつ》とさせるにふさわしい物語と神々しさを持っているのだ。

　砂鉄を還元させ、炉壁を侵食されながらも鉄滓（不純物）を吐き出し、炉底で鉄の塊を産み出していく様は、火の神である加具土《かぐつち》を産み、命を落とすことになるイザナミノミコトに対する信仰の一つの根拠となったのではないだろうか。

（荒平　悠）

六の原製鉄遺跡とたたらの終焉

ひろしま県民の森と県史跡「六の原製鉄場跡」

ここは、比婆《ひば》山連峰中心部にある、御陵《ごりょう》東側の山麓のひろしま県民の森。

明治百年記念事業の一つとして、広島県が昭和四十六(一九七一)年にオープンした、四季を通して自然に親しみ学ぶ野外訓練と憩いの場である。

庄原市西城町油木《ゆき》六の原に位置し、峠を越えると島根県の奥出雲《おくいずも》町である。

「西城・東城くろがねどころ」と昔から地元で歌われ、奴可《ぬか》郡西城に位置する比婆山連峰の山麓では盛んに「たたら製鉄」が行われた。

ひろしま県民の森公園センター後ろの杉の木立の中に祠《ほこら》がある。たたらの守護神「金屋子《かなやご》神社」である。その約二〇メートル先の芝生の地中に、江戸時代の「六の原製鉄場跡」がある。昭和四十六年に広島県史跡として指定された重要遺跡である(写真1)。

写真１　県史跡標柱(背後に金屋子神社)

六の原製鉄場跡の稼動

昭和四十五(一九七〇)年、県民の森の造成工事中に「たたら製鉄」の遺構が発見され、昭和四十七年から「鈩《ろ》床《しょう》跡」と「鉄穴《かんな》流《なが》しの洗池《あらいけ》」の一部で発掘調査が行われた。砂鉄の採取から

写真２　発掘調査時の「炉床跡」
(『西城町誌』資料編、平成17年、西城町)

製鉄までの一連の遺構が残り、史料的裏付けのある製鉄遺跡として注目された。

鈩床跡は、周辺部が平らに削られ、高殿《たかどの》の構造は不明ながら、鈩跡の地下構造は発掘調査の結果、鈩床縦一二メートル、横五メートルの規模をもち、その中央鈩を乾燥させるための長さ約七メートルのトンネル状の小舟《こぶね》が一対構築されていた（写真2）。地下構造は山陽側で初の調査となった。赤目砂鉄《あこめさてつ》を原料とし、銑押《ずくお》し法によるたたら場跡としての意義があるとして報告された（広島県教育委員会「広島県史跡　六の原製鉄遺跡」一九七三年）。

鉄穴流しの洗池は、西側にある大岩谷川沿いを百メートル上った所にある（写真3）。洗池は、全体で約七〇メートルあり、砂鉄採取の最終工程の施設である。遺構の保存状態も良く、実際に砂鉄を取ることができる状態で保存

写真3　発掘調査後に現地保存された鉄穴流しの洗池跡

整備されている。

金屋子神社に、明治四（一八七一）年の棟札《むなふだ》が残り、この製鉄場の存続期間を知る手がかりになる。奴可郡『郡務聚拾録《ぐんむしゅうしゅうろく》』も、嘉永年間（一八四八〜一八五三年）に六の原大岩谷に鉄穴があったことを記す。これらのことから、江戸時代の後半には、この地でたたら製鉄を行っていたことが推定できる。

写真４　三界万霊塔（享保四年銘）

もう少し遡《さかのぼ》ると、金屋子神社の前の「三界万霊塔《さんがいばんれいとう》」（行き倒れの人への供養塔）には「享保四（一七一九）年四月、願主枝木徳左衛門」の刻銘がある（写真４）。枝木氏は、隣接する島根県奥出雲町大馬木の鉄山師《てつざんし》で、当時はこの地域で盛んに製鉄を行っていたことがうかがえる。

また、この遺跡付近には、古屋敷、一の瀬、一の原などのたたら跡や砂鉄を採集した鉄穴の跡が残っており、しかも燃料になる炭の生産に必要な樹木も求めやすいことから考えて、古くから製鉄の盛んな地域であったといえる（写真５）。

たたらの終焉と戦後の拡大造林

この地方を含む中国地方の鉄生産量は明治中期までは国内随一の地位を占めていたが、明治中期以降は、鉄鉱石による洋式高炉製法に圧倒され、大正十（一九二一）年に西城町小鳥原《しととばら》の大谷山鈩の閉鎖を最後とし、長い歴史を刻んできた「たたら吹き」はこの地から姿を消した（『広島県史 民俗編』「た

写真５　御陵周辺の鉄穴流し遺構（庄原市西城町油木）

写真6　御陵の山頂に残る炭窯跡（写真中央の窪み。御陵のブナ林の一部は二次林であることが分かる）

たら製鉄」昭和五十三〈一九七八〉年）。

　大正後期から昭和にかけて、たたら製鉄の一工程だった「たたら炭」は、日常生活の上で欠かすことができない燃料用木炭として需要が高まり、山に入り原木を伐採し、炭を焼く者が多くいた（写真6）。この辺りの国鉄（現JR）芸備線の各駅付近には「炭小屋」と言って買い集めた炭俵を保管する大きな倉庫もあった。

　昭和二十～三十年代には、戦後の復興などで木材需要が急増し、政府は「拡大造林政策」をとった。山奥の天然林を伐採した跡地で針葉樹中心の人工林育成が行われ、県民の森周辺にもスギやヒノキ、カラマツなどの植林が点在している。

　比婆山連峰とその周辺の山々は、たたら製鉄、炭焼き、拡大造林などと古くから人間の手が加わった里山だったのだ。

　「県民の森」オープン一年前の昭和四十五年。小さな静かな町が急ににぎやかになる歴史的な出来事があった。幻の怪獣「ヒバゴン」の目撃騒動である。

（角田多加雄）

参考文献
・『中国新聞』『広島県史～民俗編』『郷土』十六号（昭和五十四年、「六の原製鉄場遺跡について」新山勝勇、西城町郷土研究会）

ヒバゴン降臨

庄原にヒバゴンあり

「ヒバゴンって本当にいると思うんだよね……」

学生時代、先輩が唐突にヒバゴンの実在性について真剣な顔をして語り始めたことを、今でもよく覚えている。

「庄原」と聞いて何があるのか即答できる日本人は少ないのかもしれないが、「比婆《ひば》郡と合併して……」と聞くと「えっ、ヒバゴン!?」と反応する人は、むしろ少なくないのではなかろうか。いまや市のマスコットとしても愛されるヒバゴンだが、半世紀ばかり昔に山間《やまあい》の小さな町を恐怖のどん底に落とし込んだ存在であったことは、地元でも知る人が少なくなってきている。

ヒバゴンは生物多様性の化身

明治三十六（一九〇三）年、政府は神社合祀《ごうし》令を発し、全国の小さな神社の整理統合を始めた。これに激怒し、異議を唱えたのが南方熊楠《みなかたくまぐす》である。熊楠はなにより、神社を取り巻く神林の伐採を危惧した。太古から受け継がれた侵し難いその森と、そこに点在する巨岩。それらを畏れ敬い、原始の神道《しんとう》が発生したのも頷《うなず》

写真　霧に沈む夕暮れのブナの森。何かが潜んでいても不思議ではない雰囲気がある

けるというものだ（写真）。

私たちの深層心理に刻み込まれた、畏怖の対象であると同時に、どこか懐かしく美しいそのような風景は、そこに宿る多様な無数の生命たちが複雑に関係しあって生きていることで成り立っている。これこそが生物多様性だ。

私たちの先祖は、理解はせずとも直感で、多様な生き物が共存共栄する世界を見抜き、畏敬《いけい》したのだ。

比婆山の森は、一般的な鎮守の森とはかけ離れたものかもしれない。しかし、そこに眠る女神のために残されたという意味で、紛れもなく鎮守の森である。明治年間に熊楠が激怒し危惧した太古の森への人間の干渉、それが再び中国山地の一山村で起こったのが高度経済成長期だったのだ。だが、西城には熊楠はいなかった。

その代わりのように現われたのがヒバゴンだった。ヒバゴンは生物多様性の化身であり、比婆山の森に住まう全ての生命の声なき代弁者だったと私は思っている。比婆山連峰の自然観察指導員を長年務めた是久尋人《これひさひろと》氏は、ヒバゴン出没四十周年に際して次のように回想している。


山と共に生きてきた人々は、自然の姿を変え、生活文化を変えることに慄きを感じていたのではないで

比婆山の〃類人猿〃は大ザルか
―西城町で四人目の目撃者 現われる―


〃類人猿〃騒ぎの比婆郡西城町の国定公園比婆山（標高一、二九八㍍）のふもとで八月三十日夕刻、四人目の目撃者が現われた。この怪物は七月三十日を最後に姿を消していたが、一カ月ぶりに姿を現わした。このたびの目撃者の証言から、異常に骨格が発達した大ザルーという見方が有力になった。庄原署は危害を加える恐れもあるので、一両日中に目撃者全員から当時の詳しいもようを聞き、山狩りをする構えでいる。

今度、姿を見せたのは同町油木梶谷地区。造成中の比婆山「県民の森」に通じる県道上で、国道一八三号線（広島―米子間）から県民の森へ向けて三㌔、現場付近には国鉄木次線美古登踏切がある。農業伊折茂さん(四七)が最後に見た（七月三十日）同町油木衣木地区から約三・五㌔下がっている。

発見者は同町、農機具外交員谷平覚さん(四三)で、八月三十日午後七時二十分ごろ、軽トラックで帰宅中、道路山沿いに子牛らしい動物がいるのがヘッドライトに照らし出された。

この山林一帯は同町、福間林業所有の和牛放牧地であるため、さくから迷い出た子牛なら飼い主に知らせておいた方がよいと、確認のため急停車し、車を後退させた。ところが約十㍍手前でライトを強く当て窓から乗り出して見ると、後ろ向きで四つんばいだったが姿がどうも子牛とは違うようす。思わず「あっ」と声をあげると茶

ゴリラにそっくり
庄原署が捕獲へ　通学児の被害を心配

かっ色の毛におおわれた大きな顔を振り向けてにらんだ。

写真で見るゴリラにそっくりなのでびっくり。あわてて窓を締め、いつでも逃げられる態勢でギヤをローに入れ、クラクションを鳴らし続けると、高さ一㍍余の牧場用鉄線さくをまたぐようにして暗やみの杉林に姿を消したという。

この間、約五分間。

谷平さんは「大きさは普通のサルの四、五倍もあった。サルのおしりは赤いが、全体が毛だった。緩慢な動作や姿形からみて、年老いた大ザルのように感じた。新聞で類人猿騒ぎを知っていたので、これだと直感し、出来るだけ見てやろうとがんばったが、目が異様な光りを放つのと一人だったためこわくなり、エンジンを思い切りふかし退散した。カメラを持っていれば完全に写せたのに…」と当時のようすを説明していた。

結局、四人の目撃者の話を総合すると①背たけが人間のおとな程度で約一・六㍍②毛でおおわれているせいもあるが、首から上が人間の顔立ちに似て頭には五㌢程度の剛毛がピーンと立っている③からだ全体に茶かっ色の荒々しい毛がはえているーなどの特徴が一致し、同一の大ザルではないかとみられている。また出没時間が朝五時半を除いて三回が夕方の七時過ぎから八時過ぎまでの間、しかもすべて出没付近に川が流れていることから、飲み水を求めて現われているとの見方が強い。

大前庄原署長は「はっきり見た谷平さんの証言でサルの一種にほぼ間違いないことがわかった。人畜にはまだ被害はないが、出没場所が子供の通学道だけに心配だ。行動範囲が数㌔にわたっているので経路をよく調査し、出来ることなら地元ハンターの協力で捕獲したい」と話している。

一方、西城町八鉾中油木分校（作間弘天校長、三十人）と油木小学校（同、三十七人）は三日、出没地区の衣木、梶谷地区から通学する児童、生徒十四人に対し、必ず集団登下校するよう厳重注意を呼びかけた。

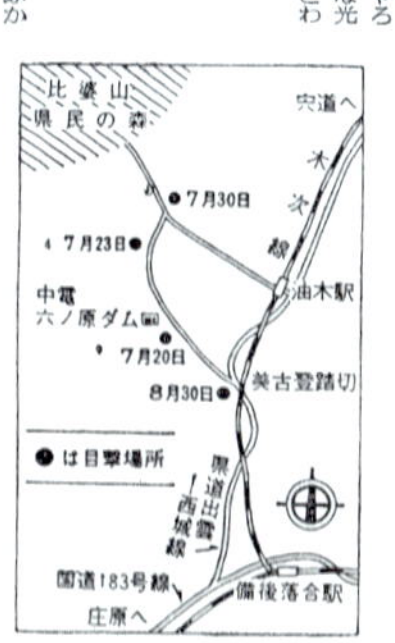

中国新聞 1970（昭和45）年10月26日付「比婆山の”類人猿”は大ザルか」

しょうか。出没当時のヒバゴンを描いたその表情からは、驚き、恐怖、自然や未知なる物への畏怖に混じって悲しみの感情も感じられますが、これは、ヒバゴンに人間の感情が投影されているからではないかと思います。（中略）物質文明の優越性を絶対的なものではないと気付いてしまった人々が、未来への存続を期して、その象徴としてのヒバゴンにひきつけられているのではないでしょうか（『ヒバゴン本　ヒバゴン出没40周年記念誌』）

　昭和四十五年に「謎の類人猿」が出没したときの衝撃や狂騒、訪れた非日常は大変なもので（新聞記事）、西城町役場（当時）には騒動に対処するため「類人猿係」なる部署まで設置されたという。しかし、騒動が沈静化するに伴って、「ヒバゴン」と呼び親しまれるようになっていった。このあたりの状況や経緯は、『ヒバゴン本』に詳述されている。

　そして現在では、冒頭のとおり市のマスコットとして愛されている。庄原を訪れれば、あらゆる場所でヒバゴンが迎えてくれる。神宿る森へ手をかけた人間の心の深淵から生まれたヒバゴンは、いまや遍在しているのだ。

ヒバゴンと共に未来へ

　ヒバゴンは、生まれては消費されていく有象無象のキャラクターとは一線を画し、半世紀近く生き残ってきた猛者である。庄原に暮らす人間にとってはあまりにも当たり前すぎて気付きにくいことであるが、その秘めているポテンシャルは尋常なものではなく、まだまだこの程度で終わるはずがない。きっと、時代も場所も越えて愛され続けていくことだろう。

　しかし、ヒバゴンが私たちの前に姿を現したその背景にも思いを巡らせるべきだ。『ヒバゴン本』では、心の生態系という概念が唱えられている。心象風景として存在する風景こそが生物多様性の賜物《たまもの》であり、紛れもなく生態系なのだ。心の生態系を維持すること、現実の風景を守ること、小さな命が生きること、古き神を敬うこと、全てがひとつに繋《つな》がっている。このことを私たちは絶対に忘れてはならない。

　時間をかけ私たちの隣人になってくれたヒバゴン。私たちは、これからもヒバゴンにふさわしい隣人であり続けられるだろうか。ヒバゴンと共に生きる未来は、私たち自身の手の中にある。

（千田喜博）

参考文献
・『ヒバゴン出没40周年記念誌　HIBAGON BOOK　ヒバゴン本』（平成二十三年、庄原市西城支所地域振興室）

第3章

神々に守られた聖地・御陵とブナ林を行く

――自然編

美しい山容を見せる比婆《ひば》山連峰――。
神々の依り代《よしろ》といわれる烏帽子岩《えぼしいわ》などの巨岩がそこかしこに見える。
全国でも珍しい400年の長寿を誇るブナ林は、
里の人々の篤《あつ》い信仰によって守られてきた。
このブナ林とともに、
ゴギ（イワナの亜種、広島県天然記念物）、熊野の大トチ（国天然記念物）などに代表される
都会人がうらやむ豊かな自然を満喫したい。
和牛放牧によるやさしい里山の景観と四季を彩る草花も魅力だ。
古代人の自然崇拝に思いを馳せながら、比婆山の奥深い魅力を訪ねてみよう。

晩秋のブナ林（御陵《ごりょう》）

第1節 比婆山連峰を彩る神々の依り代

比婆山連峰の生い立ちを探る

自然は素晴らしい

比婆《ひば》山を語るとき、イザナミノミコトに関わる「御陵石《ごりょういし》」などの「祭祀《さいし》に関係する石」が重要な話題になる。またブナで代表される植生や、「門栂《もんとが》」、熊野神社の社叢《しゃそう》なども神域を彩る重要な要素であろう。これらについて、自然科学の視点に立って掘り下げてみようというのが、ここでの狙いである。

自然は素晴らしい。自然についてより詳しく学ぶことは、私たちの日常生活をより楽しく、より豊かにしてくれる。

イザナミの「依《よ》り代《しろ》」として崇《あが》められてきた御陵の円丘をはじめ「御陵石」「条溝石」など比婆山連峰を彩る巨岩や自然物について話を進めてみよう。

登山のための予備知識
――地形図の読み方

それには適当な地図が必要となる。国土地理院発行の二万五〇〇〇分の一地形図「比婆山」（図1）を用い、地形図の読み方をおさらいする。

二万五〇〇〇分の一地形図では、高さは標高差一〇メートルごとに一本の等高線が入り、五本ごと（五〇メートルごと）に太線で書かれ、水平距離は、図中の一センチが二五〇メートルの距離を示す。四センチで一キロである。

こうしたルールが分かると、等高線の間隔から、斜面の勾配も読み取れて重宝する。

等高線の間隔が狭いと勾配が急なことを表し、間隔が広い場合は傾斜が緩やかなことを意味している。

地形を生かした登山道
――机上登山に挑戦

早速、地図と地形との関係を学んでみよう。それには、地図を持参して登山するのが早道であるが、その前に、まず地形図上での登山に挑戦してみよう。「机上登山」である。

二万五〇〇〇分の一地形図には、比婆山御陵《ごりょう》への登山道は数本記載されて

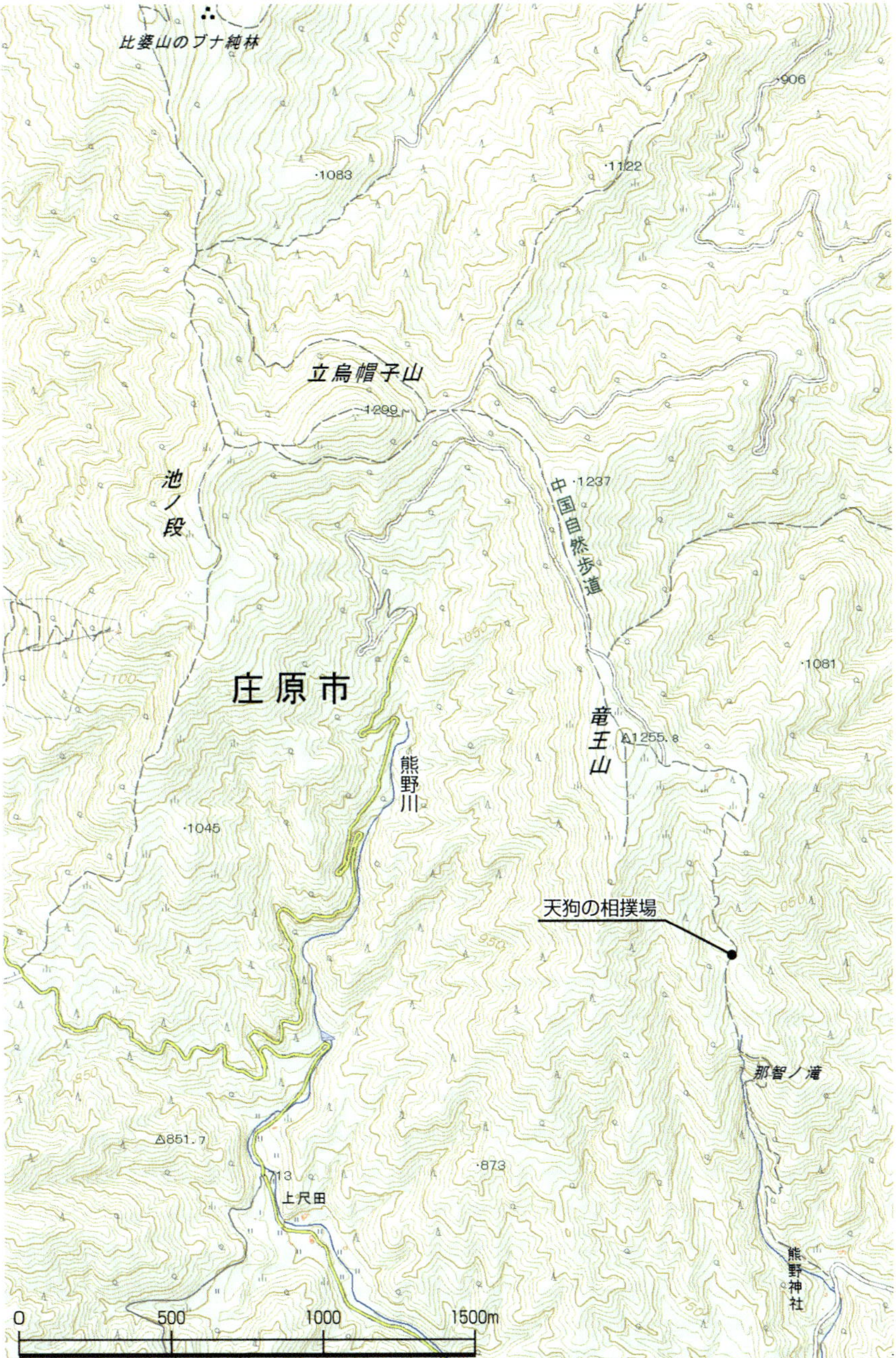

図1　地形図「比婆山」で机上登山

いるが、このうち、熊野神社から那智《なち》ノ滝を経由して竜王山へ至るルートを中心に地形図（図1）を読んでみよう。地形図には「中国自然歩道」の注記がある。

なお、地形図には特に注記がない限り、縦方向・上が北というルールがあり、また、経度・緯度が示されているほか三角点、植生、露岩などが表示されている。よく読みとることが大切である。

那智ノ滝の付近は、勾配率三〇パーセント以上、修験の道である。

一方、ここを頑張って通称「天狗の相撲場」を過ぎて竜王山まで登れば、そこから先は足取りも軽く、勾配率約一〇パーセントの平坦な道が続き、立《たて》烏《え》帽《ぼ》子《し》山に向かうことになる。

さて、図上でもっと容易なルートはないかと探してみても、これ以上に効率の良い山道はなかなか見つからない。御陵へ向かう登山道は、どれも考え抜かれた最善のルートなのだ。地形図のない時代から、比婆山連峰を旅した先人が経験的に探り当て、現代に残してくれた「最適解」といえる。

では、比婆山連峰の地形・地質を、次の三地区（ブロック）に分けて順に見ていこう。

①熊野神社～竜王山～立烏帽子山（池ノ段を含む）ブロック
②比婆山ブロック
③烏帽子山ブロック

①熊野神社～竜王山～立烏帽子山ブロック——流紋岩と黒色の玄武岩

このブロックには、「中国自然歩道」を北上し、立烏帽子山に至るルートがある。先の机上登山で学習したように、山の斜面の傾斜の具合と基盤の地質の関係をしっかり観察できる（図2―A）。

熊野神社から那智ノ滝を経て天狗の相撲場までは、非常に急傾斜である。固い岩盤が露出し、ごつごつしている。滝つぼの下に転がる岩のかけらを拾ってみると、灰褐色で、直方体に割れたものが多い。竜王山の基盤岩「流紋岩」である。流紋岩は割れやすく硬い。このため急な崖になりやすい（写真）。

やがて天狗の相撲場辺りから、地形はやや緩やかになってくる。流紋岩が少し風化して、小石状になり、風化して出来た表土に混じって流れ出しているからだ。

そして竜王山の平坦部に至ると、黒色の玄武岩類がつくる火山（峰）と火山灰の山裾が見られだす。この玄武岩類は立烏帽子山と池ノ段にまで広がり、さらにこの地質の状況は吾妻《あづま》山も同じで、「図2―B」に示したとおりである。

もう一つ注目すべき点は、池ノ段の侵食面が、立烏帽子山の南斜面の熊野川（尺田の谷）の谷頭侵食により東に傾いていることである（図2―Aに侵食範囲（形態）を示した）。

これと同様の地質状況が、吾妻山でも見られることは、中国山地の成り立ちを知る上で重要である。

②比婆山ブロック——「円弧状の地すべり」を初めて指摘

いよいよ比婆山信仰の中心とされる御陵の地形を見ることにしよう。

写真　那智ノ滝の付近の状況

地形図（図２―Ａ）をよく見ると、深い谷々が、立烏帽子山を中心に、放射状に形成されているようにも見える。これは、割れやすく急傾斜となりやすい、流紋岩特有の風化による地形ということができる。

この、立烏帽子山山塊《さんかい》の北側を、「千引岩《ちびきいわ》」など神話伝説の残る平坦な山道を進むと、「越原越《おっぱらごえ》」と呼ばれるやや大きな鞍部《あんぶ》に至る。この鞍部をおおよその境として、①立烏帽子山ブロックと、②比婆山ブロックの、別々のブロックとして見ることができる。

まず、越原越の鞍部から御陵へと登ろう。御陵には中央の円丘などの小起伏群があるが、その手前の小起伏は前述の立烏帽子山などのブロックと同じく、急傾斜地であり地質も同じで、ブナやイチイなどの植生で覆われる。御陵の頂上は御陵石など石塊が多く分布する。

このブロックの状況を、「図２―Ａ」（Ｐ１４８）とともに次項の「図１―１」（Ｐ１５２）「図１―２」（Ｐ１５３）も使って見ていこう。

御陵の円丘などの小起伏は比較的平坦で、植生に富む表土層が特徴である。この表土層は、氷河期（地質時代の一時期）を経験した風化土石の層の重なりである。その後の温暖化を経た「後氷期」から現在に至るまで高山において氷結・融解をたびたび繰り返し、表土を形成し山頂部に残留、堆積したものである。

御陵石は、この表土内に点在する基盤の花崗岩類「花崗斑岩」の岩塊の一つである（Ｐ１５３図１―２）。

また、この断面図で分かるように、御陵は東側斜面と西側斜面とでは趣を異にする。

東側斜面は、半円弧状の崩壊頭部線で大きくえぐられ、御陵石東方斜面の

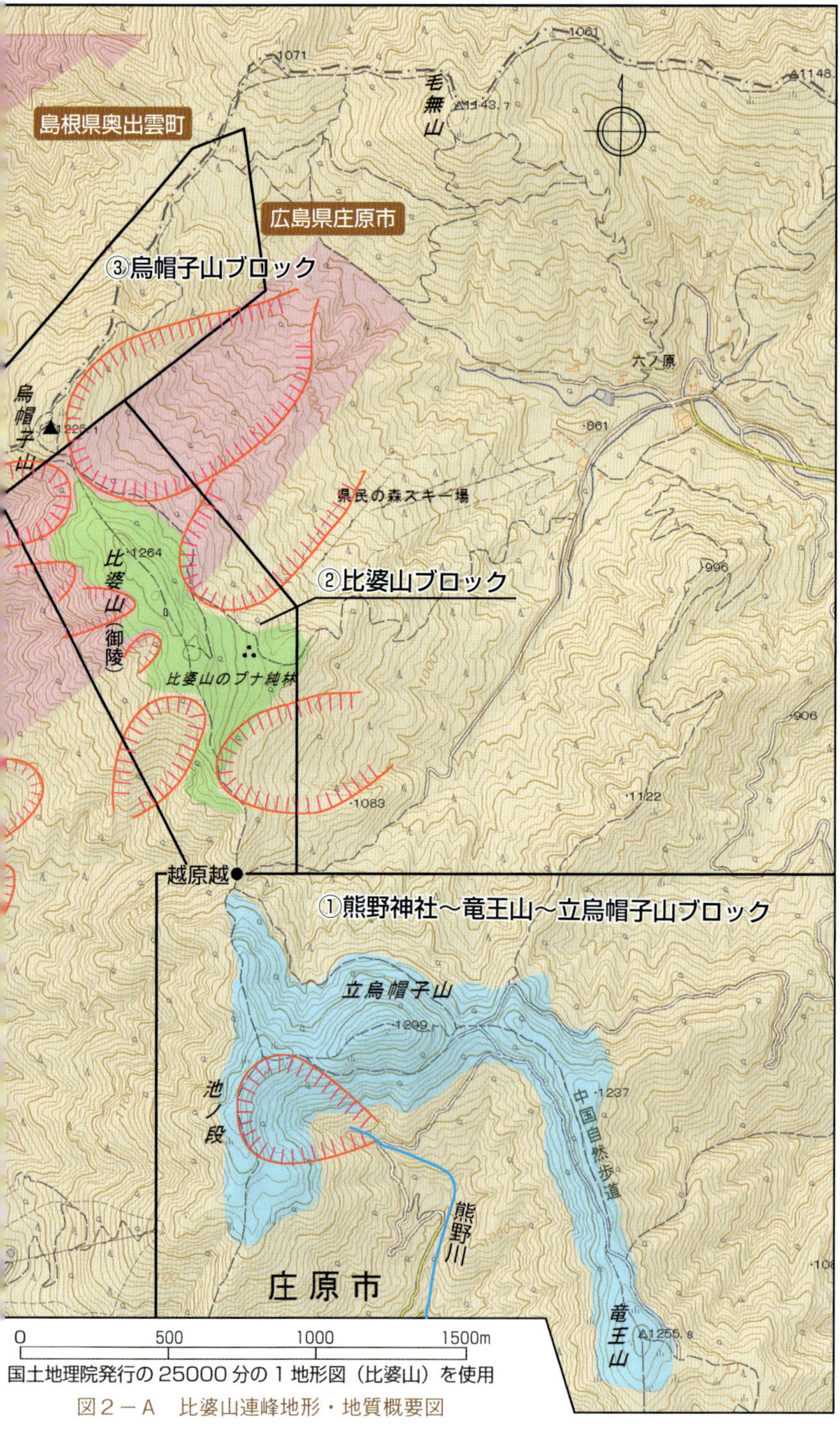

国土地理院発行の25000分の1地形図（比婆山）を使用

図２－Ａ　比婆山連峰地形・地質概要図

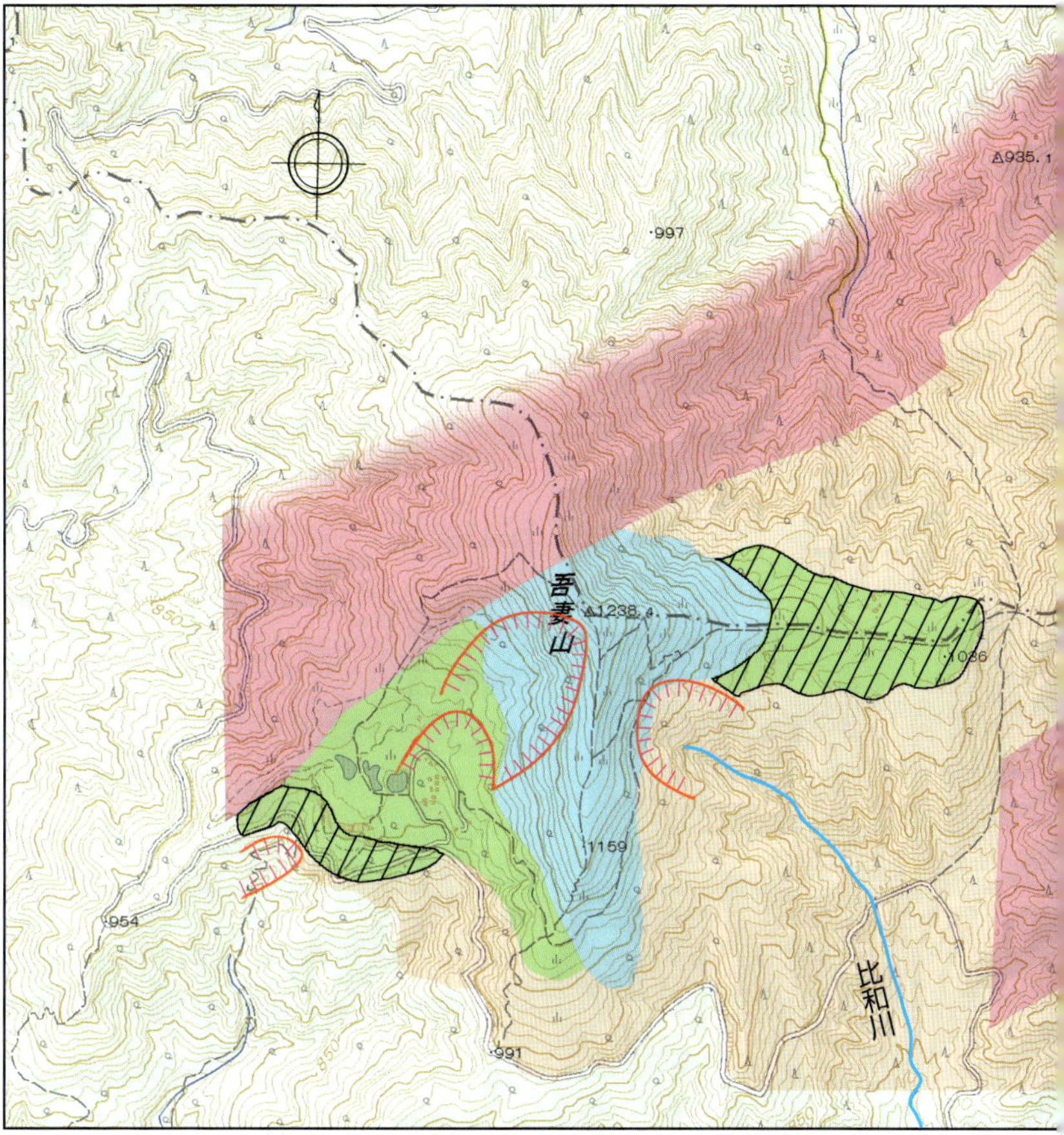

国土地理院発行の 25000 分の 1 地形図（比婆山）を使用

凡　　例（図 2-A、B 共通）	
	山頂部 表土層
	立烏帽子山・竜王山・吾妻山 玄武岩類
	備北層群（第三級含化石海成層）
	花崗岩類（花崗岩・花崗斑岩・まさ土）
	流紋岩類
	くずれ地形（半円弧状崩壊地形など）

図２－Ｂ　吾妻山地区地形・地質概要図

横道付近には崩壊崖部が露出する。このような「円弧状の地すべり（くずれ）」を指摘するのは初めてのことである。詳しくは次項で触れる。

東側の崩壊土の部分は、花崗斑岩質岩の風化成分であるマサ土状のものが主体で、崩れやすく、滑り部分をつくることが多くなり、さらにマサ土中には風化から取り残された塊状の石（核石）がある。

西側斜面は、特に北半分で花崗岩類の石柱や巨岩群が広く分布している。

これらの花崗岩類の巨岩群中には切石、塔柱状岩塊などの硬い岩が多いことから、これらが御陵石の材料となった可能性もあることが見て取れる。

③烏帽子山ブロック
――山頂部に「流理構造」をもつ巨岩群が分布

御陵と烏帽子山の間には鞍部があり、その北側が「烏帽子山ブロック」である（P148図2―A、P149図2―B）。この烏帽子山は、流紋岩の細長い台形の山「メサ」である。

烏帽子山の山頂部に分布する巨岩群はいずれも流紋岩の特徴の一つである縞目《しまめ》（「流理《りゅうり》構造」という）を持ち、かつて「刻彫岩《こくちょうがん》」（P114）の特徴とされた「線刻」は流理に沿う風化によって削り込まれた溝である。

また、この流紋岩の岩体は、御陵北半分の花崗岩体とは全く別の、北側の島根県側の花崗岩体と接している。言い換えれば、御陵から北は流紋岩体と花崗岩体が交互に分布するサンドウィッチ状の地質構造を示す。

なお、このブロックで特記すべきことがある。それはこの山が、県境尾根の高所に湧水源をもつことの不思議である。しかもその尾根は二重尾根を形成し、その間に湧水口がある。だから登山道はわざわざ迂回《うかい》し、ここを通る（図3）。

（横山鶴雄）

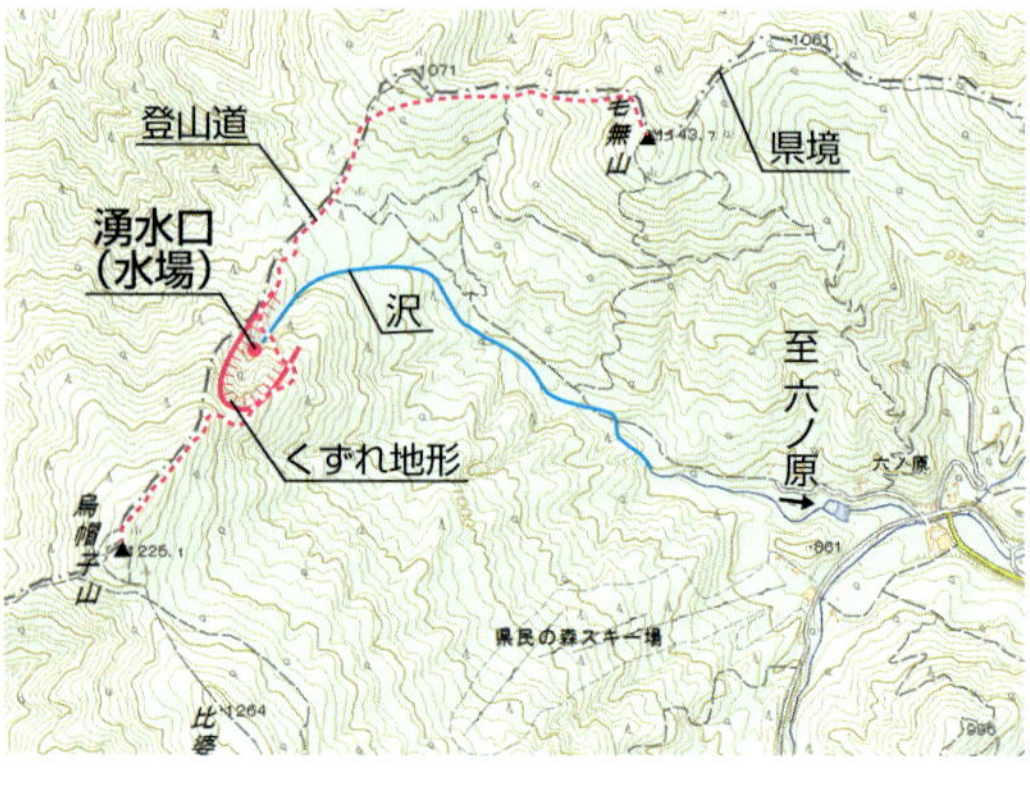

図3　烏帽子山東北の湧水口（水源）

「御陵石」の謎を探る

御陵の美しい山容に隠された秘密

御陵《ごりょう》は「神奈備形《かんなびがた》」の美しい山容で知られ、遥《はる》か昔から変わらぬ姿と考えがちである(写真1)。その御陵が、数万年の長期にわたって崩壊し続けてきた事実は、あまり取り上げられていない。

地形図を「深読み」して、はじめて分かる重要な事実がある。それは御陵の北東斜面に、大規模な「くずれ斜面」があることだ。

御陵周辺の地形をよく読んでいくと、「半円弧線群」(等高線群)が複数あることに気付く(まるでプリンをスプーンですくったような、大規模な「地すべり地形」である)。(「地すべり」という用語には学問上問題があろうが一応このように呼んでおく)。

中国山地で、このような地形を確認できる例は非常に少なく、中国山地の後氷期(P147)についての新しい発見であるので、図中には特に崩れの「頭部線」を強調して表示した(図1―1)。

「比婆《ひば》山ブロック」は、たくさんの学ぶべき特徴を持っている。「比婆山学」の興味深いテーマとなるだろう。

半円弧線群と、比婆山神話の関係を探る

御陵東側斜面の花崗岩の厚い風化層は、過去、大規模な地滑りを起こしてきたなかで、良質なマサ砂鉄を供給した。その代償であるかのように、峰は次第にやせ細り、御陵石の近くまで接近し山腹に痛々しい傷跡を残している。とは言っても数万年以上にわたる期間の話だが、このことから『古事記』の比婆山神話を想起する。

イザナミノミコトは、製鉄神ヒノカグツチを産み亡くなった。古代の人々にとって、鋼を生む良質なマサ砂鉄こそ、この上ない貴重な資源であった。イザナミの葬地と伝わる御陵は、人々

写真1　烏帽子《えぼし》山から見る御陵

（原地形図：庄原市教育委員会、1/6000「比婆山御陵現況平面図」）

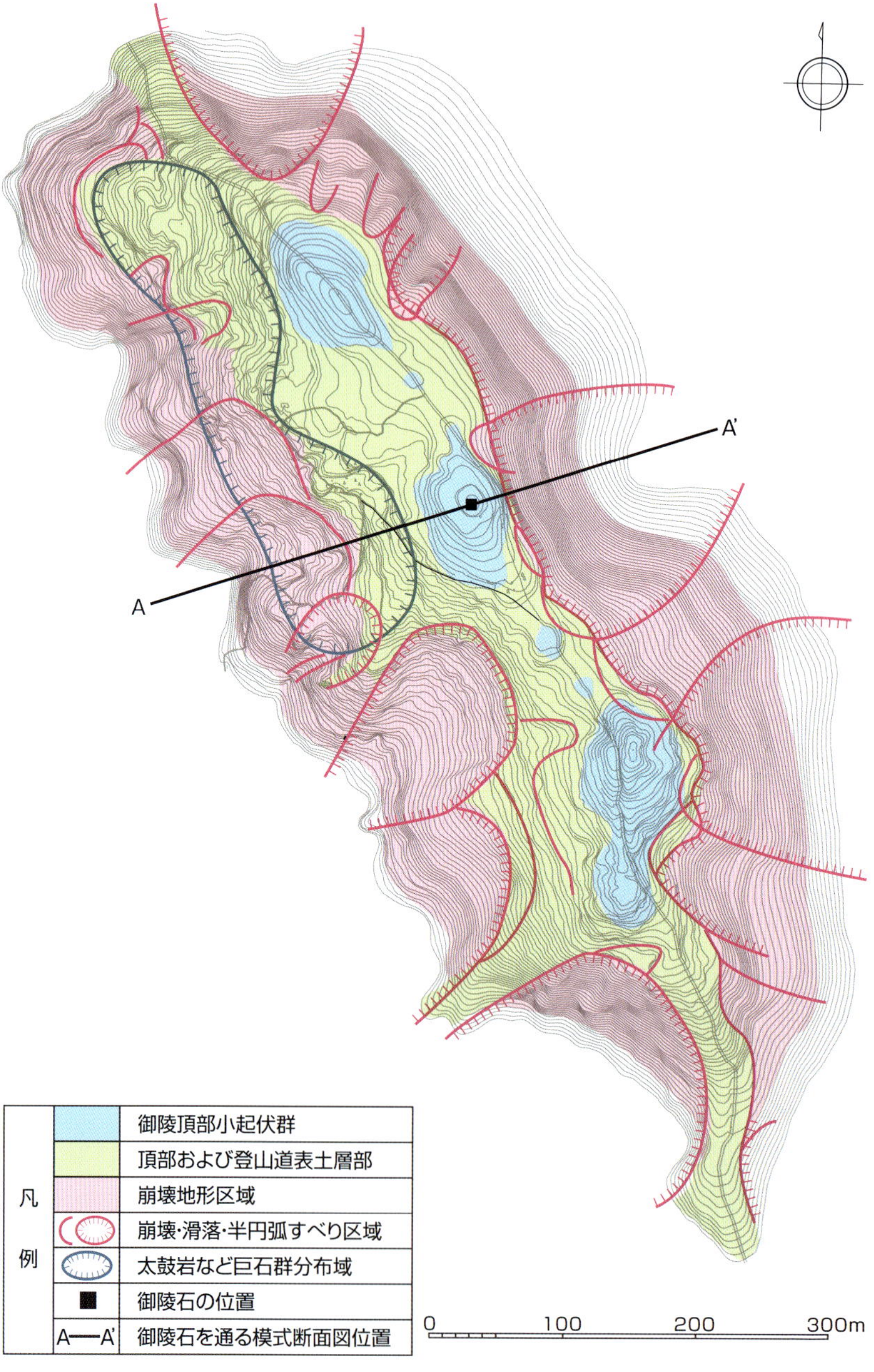

図１－１　御陵地形・地質区分図

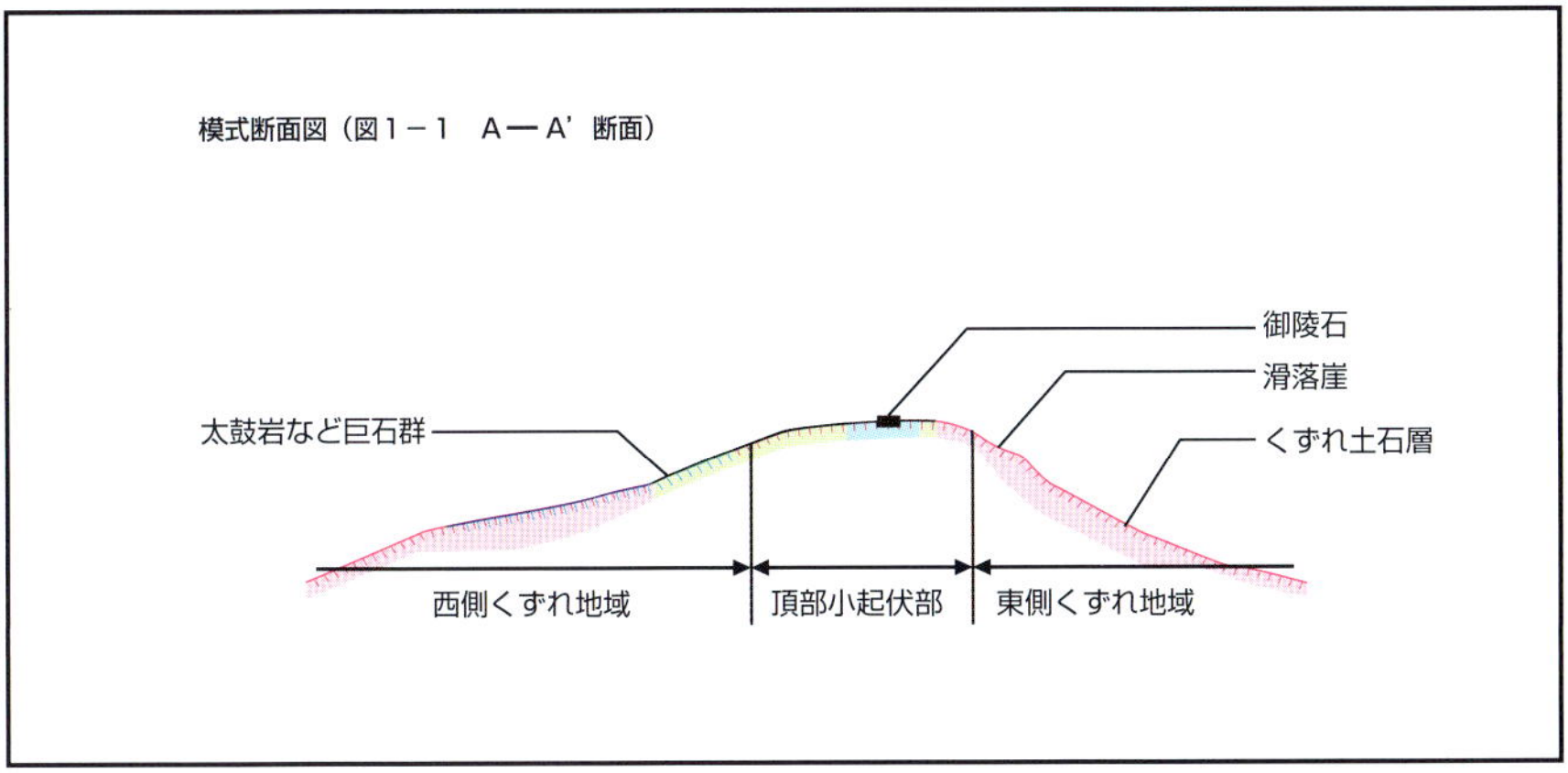

図1－2　御陵地形・地質断面図

に富を与え、自らはやせ細り、死と再生を繰り返してきた山なのだ。

比婆山連峰の最高峰である立烏帽子《たてえぼし》山（一二九九メートル）ではなく、痛ましい半円弧線群からなるこの峰（一二六四メートル）が「御陵」（美古登《みこと》山）の名をもち、主峰として信仰されてきたことには説得力がある。

この東斜面大崩壊によって、深層風化マサ土が六ノ原へ滑り落ちて堆積した。こうした堆積物は掘り崩しやすく、鉄穴流《かんななが》しには有利だっただろう。

だが、このマサ土に砂鉄分の少ない流紋岩質岩のくずれ土が混入し、「低質化」するリスクも大いに考えられ、製鉄技術者はこれらを高度に勘案して操業しただろう。

御陵石の謎

ところで、御陵石《ごりょういし》などの巨石は、もとからあるのか、ほかの地から運ばれたものだろうか。

山の地表（表土層）は数万年にわたる時とともに、侵食から残った土が重なって出来たものと考えてよい。そうすると御陵石などは基盤岩の深層風化の過程で、それ以上の風化をまぬがれた石塊「核石」が、残留した土石とともにその位置に残ったものだと考えてみることができる（図1―2、写真2）。

このうち、西側斜面の花崗岩地区の太鼓岩《たいこいわ》などは、花崗岩群の巨石の頭部が表面に頭を出しているとも考えられる（P75写真10）。

また、流理面で分離した流紋岩の一部が表土中に混入しているものもあり得る。これらのことから、御陵石などの来歴を知るには、表土層の構成と岩石風化の過程を詳しく調べてみることが必要である。

これらの様子を最も良く観察できそうなのは、特に東側斜面の大崩壊部であり、今からデータを蓄積していく必要がある。その研究は、中国山地での氷期以降の地形・地質研究の重要な手がかりとなるだろう。

写真２　御陵石は花崗斑岩

「流紋岩」と「条溝石」（「刻彫岩」）

御陵石に次いで関心の的となる「条溝石」（「刻彫岩《こくちょうがん》」）のことにも触れておこう。烏帽子山の流紋岩は前項（P148）に見た立烏帽子山ブロックの流紋岩と同じく、流理《りゅうり》（縞目《しまめ》）の発達した流紋岩で、そのために「条溝《じょうこう》石《せき》」（「刻彫岩」）と呼ばれ注目されてきた（写真3、P114参照）。

複雑な流理が認められるほか、割れ目の一部には岩石の節理に相当するものがある。氷結や乾燥を経験する何万年もの間に線（流紋岩の流理）や割れ目が風化して溝となることがある。岩体中の流理の状態を丁寧に観察すると、その構造が明確になるはずである。

条溝（線刻）などと呼ばれた岩石の性状から流紋岩の構造を明らかにしていくことは、この地域の地質だけでなく中国地方の流紋岩の成り立ちを深く理解することにつながるだろう。

写真3　烏帽子山の「条溝石」
（流理がよく発達した流紋岩）

比婆山全域の表土層の調査が必要

比婆山連峰での表土層は、別項に述べられた植生や動物などの生活の場である。

同時に、前に述べたように高い山の表層が凍結・融解を繰り返してできた土が、堆積してできた地層でもある。従って、今後同じような地質状況の吾妻《あづま》山も含め、比婆山連峰全域の表土層について、いろいろ調査していく必要がある。比婆山連峰の生い立ちを探ることは、「比婆山学」に託すべき重要なテーマとなろう。

これまで御陵など比婆山連峰の地質についての事象を述べてきたが、通して感じることは、大自然のエネルギー現象を「神業」と感じて思考する（信仰心に結び付ける）人間の力の素晴らしさであることを痛感している。

（横山鶴雄）

第2節

ブナ林を守った神話《イザナミ》伝説、信仰を守ったブナ林

比婆山のブナ林は長寿でロマンを秘めている

中国山地は古来、たたら製鉄に大量の木炭が必要なため、その原料としてブナを含む広葉樹林の大量伐採が行われた。その跡にヒノキやスギが植林されて二次林となっている場所もある。

広島県庄原市（西城町・比和町）と島根県との境に位置する標高一〇〇〇〜一二〇〇メートルの比婆《ひば》山連峰には神話伝説の舞台となる御陵《ごりょう》があり、周辺を聖域とされて森林は伐採されず、ブナの原生林が残された（写真1〜5）。

日本のブナの分布は狭くなった

わが国の温帯落葉樹林帯を代表するブナ林の存在する標高は、北海道では海沿いから九〇〇メートルまで、本州は四〇〇〜一六〇〇メートル、四国・九州で一〇〇〇〜一五〇〇メートルの範囲とされている。平均気温が六〜一三度の冷涼な地域で、年間降水量が一二〇〇〜一三〇〇ミリメートル以上の地域に生育している。

写真１　ブナ林の雪解けの時。根開は早春の造形美

日本海側の多雪地帯に多く分布しているが、太平洋側では主とし低山帯の上部に分布している。千葉県と沖縄県を除く四十五都道府県に自生分布して

写真２　雨氷。夜間小雨で急に冷えこんだときに出来る神秘現象

いる。

　ブナ科ブナ属の分布は、北海道南部黒松内（歌才ブナ自生地）が北限で鹿児島県大隅半島（高隈山）が南限である。もう一種のイヌブナは岩手県から宮崎県まで広く分布するが、石川県以

写真３　霧氷。夜間過冷却した霧が枝に着生

写真4　御陵頂上部付近のブナ褐葉《かつよう》(紅葉)。残る緑も褐葉し落葉

北の日本海側には分布しないといわれている。通常、ブナより低い場所で生育するが、西中国山地吉和冠山などでは同じ場所で共存しているところもある。

ブナの幹は滑らかな灰色で地衣類が付いて白く見えることから「シロブナ」の別名がある（イラスト1）。イヌブナの幹はブナに比べザラザラとして黒灰色をしているので「クロブナ」と呼ぶことがある。

自然状態ではブナは一本立ちするものが多いがイヌブナは根元から株立ちの樹形をつくる個体も多い。

ブナ林の分布は昭和三十（一九五五）年頃までは落葉広葉林の中腹以上に自生していたと思われる。ブナ材は風雨に当たると、腐食が早く建築材に適さないため役に立たない樹木として扱われ、また全国規模で行われた国の拡大造林政策によって、高値で売れて成長

写真５
ブナ林の
幻想的な霧氷

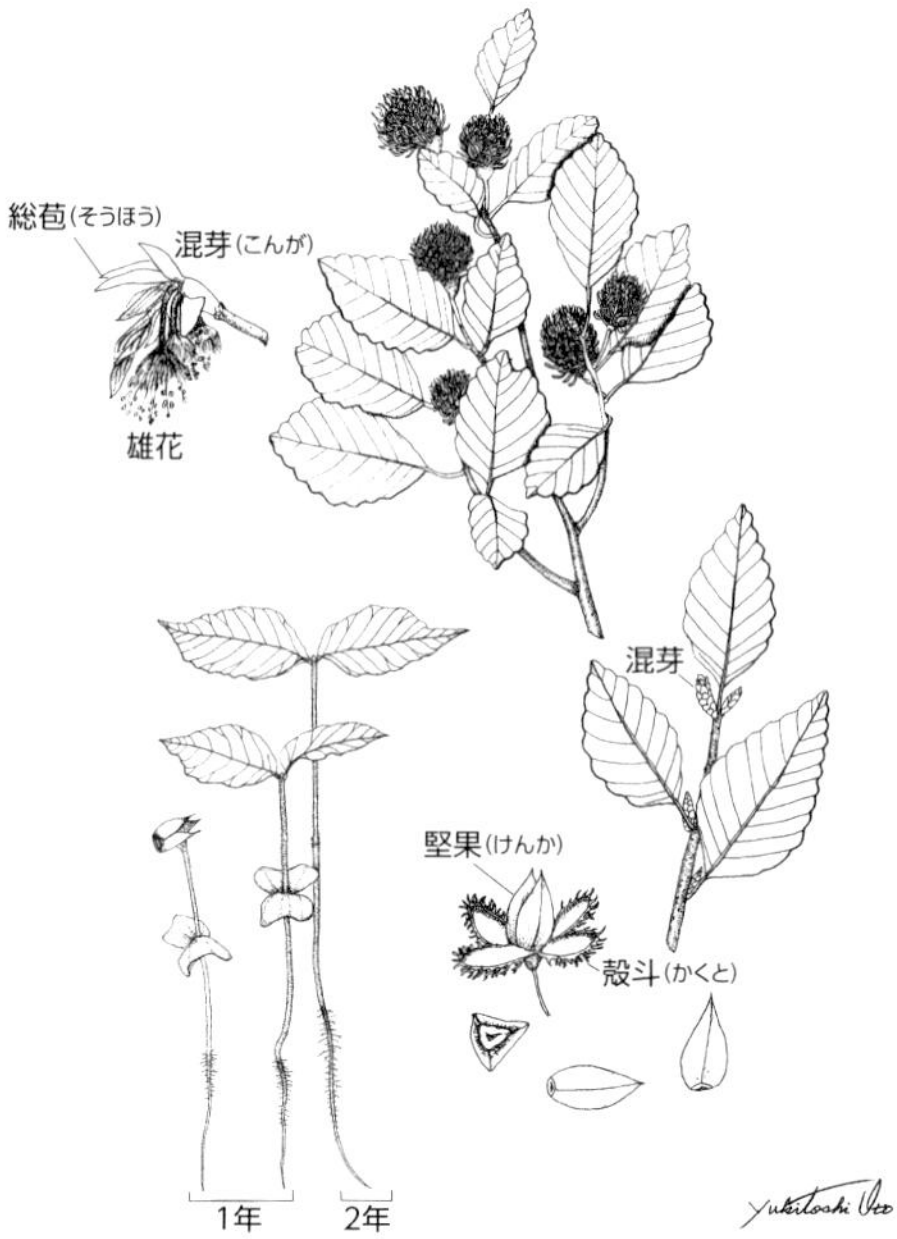

イラスト1　比婆山ブナの細密画(伊藤之敏画)

の早いスギを造林した。

しかし、材質や強度などに問題があり、ヒノキを主体に造林されるようになった。このためブナを含む広葉樹林が急速に減少、ブナの受難時代へと大きく変化した。

そして、ブナ帯の広葉樹伐採によって森林の保水力が減少し、各地で山地崩壊などの被害が多発した。

近年、ブナを含む広葉樹林が果たす山地災害防止や保水力などの役割や森林生態系、生物多様性が重要視されるようになり、ブナを含む広葉樹林は保護すべきだとの認識が広まった。

地域によって葉の大きさや厚さに変化がある

日本海側のブナは葉が比較的大きくて薄い。太平洋側のブナは葉が小さくて厚い。北海道などのブナの葉は太平洋側のブナに比べて約三〜四倍と広い面積を持つものもある。このことから太平洋のブナを「コバブナ」、日本海側のブナを「オオバブナ」として区別することがある。

この地理的な葉の変異については明確な境があるわけではない。ブナが繁殖できるのは北海道南部黒松内から九州鹿児島県大隅半島までと、南北に長い日本列島のほとんどを占めており、気候的環境を含めて変化するのではないかと考えられている。

このように葉の大きさの違いは、どのような意味があるのだろうか。太平洋側は積雪量が少なく、四〜六月にかけてブナの葉が展開したばかりの時期に土壌が乾燥する傾向にあり、葉が小さくて厚みのある方が乾燥に強いからだと思われる。

これに対して、日本海側は積雪量が比較的多くて残雪期間も長く、場所によってはブナの葉が開いた後まで残雪があり、葉が生育する間、雪解け水によって土壌は比較的水分が保たれる。

葉が薄く大きいのは、光合成の点から見ると効率はよいが土壌が乾燥したときには葉の先まで十分な水を供給することが困難となり、水分の蒸発を抑えるため葉の気孔を閉じる。気孔を閉じると十分な二酸化炭素を取り入れることができず、光合成の効率も低下する。

　このような環境条件によって日本海側のブナは大葉で薄く、太平洋側のブナが小葉で厚い。ブナの葉は湿潤と乾燥に対する適正を持っているものと推察できる。

ブナはなぜ落葉広葉樹の優占木になるか、同じ木に二種類の葉がある

　ブナの幼木は、ほかの植物の成長を妨げる枝はなく、ブナは耐陰性があり、日光の届きにくい下枝も枯れず残る。樹形はスギなどのようなとんがり帽子形ではなく、ボール状の円形に近いものになる。そして、樹高は高く長期を生きる。

　強力な直射日光に耐えることができる葉「陽葉《ようよう》」は、日陰になっても枯れずに残る「陰葉《いんよう》」に比べて厚く、葉温調節装置である気孔も二倍の密度を有している（写真6）。しかも葉の多くは垂直にたっている。

　日光の当たる陽葉と日陰でも残る陰葉のあることが、落葉広葉樹林の優占《ゆうせん》木となる要因である。

写真6　陰葉（左）と陽葉（右）

太平洋側と日本海側の自然環境で林内植物が異なる

　「太平洋側のブナ林」のササ類はスズタケ、ミヤコザサなどが分布。林内植生はツクバネウツギ、シロモジ、クロモジ、コミネカエデ、コハウチワカエデ、タンナサワフタギなど、そして高木層はウラジロモミ、ツガなど。針葉樹を交じえることが多くあるのが太平洋側ブナ林の特徴だとされている。

　「日本海側のブナ林」のササ類はチシマザサが多く分布する。この新芽（タケノコ）は食用となる。林内植生はハイイヌガヤ、チャボガヤ、ヒメモチ、ハイイヌツゲ、エゾユズリハ、ツルシキミ、ミヤマシキミなど、高木層のミズナラやスギなどと入り交じる所もある。

写真７　ブナの巨木（比婆山）。長寿のブナは神々が宿っているようだ
（猫田 薫氏提供〈中国山地豊かな自然写真コンテスト入賞作品〉）

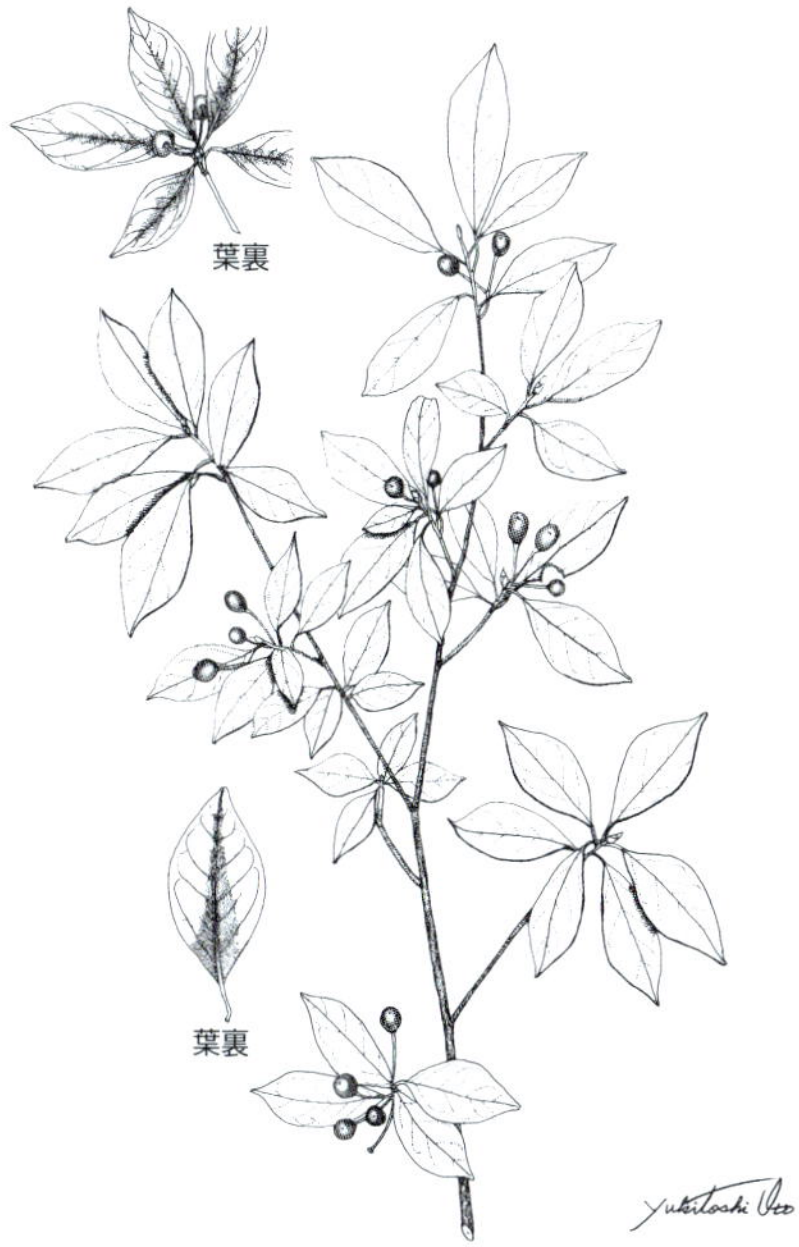

イラスト2　クロモジの細密画（伊藤之敏画）

項目	植生
第1層 （高木層） 樹高10〜30m	ブナ ミズナラなどが共生または優先している場所もある
第2層 （亜高木層） 樹高5〜10m	ブナ ミズナラ イタヤカエデ コハウチワカエデ ハウチワカエデ オオイタヤメイゲツ オオモミジ コシアブラ ウリハダカエデ ミズメ ナナカマド トチノキ ホオノキ リョウブ イヌシデ クマシデ ヤマハンノキなど
第3層 （低木層） 樹高5m以下	クロモジ ハイイヌガヤ チャボガヤ ヒメモチ タンナサワフタギ オオカメノキ エゾユズリハ ハイイヌツゲ ウツギ タニウツギ ヤマボウシ コミネカエデ ミヤマガマズミ ミヤマイボタ ヤマアジサイ コアジサイ ウワズミザクラ ダンコウバイ レンゲツツジなど
第4層 （草木層）	オオカニコウモリ ミヤマカタバミ サンインスミレサイシン タチツボスミレ ダイセンキスミレ ツルタチツボスミレ オクノカンスゲ カンスゲ ミヤマカンスゲ ユキザサなど 木本類 ナツハゼ ウラジロハナヒリノキ ムラサキマユミ ミヤマシキミ マルバフユイチゴ アカモノなど
林床シダ類 （*）	ワラビ・ ゼンマイ リョウメンシダ ジュウモンジシダ オシダ サカゲイノデ エゾノヒカゲカズラ ミヤマイタチシダ イヌガンソク シシガシラ ヤマソテツ ホソバトウゲシバ ハリガネワラビなど
林床ササ類	シナノザサ（クマイザサ） イブキザサ チュウゴクザサ チマキザサなど

表　比婆山ブナ林の階層構造

比婆山のブナ林の特徴

　昭和三十五（一九六〇）年六月に比婆山御陵周辺のブナ林は国天然記念物に指定された。この地域は伊邪那美命《いざなみのみこと》の伝説があり、古来、霊山として崇《あが》められていた。そのためブナ林が伐採されず、ブナの原生林が残った（写真7）。八九・九ヘクタール（西城町側八四・三、比和町側五・六）の面積が指定されている。

　ブナ林は標高九〇〇メートルくらいから見られ、特に低木層にクロモジ（イラスト2）が多くブナ―クロモジ群集とされている（以下、表を参照）。

（一）高木層にブナが優占するがミズナラ、トチノキ、ホオノキなども共存している。

（二）ブナの亜高木層が場所により貧弱だが、半面、低木層は旺盛で特にクロモジやササ類が優占しブナの種子が

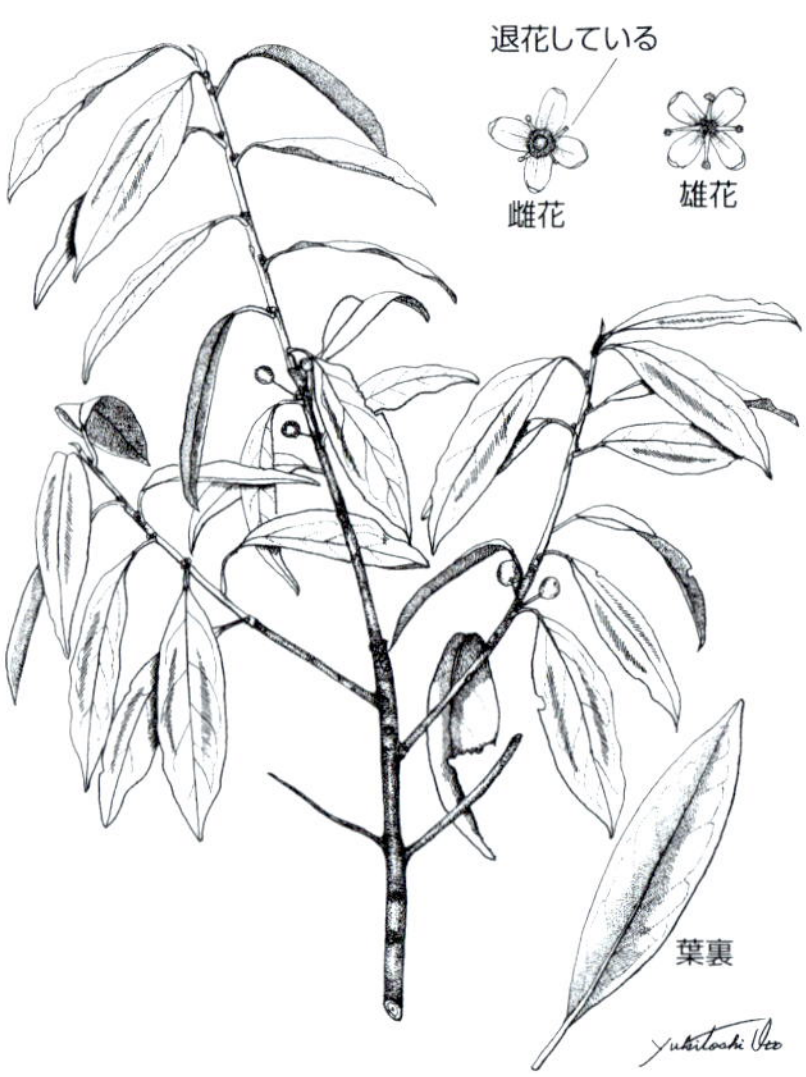

イラスト3　ヒメモチの細密画(伊藤之敏画)

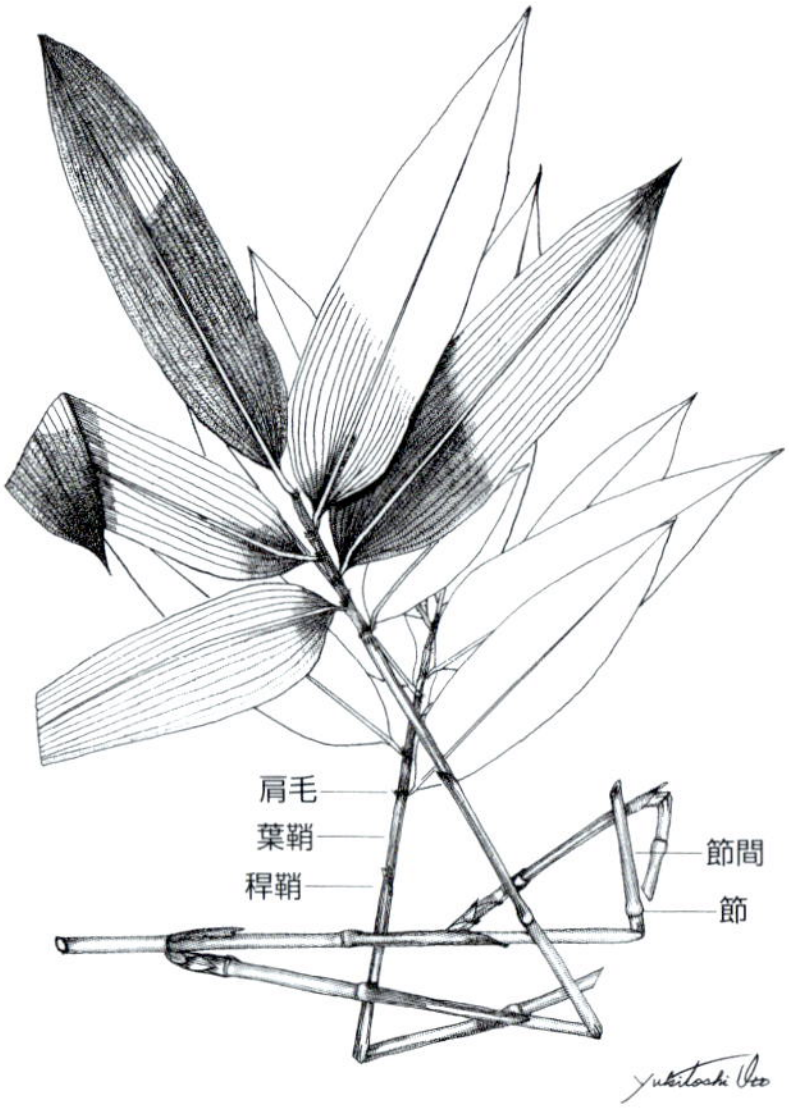

イラスト4　シナノザサの細密画(伊藤之敏画)

発芽しても必要量の日照がなく生育ができないのではなかろうか。これによって次代を担うブナ林(後継樹)が成立しない場所ができる可能性がある。

(三)この地域のブナは小面積で純林をつくり、大面積の純林は気候条件などによって成立しないと思われる。ブナは葉が大きくて幹は通直に伸び日本海側の多雪地帯のブナである。

　幹の周囲(胸高幹周)が三メートル以上の巨木が点在分布しており推定樹齢四〇〇年以上のブナも多く、全国的にも長寿のブナである。

(四)比婆山のブナ林は第二〜四層は太平洋側と日本海側両方の植生が入り交じっている(イラスト3、4)。ここのササ類は太平洋側のスズダケ、日本海側のチシマザサなどは生育していないことなどから比婆山のブナ林は特異な植生地といえる。

　ブナ林が次の世代を残すためには、ブナの多量結実は五〜六年周期といわれる。この周期とササ類の一斉開花枯死(五〇〜一〇〇年)の現象とが重ならないと次の世代は育たない。比婆山のブナの大木はこの難関を生き延びてきたのである。この巡り合わせは神様の世界ではなかろうか。

(伊藤之敏)

*植物が生育しているその周辺、また、森林の地表面に近い空間。

ブナの恵みと鳥たち
——共に存在し、共に栄える

クマタカと伝説の鳥「天鳥船」

　昭和五十年代、比婆《ひば》山連峰の上空には、猛禽類《もうきんるい》のクマタカが堂々と旋回する姿が見られたものである。人間の体ほどの大きさに見える翼を広げ、キイー、キイーと大きな声で鳴きながら飛んでいた。

　峰の上空を悠然と舞うクマタカに思いをはせると、鳥について何か関係する神話や伝説はないかと、勝手ながら考えてみた。『古事記』によると、イザナミ命とイザナキ命は「誕生した島々に、動物や植物、またそこに住む人々を助ける神々をお生みになった」と書かれている。水、風、山や土地など自然の神を誕生させ、最後に火の神を生み、イザナミは亡くなられ、遺体は比婆の山へ葬られ、そして、御神体《ごしんたい》は麓《ふもと》の庄原市西城町熊野にある熊野神社に祀《まつ》られている。

　イザナミが火の神様を生む前「天地の間を行き来する」ことができる神「天鳥船《あめのとりふね》の神」を生んでいる。この神様はどんな神であったのか。スサノオ命が高天原《たかまがはら》から地上に降りた場面から、この神の姿は鳥の形をした船ではなかったのかと想像できる。

　スサノオは、鳥取県と島根県の境、島根県奥出雲《おくいずも》町の船通《せんつう》山(一一四二メートル)の鳥髪《とりかみ》へ天降《あまくだり》されているが、その時、この大きな鳥の船に乗って、高天原から降りてこられたのではないか、と推測できる情景がこの地にはある。

船通山を鳥上峯、御陵の峯を鳥尾頭と呼ぶ

　比婆山連峰の一つ出雲《いずも》烏帽子《えぼし》山(一二二五メートル)に登り、北東の方向十数キロ隔てた船通山への山並みを望むと、この情景が、大きな一羽の鳥が飛んでいるように見える(写真1)。比婆山伝説や民話によると、船通山を「鳥上峯《とりかみのみね》(鳥髪)」、烏帽子山を含む御陵《ごりょう》の峯を「鳥尾頭《ちょうのおのかしら》」といい、この二つの峰を一体と見ていた(『郷土』二五号)ようである。船通山を「鳥上《とりかみ》山」、つまり鳥の頭部に、また烏帽子山一体を「鳥尾頭」と呼び(『郷土』一六号)、鳥の尾の先端と捉えている。

　そして、東西に伸びる中国山地の脊《せき》梁《りょう》部を鳥の両翼と見て、双方の峰にかかる滝を、船通山では「鳥上《とりかみ》滝」、尾にあたる熊野神社の谷を流れる神社川にかかる滝を「鳥尾《ちょうのお》ノ滝」(那智《なち》ノ滝)といい、広い地形を一つの舞台「鳥」の姿として見ている。

　昔の人は、この広い地形を一羽の大きな鳥と捉え、この地で神々が鳥船に

写真１　巨大な鳥の胴体と両翼（烏帽子山から船通山を望む）

乗って天と地を行き来していたと考えたのであろう。

スサノオはこの大きな鳥に乗って鳥髪の地に降り、そして、島根県を流れる斐伊《ひい》川の上流でヤマタノオロチを退治している。

「共栄共存」のブナ林の世界

昭和三十五（一九六〇）年、国はイザナミの墓「御陵」周辺八九・九ヘクタールのブナ林を「比婆山のブナ純林」として天然記念物に指定している。樹齢三〇〇年を超えている巨木も数多くあり（写真２）、貴重なブナの極相林として、また、ほかに見られない動植物の特徴もあり研究されている。

このブナ純林の上空を伝説の大きな鳥も、クマタカも飛んでいる姿は今は見られない。鳥の姿は小さくなったが、多くの鳥がこのブナ林で活発に活動している。

ブナの若葉の頃、鳥は繁殖期を迎え、雛《ひな》を育てるため巣と若葉の間を一日中飛び回っている。また、若葉を食べ親になろうと昆虫の幼虫たちも盛んに活動している。ブナは花をつけ種子を育てるために葉を守り、太陽の恵みを受けようと枝を伸ばしてさらに成長している。秋を迎え、ブナの種子が実り、実を地上に落として一年が終わる。

このような年を繰り返すためには、ブナは葉を育て、そのいくらかを昆虫の養分として与え、鳥は昆虫を食べ雛を育てる。食物連鎖である。

このバランスが保たれ、はじめてブナ林は安定し長く続いていくのである。このサイクルの一つに特別な変化が起きるとバランスは崩れてしまう。共に存在し、共に栄える共存共栄の世界が大切で、鳥は大切な守り神でもある。

シャチホコガなどの蛾《が》の幼虫は八年から一〇年に一度大発生をし、ブナに大きな食害を与えて古木などが枯れてしまうという例（太田威「ブナシャチホコガの被害」『ブナの森は緑のダム』あかね書房、一九八八年）もある。比婆山のブナ林では、共存共栄の世界が保たれているため、昆虫による異変は今はないようである。

春のブナ林は鳥たちでにぎやか

このブナ林に生息する鳥で、主な鳥はシジュウカラ、コガラで、杉などの林に多いヒガラも交じって春のブナ林はにぎやかになる。シジュウカラ（イラスト1）はスズメほどの大きさで、「ツツピーン、ツツピーン」と澄んだ鳴き声を森に響かせ、コガラ（イラスト2）、ヒガラはスズメより小さく「ツッピーン」と高い声で鳴いている。いずれも繁殖期を迎え雛を育てるのが忙しく、一日中ブナの葉を食べている幼虫を捕らえ巣に運んでいる。

シジュウカラは一日にどのくらいの量の餌を食べているのか、ドイツの野鳥研究家が調べている（『バードウオッチング入門』日本鳥類保護連盟

写真２　天空にのびるブナの古木
（平岡 進氏提供）

イラスト２　コガラ

イラスト１　シジュウカラ

一九九〇年）。それによると、一日に一羽が捕食している幼虫の数は三九五匹になると報告している。この研究のとおりであれば、一日何匹の蛾の幼虫がこのブナ林で姿を消しているか計り知れない。

　ブナの葉だけではなく、実を助け守っている鳥、ゴジュウカラがいる。大きさはスズメより少し小さいが、ブナの大木の幹や枝を上下左右自由に動き回り、木についているコケをくちばしで剥ぎ取り、その中に棲《す》むゴミムシやゾウムシを食べている。ゾウムシはブナの実に卵を産みつけ、幼虫はその中で実を空にしてしまうが、それを防ぐのがゴジュウカラである（イラスト3）。春ブナの枝で「フイーフイーフイー」と、まるで人間が横笛を吹いているような神秘的な声で鳴いている。

　ブナの幹で「コンコン」とドラムをたたくような音を響かせて、穴から出てくる幼虫を、待ち構えていたように長い舌をスッと伸ばして食べている鳥、アカゲラを見掛けることがある（写真3）。キツツキの仲間でスズメより大きく「キョン、キョン」と高い声で鳴く。腹部の赤い毛がよく目立つ。頑丈なくちばしと足で幹に縦にとまり餌を捕らえ、ブナから恵みを受けまたブナを守っている。ほかにもキツツキの

イラスト3　ゴジュウカラ

写真3　餌を運ぶアカゲラ（雄）
（進藤眞基氏提供〈中国山地豊かな自然写真コンテスト入賞作品〉）

仲間アオゲラや標高の低いところではコゲラがいて、アカゲラと同じ働きをしている。

ブナ林に渡ってくる夏鳥、冬鳥たち

これまで取り上げてきた鳥は、年中ブナ林で生活し、そこに留《とど》まっている「留鳥《りゅうちょう》」たちのことで、それと異なり毎年このブナ林に、夏鳥、冬鳥として渡ってくる鳥もいる。

夏鳥にはオオルリ（イラスト4）、キビタキ、アカショウビン（写真4）、サシバ、ほかの巣に托卵《たくらん》をするホトトギスやツツドリなど、冬鳥にはツグミ、シロハラ、ジョウビダキなどが、このブナ林に渡ってきている。渡り鳥で姿を見つけやすいのはオオルリで、名前のようにからだはルリ色、スズメよりは少し大きく朝日が林に差し込む頃、古木や杉やブナの天辺《てっぺん》で囀《さえず》っている。すがすがしい朝日に浮かぶこの鳥の姿は、山の神秘を感じさせる。

イラスト4　オオルリ

写真4　渓谷のハンター、アカショウビン（渡辺健三氏提供〈中国山地豊かな自然写真コンテスト入賞作品〉）

囀りで特徴があるのはアカショウビンで、スズメよりは大きくからだ全体は赤く見える。雨の降る前後「トロロロロー」とよく響く声で鳴いている。晴れた日には「ポンポンポン」と竹の筒をたたくような声が聞こえてくる。ツツドリである。これらは渡り鳥で、この地で繁殖している鳥は少なく、繁殖が確認されている鳥はオオルリだけのようである。

これまでの調査で七〇種の鳥が確認されているが、この数年間で姿が見られなくなった鳥にクマタカ、ヤイロチョウ、ホシガラスなどがいて、幾らかの種は減少の傾向にある。

イザナミがこの地で「お生み」になった山や川、雨など自然の神々が、このブナ林の鳥たちをいつまでも活躍できるよう、見守っていてほしい。そう願っている。

（金沢成三）

ブナ林の恵みと愛すべき昆虫たち

ブナ林の精霊たち

黄泉《よみ》の住人となった女神《イザナミ》は「人を毎日一〇〇〇人殺す」と呪いを吐き、黄泉より逃げ帰った男神《イザナキ》は「ならば毎日一五〇〇人の子が生まれるようにしよう」と返し、今生の別れを告げる。紛れもない『古事記』のクライマックスの一つである。

比婆《ひば》山で女神は眠っているという。その墓所は豊かなブナの森に覆われているが、その森は小さな精霊たちによって守られていることはあまり知られていない。

筆者が日夜恋焦がれてやまないその精霊たち、すなわち昆虫たちについて、ここでは述べていきたい。

写真1　トビムシ類（左：体長約4mm、中：体長約1mm、右：体長約3mm）

豊かな土壌を作る奇怪な生き物

森林はあたかも生に満ちているように見えるが、その生は死によって贖《あがな》われている。秋になると、落葉広葉樹であるブナはあの女神の呪いのように死を撒《ま》き散らす。その死を生へと繋《つな》げるのが、昆虫をはじめとした精霊たちである。

トビムシという微小な昆虫は、落ち葉を分解して土へと返す役割を担っている（写真1）。昆虫ではないが、ササラダニ（写真2左）やヤスデ（同中）、ダンゴムシ（同右）の類なども同じく落ち葉を分解するモノたちだ。彼らによって落ち葉が分解されることで、葉に蓄積された栄養分が土へと還《かえ》り、木々を育む豊かな土壌が作られるのである。

このように書くと、落ち葉の中の世界はたいそう牧歌的で平和なよう

写真２　分解者(左：ササラダニの仲間。体長約0.7mm、中：アカヒラタヤスデの仲間。体長約30mm、右：コシビロダンゴムシの仲間。体長約3mm)

だが、ここにも死の影がある。最も恐ろしい使徒はアリの仲間である。さまざまなアリが殺戮《さつりく》を繰り広げているが、興味深いのはウロコアリ(*Strumigenys*)のグループだ(写真3右)。

　われわれが普段見掛けるようなアリとは少々趣を異にする姿をしているが、トビムシを効率的に殺すために特化した結果である。尾部に「跳躍器《ちょうやくき》」を備えており、その名のとおりに俊敏に飛び跳ねることができるトビムシを狩るのは、一般的には難しそうだ。だが、ウロコアリは大アゴの内側に生えた感覚毛に獲物が触れた瞬間、超高速でアゴを閉じる仕組みを持っており、素早いトビムシを狩ることができる(Masuko、一九八四)。

　また、「ミニチュアサソリ」として知られるカニムシ類(写真3左)や、奇怪な姿をしたアリヅカムシ(写真3

写真３　落ち葉の中のハンターたち(左：ミツマタカギカニムシ。体長約7mm、中：アリヅカムシの仲間。体長約3mm、右：ウロコアリの仲間。体長約2mm)

中）なども、落ち葉の中の動物たちにとっては恐ろしいハンターだ。

キノコと昆虫の深い関係

ブナも結局は生き物であるので、女神の呪いから逃れることはできず、いずれは寿命を迎えてしまう。その陰にはブナに死をもたらすために、女神の僕《しもべ》として暗躍する精霊たちがいる。その一つがヨコヤマヒゲナガカミキリという、カミキリムシの仲間である（写真4）。気品ある姿をしたこのカミキリは、その得がたさも相俟《あいま》って愛好家たちの人気が高い。

だが、幼虫はブナの生木、しかも巨木に食い入り、体内を食い荒らすという恐ろしい生態を持っている。当然ブナはひとたまりもなく、衰弱してしまう。衰弱の後、キノコが生え始めると致命的である。キノコ、すなわち菌類は、それが巣食った木材の腐朽を著しく加速するのだ。キノコは人間にとってはブナ林の恵みの一つと言え、なんとも皮肉である。

写真4　ヨコヤマヒゲナガカミキリ。体長約30mm

話が変わるが、キノコは栄養分に富んでおり、人間だけでなく多くの昆虫たちにとっても魅力的な糧となる。ただし、人間にも食べられるキノコとそうでないキノコがあるように、虫たちにもキノコの好き嫌いがあるらしい。日本から二〇種ほどが記録されているオオキバハネカクシという一群は、現在知られている限り、全ての種が軟質のキノコ（例／ヒラタケ、ツキヨタケ）を食べる（写真5）。

写真5　ヒメオオキバハネカクシ。体長約10mm

アメリカでの調査では、①一種のキノコしか食べない、②二～三種のキノコを食べる、③多くの種類のキノコを食べる……、といった類型があることが分かっており（Hanley & Goodrich、一九九五）、日本でも同様であることが解明されつつある(説田、二〇〇四／千田、未発表)。

ブナ林が育んだゴギ（絶滅危惧種・天然記念物）

ゴギの繁殖行動

全山紅葉。朝の日差しを受けて秋色に染まる。ひろしま県民の森の管理センター周辺の紅葉がピークになる十一月の第一週、山ガールの集団が六の原橋の上から水面を覗《のぞ》き込んでいる。「ゴギ」の繁殖行動を見ているようだ。

大きな声で友達を呼ぶと、ゴギは隠れてしまった。ものの数分もたてばペアで戻って来て、再び繁殖行動を続けた。産卵・放精の直前になると劣性雄たちが割り込み、数匹の集団となる。サケの繁殖のミニ版みたいなものだ。

結局、なかなか繁殖しないので、御《ご》陵《りょう》を目指して出発した。後続隊も同じようなことを繰り返したが、夕刻、比《ひ》婆《ば》山から下りてきた山ガールたちが目にしたものは、六の原川の静寂な流れである。あのゴギ達はどこへ行ったのだろうか。

このような光景は、出雲《いずも》峠につながる鳥尾川や越原越《おっぱらごえ》につながる大岩谷林道沿いの川や、もちろん、県民の森の南斜面にある熊野神社周辺の渓流でも繰り広げられている。

ゴギの正体——体側に白～橙～朱の斑点

ゴギは中国山地の最上流域（約六〇〇～八〇〇メートル）に陸封（＊1）されたイワナ属の亜種（＊2）で、日本固有亜種である（写真1）。比婆山連峰の渓流に分布する個体群は、東アジアにおけるイワナ属の南西限（＊3）に位置しており、学術的にも重要な淡水魚である。

ゴギが分布する中国山地とは、比婆山連峰がある備北地方（中央中国山地）と西中国山地を指し、東中国山地（岡山県や鳥取県周辺）に分布する個体群は別亜種のニッコウイワナとされている。基本的には日本海に流れ込む河川の最上流域に分布していたと考えられるが、

写真1　ゴギ。イワナ属の亜種で、学術的にも貴重な淡水魚。上が雄、下が雌

現在は瀬戸内海に流れ込む太田《おおた》川や高《たか》梁《はし》川の最上流域にも生息している。

　これらは中世からの「たたら製鉄」や、薪《まき》や炭焼きを生業《なりわい》にしていた林業と深く関係している。当時は、山にこもって炭を作っていたため、ご飯の副食として、渓流魚などが沢から沢へと移入されたと推察できる。

　ゴギの体長は一〇～二五センチで、近年は、「尺ゴギ」と呼ばれる大型なものは見掛けなくなった。体側には九～一一個のパーマーク（体表についている紋様）があり、瞳大の白斑が背中や体側にあり、特に頭部まであることで、ニッコウイワナと区別される。地域によっては白斑が「く」の字につながった個体も散見される。

　また、体側には白～橙～朱の斑点があり、渓流ごとに違っていることから、陸封性や隔離性（＊４）の強い淡水魚であると考えられる。

ゴギの和名の由来

　江戸時代後半には、県内広く「呉《ご》岐《ぎ》」という呼称が使われていたと推察されるが、なぜこの漢字が充《あ》てられたのかは分からない。結果的に、地方名が標準和名になったことは間違いない。

　一方、広島大学で博物学を指導されていた、佐藤月二名誉教授は、朝鮮語の「プルコギ」（魚の干物の意）が語源ではないかと推察している。遣隋使や遣唐使の頃に渡来人が名付けたとする学説である。

ゴギは下流に向かって産卵する

　ゴギは臆病な淡水魚である。繁殖期以外はなかなかお目にかかれないが、悪《あく》食《じき》でもある。大きな個体はヘビをも引きずり込むといわれているが、いまだに胃の内容物から確認されたことはない。

　水生昆虫を主なエサとするが、落葉広葉樹が芽を出して葉を広げた後に落下昆虫が多くなることから、ブナ林がゴギを支えているといっても過言ではない。また、夏季水温が一六度を超えることがない清冽《せいれつ》な湧水も、ゴギが生き続けることができる要因でもある。

　成熟までは二年かかる。雌は流れが緩い反流の砂礫底《されきてい》に長径約一五センチの産卵床を掘り、小礫《しょうれき》の間隙に卵を産み落とす。備北地方では「ゴギは下流に向かって産卵する」といわれるが、この表現は繁殖生態を的確に表している。

　産卵床が完成するまでは約半日、長い場合は二～三日かかることもあり、登山のついでに観察するのはちょっと難しい。雌雄とも繁殖後に死ぬことはないが、寿命は四～五年である。

ゴギの希少性
――広島県の天然記念物

　熊野川の中尺田や支流の大羽川に生

息する個体群は、昭和二十六（一九五一）年、広島県の天然記念物に指定された。また、それらを取り囲むように温井谷川や神社川、熊野川（中尺田より上流域）も、昭和六十一（一九八六）年に庄原市の天然記念物に指定されている（図）。

また、環境省の絶滅危惧Ⅱ類（ＶＵ）に選定されている。

近年、「幻の魚」ブームに便乗し、ゴギ（ゴギ似のイワナ類を含む）の稚魚や発眼卵《はつがんらん》（＊５）を分布域や分布域外に放流する団体が出てきた。一見、美談にもみえる行為だが、ゴギの隔離性や陸封性から考えると、自然環境を改変し、遺伝子の人為的な混乱を引き起こしかねない行為である。

古来、守り継がれてきた神話も、そこに息づく植物や動物が生き続けていることで裏付けられ、再認識されるものと考えられる。

（内藤順一）

＊1　**陸封**／サケ科の多くは、河川と海を一往復して一生を終えるが、河川域でのみ一生を終えること。

＊2　**亜種**／生物命名法上の単位で、「種」より下位の階級を区分する単位。動物群では、「地理的隔離」の状況にある場合に使用することが多い。

＊3　**南西限**／生物の分布域が最も西に位置する地域を西限、南に位置する地域を南限という。最も南であり、西である地域を示す。

＊4　**隔離性**／遺伝子の交雑が起こらない状況にあること。地理的・地形的な障壁「地理的隔離」や繁殖期が異なる「生殖的隔離」などがある。

＊5　**発眼卵**／眼が出来かかった孵化直前の受精卵。サケ科魚類では河床に埋めて放流することがある。

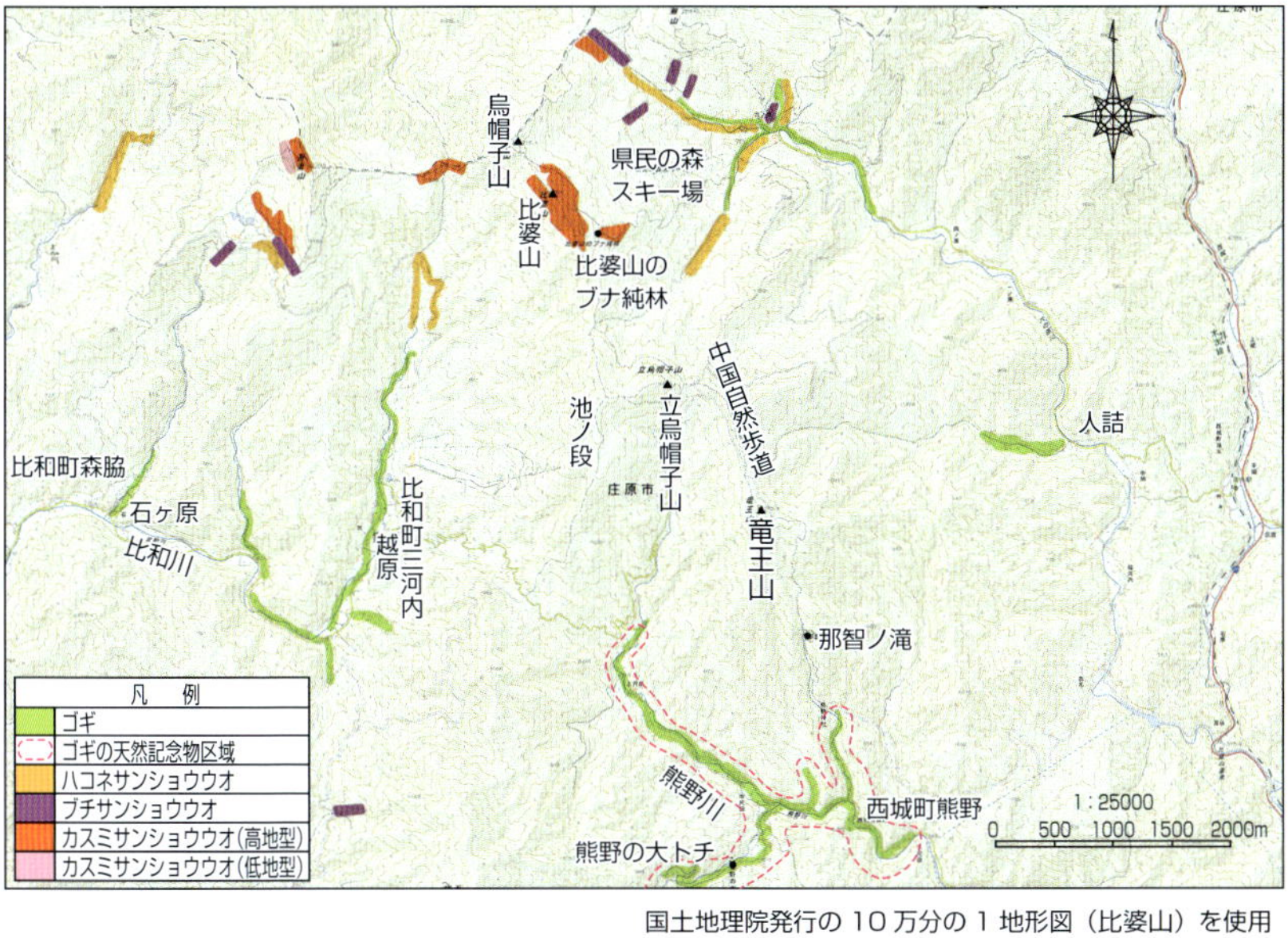

国土地理院発行の１０万分の１地形図（比婆山）を使用

図　ゴギ、小型サンショウウオ（P178）の生息分布図

ブナ林の恵みと小型サンショウウオ（四種）（絶滅危惧種）

小型サンショウウオは、体長八～一七センチ

七月下旬、夏休みになると家族同伴の夏山登山が増えてくる。御陵《ごりょう》へは鳥尾川沿いの登山道が最短距離だ。登り始めて三〇分、休憩のために腰を下ろそうとしたとき、登山道脇の渓流の溜《たま》りの中で何か動いた。一瞬の出来事でよく分からない。

再び登り始め、出雲《いずも》峠の鞍部《あんぶ》近くで、のどの渇きをいやそうと湧水《ゆうすい》をくみ上げようとした瞬間にまた動いた。手を浸《つ》けると、一二度の湧水が気持ちいい。溜りの中でガサガサやってみると、四センチくらいの虫みたいなやつがとび出てきた。

「こいつ、手があるぞ、足もついいとる……」。サンショウウオの子ども（幼生）である（写真1）。

サンショウウオと言えば一メートルを超えるオオサンショウウオを想い浮かべるかもしれない。だが、ここで紹介するサンショウウオは八～一七センチで、一般的に小型サンショウウオと呼ばれているグループである。

小型サンショウウオの正体
――中央中国山地に四種が分布

写真1　ハコネサンショウウオの幼生

比婆《ひば》山連峰を含む中央中国山地には、ハコネサンショウウオ、ヒダサンショウウオ、ブチサンショウウオ、カスミサンショウウオの四種が分布している。

ハコネサンショウウオは、最も広い分布域をもっており、青森県から広島・島根・山口県まで分布する。西中国山地の吉和冠山（一三三九メートル）や寂地山（一三三七メートル）の生息地は本州の西限に位置している。中国地方の山塊《さんかい》では標高八〇〇メートル以上の渓流周辺のブナ林など林床《りんしょう》に生息している。

近年、本種の生息地からシコクハコネサンショウウオの生息が確認された。遺伝子レベルの差異なので、外見では分からないが、比婆山連峰は未調査であるため、生息の可能性は残されている。全長は一七センチで、細長く、体色の色彩変異が大きいが、赤褐色の個体が多い（写真3）。

ヒダサンショウウオ（写真2）は、

写真２　ヒダサンショウウオの成体

和名が示しているように中部・北陸・近畿地方が主な分布域だが、氷ノ山（一五一〇メートル）や大山（一七二九メートル）にも分布し、広島県でも再調査が行われ、平成元（一九八九）年に吉和冠山や寂地山で確認された。その後、大万木（おおよろぎ・おおまんぎ）山（一二一八メートル）や道後山（一二六九メートル）でも確認され、中央中国山地にも分布することが分かった。

　本種もハコネサンショウウオのように標高八〇〇メートル以上の渓流周辺の林床に生息しており、中央中国山地や西中国山地が分布の西限に位置していることが確認されている。

　全長は一五センチで、体色は黒褐色の地色に黄色の小斑紋が散らばっている。特に中国山地の個体群は鮮やかな橙色となるのが特徴である。毒は持っていない。

　ブチサンショウウオは、西日本の標高四〇〇メートル以上の渓流の枝流周辺に生息していることが多く、広島県内では瀬戸内周辺の山塊から中国山地まで生息域が最も広い。全長は一三センチで、体色はナス紺色の地色に銀灰色の地衣状斑紋をしている個体が多いが、色彩変異が大きい（写真３）。

　カスミサンショウウオは、近畿以西の止水環境に生息するサンショウウオで、県内では瀬戸内海の島嶼部《とうしょぶ》（＊１）から比婆山の山頂付近まで、その生息域は広範囲で多様である。主に湿地や水田のひよせ周辺に生息している「低地型」と、標高六〇〇メートル以上の山地渓流周辺に生息する「高地型」に

写真３　小型サンショウウオの成体、幼生、卵嚢《らんのう》

大別される。

　全長は八～一〇センチで、体色は茶色～黒褐色の個体が多いが、色彩変異も大きい。尾柄部《びへいぶ》（＊2）に黄条《おうじょう》（＊3）を有するのが特徴である。

　「低地型」の繁殖期は三～四月で、卵径二・五～三ミリの卵を平均四〇粒（片卵嚢）産む。「高地型」の繁殖期は四～五月で、卵径四ミリの卵を平均二〇粒（片卵嚢）産む。生息環境や繁殖期も異なることから、二（亜）種に分類されるかもしれない。

　比婆山連峰の小型サンショウウオは、今後、カスミサンショウウオが二（亜）種となり、これにシコクハコネサンショウウオが発見された場合、六（亜）種になる可能性がある。

小型サンショウウオの生態
——ブナ林の湧水が育む

　成体（親）は繁殖期でないと見ることはできない。夏山登山で見掛ける小型サンショウウオは、ほとんどが幼生（子ども）である。幼生はエラ呼吸であるから必ず水域から見つかる。エサはヨコエビ類やイトミミズ類を主とするが、比較的冷たいきれいな水なのでエサが少なく、共食いもする。

　変態後は肺呼吸に変わり、周辺の林床でクモ類や小型の昆虫、ミミズ類を主なエサとして生活する。

　比婆山連峰に生息する小型サンショウウオ四種は似たような生活をしているため、それらの幼生の形はよく似ているので、区別するのは難しい。

　これら四種の幼生が一か所で見つかることはないが、ハコネサンショウウオの幼生は水量が多い渓流の小礫底《しょうれきてい》に、ヒダサンショウウオとブチサンショウウオの幼生は枝流の砂礫底《されきてい》に、カスミサンショウウオの幼生は湿地の泥底に棲《す》み分けている。むしろ、「棲み分け」をすることで捕食から免れているのだろう。

　比婆山ではブナ林からの湧水が多様な環境をつくり出し、小型サンショウウオ四種の生息を可能にしていると考えることができる。

小型サンショウウオの希少性

　比婆山連峰に生息する小型サンショウウオ四種全てが絶滅危惧種（絶滅の危機に瀕している野生生物）に選定されている（表）。

（内藤順一）

＊1　**島嶼部**／内海に島が点在する景観。
＊2　**尾柄部**／魚類や両生類の幼生などで、尾鰭（尾）の前の細くなった部分。
＊3　**黄条**／カスミサンショウウオの尾が黄色くなった部分（写真3）。

種名	環境省	広島県
ハコネサンショウウオ	なし	絶滅危惧II類
ヒダサンショウウオ	絶滅危惧II類	準絶滅危惧
ブチサンショウウオ	準絶滅危惧	準絶滅危惧
カスミサンショウウオ	絶滅危惧II類	絶滅危惧II類

表　小型サンショウウオの絶滅危惧ランク

第3節

里山としての比類ない魅力を訪ねる

比婆山連峰の可憐な草花

緑の絨毯のような群生に白い花——マイヅルソウ

何度も通った比婆《ひば》山連峰の歩道であるのにあっと驚くような発見があるものである。それは、通り慣れた歩道でも、花の咲く時期によることや、ほんの少しだけでも道端の草花を意識した結果による新たな発見であろう。

五月末、御陵《ごりょう》頂上付近に、畳三枚分は十分にあろうか、緑の絨毯《じゅうたん》を思わせ

写真１　マイヅルソウ
（平成28〈2016〉年6月3日）

写真２　マイヅルソウの群生
（平成27年5月28日）

るような群生があり、とても小さな白い花がたくさん目に入ってくる。この高さ一〇センチほどの植物はマイヅルソウである。亜高山帯の要素で中国山地では高所でないと見られない植物である。葉の形が鶴が羽を広げて舞を踊っているように見えることから名がついたといわれている。

マイヅルソウ（写真1、2）は、御陵頂上付近の林床《りんしょう》のほか、登山道脇の林床、吾妻《あづま》山山頂付近などでも出会うことができる。

写真３　ダイセンキスミレ（平成11年5月16日）

花との出会いは歩く楽しさを増してくれる。さらに、草花の名前が分かればもっと親しみも増してくるものである。

比婆山連峰へは、標高八〇〇～一〇〇〇メートル付近までは車で行くことができる。その付近から山頂へ向けて歩くと、中国山地ならではの草花に出会うことができる。

花を楽しめる最もよい時期は春から初夏、そして、夏から秋にかけてであろう。その幾つかの植物を紹介したい。

春から初夏にかけて

◎ダイセンキスミレ（四～五月・写真３）

花は黄色で、尾根筋の日当たりの良い草原や岩場、登山道に沿って見ることができる。日本海側の多雪地帯に分布するオオバキスミレの矮小型《わいしょうがた》で高さ一〇センチに満たない。大山《だいせん》を中心に分布し、広島県では比婆山連峰などの高所（七〇〇メートル以高）で見ることができる。オオバキスミレと違い、茎が紅紫色、葉脈はへこみ基部は紫色になる。

◎アカモノ（五～六月・写真４）

花は径八ミリほどで、白色にほんのり薄紅色がある釣鐘形の可愛い花を数多くつける。尾根筋の登山道脇などの日当たりの良い乾いた所に生える高さ

写真４　アカモノ（平成27年5月27日）

一〇〜二〇センチの小低木である。花が終わり夏には赤い萼《がく》が成長し、果実を包み込み、赤色の偽果《ぎか》となる。その偽果（子房以外の部分が加わってできている果実のこと）には甘みがあり、おいしい。赤桃がなまってアカモノになったという。

◎イワカガミ（五〜六月・写真5）

吾妻山、池ノ段、毛無山などの山頂近く日当たりの良い所に多く自生している。岩場に生え、円形の葉は硬くて厚く上面に艶《つや》があることから、光沢のある葉を鏡に見立ててイワカガミ（岩鏡）と名づけられた。

写真５　イワカガミ
（平成26年5月25日）

比婆山連峰のものは葉の径が五センチ以下の小形のもので、例えば比婆山連峰西方にある大万木山で見られる葉の大きいオオイワカガミの矮小化《わいしょうか》したものと思われている。

◎白色系の花

そのほか、白色系の花をつけるものに、ミヤマカタバミ（三〜四月、林床・写真6）、チゴユリ（四〜五月、林床・写真7）、ユキザサ（五〜七月、林床）、ネバリノギラン（四〜七月、草地や林縁）、ノギラン（六〜八月、草地や林縁）、マルバフユイチゴ（五〜七月、林床）、ギンリョウソウ（五〜七月、林床）、クルマムグラ（六〜七月、林床）、バイケイソウ（六月〜八月、湿地）などがある。

写真６　ミヤマカタバミ
（平成25年4月27日）

写真７　チゴユリ
（平成26年5月23日）

◎黄色系の花

黄色系の花として、ミツバツチグリ（四〜六月、草地や林縁）、キジムシロ（四〜八月、草地や林縁）、ユウスゲ（七〜八月、草地）、ハンカイソウ（六〜八月、湿地）、ダイセンオトギリ（六〜八月、草地や林縁）などがある。

◎うす赤色〜うす紫色〜青色系の花

うす赤色〜うす紫色〜青色系の花を

つけるものには、ササユリ（五～七月、草地や林縁）、スミレサイシン（四～五月、林床）、ショウキラン（六～七月、湿地・写真８）コバギボウシ（七月～八月、湿地や草地）、オオバギボウシ（六～九月、湿地や草地）などがある。

写真８　ショウキラン
（平成25年6月30日）

写真９　イヨフウロ
（平成27年8月27日）

夏から秋にかけて

◎イヨフウロ（シコクフウロ）
（七～九月・写真９）

四国、九州、東海地方以西に生育し広島県では中国山地東部の尾根筋などの日当たりの良い草原に生える。花径は約三センチにもなり五枚の花弁は紅紫色で脈が目立つ。

◎マツムシソウ（八～十月・写真10）

秋の高原の代表的な花で、高所の草原に生育している。吾妻山の草原には群生している。薄紫色の花が澄み切った秋の青空の色と相俟《あいま》ってとても美しい。「松虫草」の名は、花の終わった

写真10　マツムシソウ（平成25年9月19日）

後の坊主頭のような姿が、仏具の「伏鉦」（ふせがね／俗称「松虫鉦」）に似ているところからと、松虫の鳴く頃に咲くからとの二説がある。

写真12　ミヤマツチトリモチ
（平成27年9月5日）

写真11　イワショウブ
（平成27年9月5日）

◎イワショウブ（八～九月・写真11）

亜高山帯の湿気の多い草原に生える。本州の特産で比婆山連峰周辺地域が分布西限である。葉は細長くショウブのような形をしていて名の由来にもなっている。

◎ミヤマツチトリモチ（八～九月・写真12）

一見キノコのようであるが、これはれっきとした種子植物である。葉緑素を持っていないので光合成をせずウリハダカエデやイヌシデなどの根に寄生し、養分を得ている。

◎白色系の花

そのほか、白色系の花をつけるものに、キュウシュウコゴメグサ（七～九月、草地・写真13）、ギンリョウソウモドキ（八～九月、林床）、イブキトラノオ（七～九月、草地）、ウメバチソウ（八～十月、草地・写真14）、リュウノウギク（九～十月、尾根筋などの岩場・写真15）、オオカニコウモリ（八

写真14　ウメバチソウ
（平成26年9月29日）

写真13　キュウシュウコゴメグサ
（平成27年9月5日）

写真16　コウリンカ
（昭和60〈1985〉年8月3日）

写真15　リュウノウギク
（平成26年9月29日）

〜十月、林床)、モミジガサ（八〜九月、林床)、ホソバノヤマハハコ(八〜九月、草地)、ジンバイソウ(八〜九月、林床)、センブリ（八〜十月、草地）などがある。

◎黄色系の花

黄色系の花をつけるものに、キバナノカワラマツバ（七〜八月、草地)、コウリンカ（七〜九月、草地・写真16)、オオモミジガサ（七〜九月、林床)、アキノキリンソウ（八〜十月、草地）などがある。

◎うす赤色〜うす紫色〜青色系の花

うす赤色〜うす紫色〜青色系の花をつけるものに、ヤマラッキョウ（九〜十月、草地)、リンドウ（九〜十月、草地・写真17)、タンナトリカブト（九〜十月、草地)、シオガマギク（九〜十月、草地)、コオニユリ（七〜八月、草地)、ヤマジノホトトギス(七〜十月、林床)、カワラナデシコ（七〜十月、草地)、ツシマママコナ（七〜九月、草地）タムラソウ（八〜十月、草地や湿地）などがある。

それぞれの草花は、何げなく花を咲かせているものの、何年もの時間の流れの中で、さまざまな環境の変化や競争に打ち勝って生き続けているから、生きることの厳しさ、素晴らしさを感じることができる。これからも比婆山連峰で、これらの草花が咲き続けることを願わずにはいられない。

（西岡秀樹）

写真17　リンドウ
（平成26年9月29日）

和牛放牧による里山的景観

紅に映えるホツツジ

里山とは、伝統的な農業生産と日常生活を維持するため、身近な自然へ人間が絶えず働きかけ、その自然へ過度な干渉（攪乱《かくらん》・管理）を加えながら、資源の持続可能な利用を通して形成された「二次的自然」といわれている。その二次的自然を植生（＊1）から眺めたとき、里山的景観と呼ばれている。

比婆《ひば》山連峰最高峰の立烏帽子《たてえぼし》山（一二九九メートル）の南斜面（写真1、右上）はシバ草原にホツツジ（写真2）などの低木が交じる植生であり、立烏帽子山に続く池ノ段（写真1、左上）の東斜面と頂上から南西へ延びる稜線《りょうせん》も同じ植生になっている。「写真1」

写真2　ホツツジ
（平成24年8月25日）

で紅に映える低木はホツツジで、シバはその低木の間に生き続けている。

これに似た里山的景観は、竜王山山頂の通称「お花畑」、烏帽子山と吾妻《あづま》山の鞍部《あんぶ》に広がる大膳原《だいぜんばら》、吾妻山の東斜面、吾妻山南側の南ノ原、そして、吾妻山原池から小坊主《こぼうず》〜小弥山《こみせん》南下の寺床《てらどこ》に見られた。特に池ノ段（写真3）、吾妻山東斜面は、牛が急坂《きゅうはん》を蛇行しながら往復していたため、斜面に横すじ状の道が形成され、その道に沿って特有の景観が生じ、これは波状《はじょう》階段群落

写真1　比婆山連峰にみられる里山的景観。池ノ段（左）と立烏帽子山（右）（平成9〈1997〉年10月12日）

と命名されている。

　吾妻山の小坊主から寺床へかけてはシバ草原が広がり、ところどころにタニウツギ（写真4）、レンゲツツジ（写真5）、イヌツゲ、サワフタギなどの低木叢《ていぼくそう》がまばらに見みられ、あたかも庭園を思わせるような景観を呈し、これには斑状《はんじょう》群落または庭園状群落と命名されている（写真6）。

たたら製鉄と和牛放牧で形成

　このような景観は、どうしてできたのであろうか。それは、中国山地内で近世以降、たたら製鉄が盛んになり、そのためにおびただしい量の木炭を必要としたのでブナ林が伐採され、たたら製鉄用の木炭が生産された。

　そして、その伐採跡地へ麓《ふもと》の農家が飼育していた和牛を放牧していたため、植生の遷移《せんい》（＊2）が進まず、元のブナ林はおろか落葉広葉樹の二次林

写真３　池ノ段（手前）。波状階段群落。背後に船通山（昭和54〈1979〉年5月3日）

写真５　レンゲツツジ（平成25年6月8日）

写真４　タニウツギ（平成25年6月8日）

に戻ることなく、初期のシバ草原のまま、和牛の被食圧によってシバ草原が成立し、シバが和牛にとって持続可能な餌資源となった。このことにより大膳原のみごとなシバ草原や吾妻山の斑状群落（庭園状群落）が形成され、維持されていたものである。

最盛期は約五百頭の和牛を放牧

当時の農家にとって和牛は稲作の使役に欠かせない役牛《えきぎゅう》で、三月末に始まる水田の荒起こしから五月の田植が終わるまで農耕に使役され、春の繁忙期が終わると、組合の申し合わせで五月十五日頃から半夏《はんげ》（＊3）頃まで放牧し、半夏頃いったん牛を山から連れて帰って駄屋《だや》（＊4）で飼った。

そして、八月二十日頃から稲刈りと取り入れが終わる十月下旬までの繁忙期に、再び山へ放牧する慣行が一九世紀の前半頃から一九六〇年代後半まで

写真６　吾妻山。小弥山を望む斑状群落（昭和50〈1975〉年8月）

盛んに行われていた。最盛期には吾妻山・大膳原で五百頭近い和牛が春秋の二回放牧されていた。

しかし、昭和三十年代後半から耕耘《こううん》機《き》、トラクターなどの農業用機械が普及し、和牛の役牛としての役割が終りを告げる。そして、和牛は役牛から肉用牛に転換し、在来の和牛の飼育慣行が消え、畜舎内で濃厚飼料を与え多頭飼育するという飼育形態に変わっていった。

そのため、従来の奥山放牧（＊5）はされなくなり、放牧は衰退し、昭和四十六（一九七一）年の「県民の森」の開園に伴い、竜王山、池ノ段の放牧地を管理していた麓の西城町尺田放牧組合は放牧権を放棄して放牧をやめたが、吾妻山の場合は放牧権を放棄していなかったので、昭和四十六年以降も放牧が続けられていた。

しかし、放牧された和牛の頭数は年々減少し、平成年代に入ると最盛期の十分の一以下になり、平成七（一九九五）年で、一九世紀初頭に始まったと推定される吾妻山の放牧は約二〇〇年で幕を閉じた。

放牧の中止で様変わりする景観

和牛の放牧が全くされなくなった現在、植生の遷移が新たに進み、例えば大膳原の場合、シバ草原はススキ草原へと遷移して、周辺ではウリハダカエデなどの若木が侵入しているし、南ノ原は若木の林と化している。

そして、吾妻山の波状階段群落は消滅し、斑状群落（庭園状群落）も衰退が著しく、その上、シバ草原は外来のハルガヤなどのイネ科植物の草原に変わり、散在していたイヌツゲ、レンゲツツジなどの低木叢も減少し、昔の面影は見られない（写真7）。

竜王山の山頂付近はかつて「お花畑」

写真７　吾妻山。現在の景観（平成28〈2016〉年6月28日）

写真8　竜王山より（平成27年10月21日）

と呼ばれるほど、四季折々の花が咲き乱れ、見事な景観を呈していた。毎年草刈りがされ、草原状態は維持されているものの、今はススキ草原に若木も侵入しており、以前の面影はない（写真8）。

　中国山地の中で、比婆山連峰は和牛の放牧によって里山的景観を呈していた。放牧されなくなって久しく、これからさらに遷移が進行し、いずれこの景観は見られなくなり、今後、新たな景観が生まれることであろう。

（西岡秀樹）

*1　**植生**／ある地域に生えている植物群落を、おおまかにとらえた景観（land scapeの訳語）。

*2　**遷移**／生物群集にみられる時間的かつ不可逆的な移り変わりのようす。

*3　**半夏**／夏至から十一日目、七月二日頃。この頃から梅雨が明け、カラスビシャク（半夏）が生えるのを目安に田植の終期とされてきた。

*4　**駄屋**／牛小屋のこと。この牛小屋は農家の住居内に設けられていた。

*5　**奥山放牧**／たたら製鉄のため伐採された森林の跡地を利用したことから始まった放牧。

最古の蔓牛を育んだ比婆山連峰

岩倉蔓の誕生――蔓牛として確立

「和牛」。まぎれもなく、日本が世界に誇る至高のブランドの一つである。

ところで、その和牛の源流をたどっていくと、比婆《ひば》山連峰周辺一帯の中国山地に端を発することを、どれほどの方がご存知であろうか。

現在も、庄原市は県内最大の和牛産地（写真1）であるが、牛の飼育は古くから盛んであった。馬車が得意とする平地に乏しく、炭や鉄の駄送《だそう》や農作業に、馬より牛が重宝されたからだ。

農耕、運搬など、多くの役割を持った和牛は、家族の一員として同じ家に暮らし、人々は牛を「農寶《のうほう》」と呼び敬った。地域には、今も伝統的な牛供養田植が伝わっていて、和牛がいかに大事であったか、その一端が窺《うかが》える。

優秀な和牛の系統を、「蔓《つる》」と呼ぶ。実は、和牛の四大蔓のうち三蔓が、比婆山連峰周辺に集中する（図）。その一つが、天保十四（一八四三）年、恵《え》蘇《そ》郡比和《ひわ》村布見《ぬのみ》（現庄原市比和町比和）において岩倉六右衛門《いわくらろくえもん》が作出した「岩《いわ》倉蔓《くらづる》」である。布見は、イザナミの「ナミ」が「ナナミ」そして「ヌノミ」へ転訛《てんか》したとも伝えられる。

六右衛門は、良い雄牛と雌牛を選び、計画的交配・選択・淘汰《とうた》を繰り返し、優良形質を遺伝的に固定する方法を考案し、蔓牛として確立させた。メンデルが遺伝に関する論文を発表するよりも早く、鎖国中の日本で、しかも広島藩の辺境とされた比婆山の麓《ふもと》でこれに先んじた人があったことは驚きに値する。

こうした歴史的背景のもと、明治三十三（一九〇〇）年、日本初の国営種《しゅ》

写真1　昭和30年代以前の放牧風景。烏帽子《えぼし》山で。背後に吾妻《あづま》山

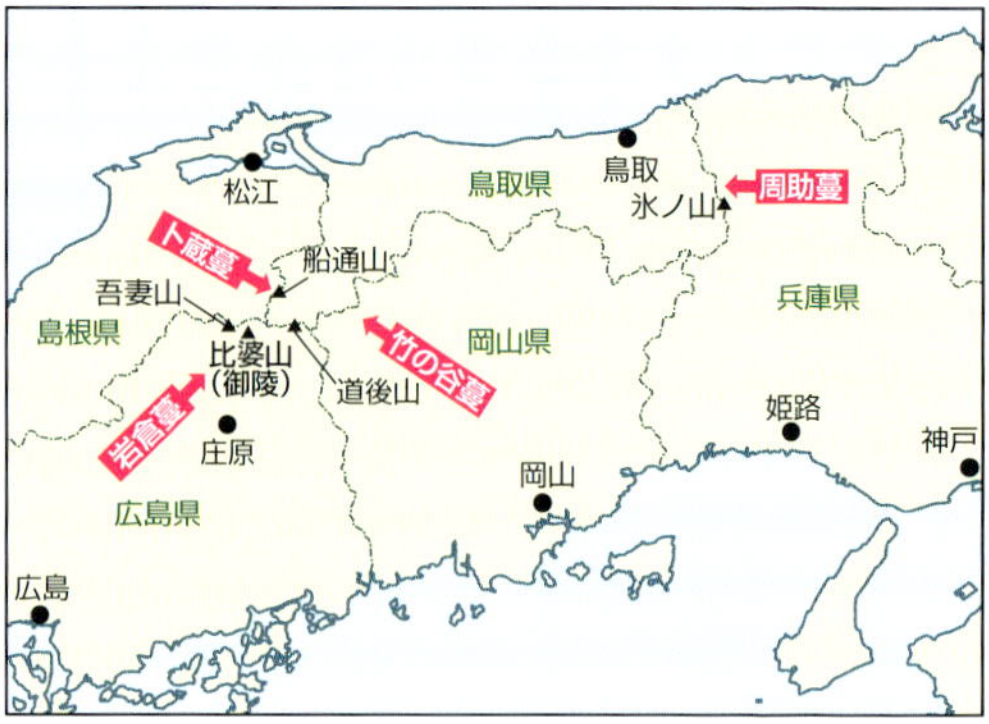

図　四大蔓の発祥地（『比婆牛の源流―あづま蔓の系譜―』庄原市立比和自然科学博物館、2015年をもとに作図）

牛《ぎゅう》牧場が現庄原市七塚町に創設された。国を挙げての種牛改良が、庄原の地で産声をあげたのであった。

比婆の牛の名声を如実に表すエピソードがある。大正天皇の「御大葬《ごたいそう》の儀」において、慣例によらず、「性質温順」「強力持久」「外観の美」に優れる比婆・神石の牛が轜車奉引牛《じしゃほういんぎゅう》として異例の選抜を受けた。天下の名牛は、見事にその大役を果たした。

比婆牛の名は、全国へ

以後も、比婆庄原の和牛改良は、全国和牛登録協会と共に歴史を刻んだ。

昭和二十七（一九五二）年に結成された「あづま蔓牛組合」は、協会が承認する第一号の蔓牛組合として近代的集団育種事業を牽引《けんいん》した。昭和三十七年、協会は育種登録事業を開始し、その第一号登録はあづま蔓の「第二十一深川《ふかがわ》」であり、以後も、比婆の牛は全国和牛能力共進会の花形であった。日本中の畜産家がこの地へ集い、優秀な基礎牛を求めたのであった。

このように、かつて全国の和牛改良の基礎をなした比婆の和牛は、現在も着実に受け継がれ、その改良は今なお続いているのである（写真2）。

平成二十六（二〇一四）年七月、地域の和牛関係者が一体となり「あづま蔓振興会」を設立した。

伝統ある和牛の遺伝資源「血統」を軸とした、特色ある和牛肉ブランドを確立し、産地の再構築と持続的な発展をめざす一大事業である。稀有なストーリーを持つ偉大なる和牛、「比婆牛」を再興し、未来へとつなぐ。

比婆山連峰の自然・文化が生み出す和牛の物語は、これからも紡がれていく。

（延藤祐一）

写真2　比婆系統再興の象徴「烏帽子」号（全国農業協同組合連合会広島県本部提供）

第4章

イザナミ神話・比婆山から日本と世界を巡る旅へ

——謎解きの山旅 編

中国山地の国生み神話ゆかりの伝承地を起点に
日本、そして世界を旅する——。
庄原市の比婆《ひば》山・熊野神社をはじめ、
スサノオノミコトが降臨し、ヤマタノオロチの伝説地とされる船通《せんつう》山、
「もう一つの比婆山」（島根県安来市）、紀伊半島の「花の窟」、熊野三山《くまのさんざん》など、
「イザナミ伝説」をキーワードに各地を歩くと、
広範な地域学とその魅力が見えてくる。
世界で人気のツーリズム「ギリシャ神話の世界」と比婆山を巡る旅の共通性とは。
「原点（オリジン）を探る旅」を提案する。

池ノ段から紅葉の御陵《ごりょう》へ

第1節 神話の伝承地を旅する

比婆山——山の霊力を感じながら歩く

山の界と里の界を結ぶ、「結界的時空間」

比婆《ひば》山山麓には四つの参拝ルートがあったといわれる。その一つ、備後東口からの参道において下《した》の斎所《さいしょ》とされていたのが熊野神社である（写真1）。私はこの神社境内に足を踏み入れるたび、体の周囲の空気が一変するのを感じる。

あえて言葉で表現すれば、「つーんとするナニモノかが、頭頂部から体幹深くを突き抜けていく」と同時に、「ふわ〜とするなにものかに、体と周りの空気が包みこまれていく」といった、「浄《きよ》められながら溶かされていく」ような感覚であろうか。

うららかな春先、木々の葉が揺らめく盛夏、寂寥感に包まれる晩秋、そして空気までが凍てつく冬。いずれの季節に訪れてもこの感覚は変わらなかった。

科学的には数値化できない一個人の体が記憶する感覚は、あくまで貘《ばく》として空《うつ》ろであやふやなものである。しかし、似たような身体の感覚、記憶の蘇りを、私はこれまで国内外の各所で体感したことがある。

それは、霊峰・白山《はくさん》の禅定道入り口である神社境内の流水場や、空中都市と称せられるインカ帝国の遺跡・マチュピチュにある巨石の祭壇、さらには、神々の座と呼ばれる世界の屋根・ヒマラヤ山脈で迎える曙光《しょこう》の時などにおいてである。

写真１　冬の熊野神社と巨杉

私は、それらに共通していることは、「山の界（聖）」と「里の界（俗）」を結ぶ「結界的時空間《けっかいてきじくうかん》」ではないかと思う。

鳥尾頭という古名を持つ比婆山の奥深い魅力

それでは、代表的な比婆山の登山ルート沿いに、共通する「結界的時空間」を持つ土地と照らし合わせながら、「山の霊力場」としての比婆山の奥深い魅力を紹介していくことにしよう。

明治九（一八七六）年頃には毎日幾千人もの登拝《とはい》者が、四つの参拝ルートから御陵《ごりょう》を目指したという調査記録もある。その善男善女たちの幾人もが、神社境内にある巨木の森で身を凛《りん》と引き締めた後、「山の界」へと歩を進めていったのだろう。

約三〇分後に彼らを待ち受けるのが「水の霊力場」である。三ノ宮（飛龍

写真２　那智ノ滝（鳥尾ノ滝）

権現）を過ぎ、しばらく登った辺りから、左手沢筋の清涼な水音が聞こえはじめる。その上流方向に耳を澄ませながら登っていくと、森の風に乗って「流音」が運ばれてくる。

那智《なち》ノ滝（鳥尾《ちょうのお》ノ滝）である（写真2）。

この滝の飛沫を浴びながら登拝者たちは、壮大無比な天鳥船《あめのとりふね》を、奥出雲《おくいずも》にある船通《せんつう》山山麓の鳥上《とりかみ》滝とを結ぶ天空のライン上に飛翔させるイメージを想起したことだろう。鳥尾頭《ちょうのおかしら》という古名を持つ比婆山や船通山一帯の山岳地域は斐伊《ひい》川・日野《ひの》川・高梁《たかはし》川・江《ごう》の川の分水嶺でもある。この滝場ではちょっとひと休みをして、霊峰・白山を心に浮かべてみることにしよう。

写真３　白山比咩神社

霊峰・白山との共通性

霊峰・白山（石川県・岐阜県）は、富士山、立山と並ぶ日本三霊山の一つ

写真4　出雲烏帽子岩

である。万葉集にも「志良夜麻《しらやま》」として登場してくる。白山を開山した秦澄《たいちょう》が山頂で出会った白山妙理権現《はくさんみょうりごんげん》は、江戸時代に菊理媛尊《くくりひめのみこと》と同一視されていく。『日本書紀』での菊理媛尊は、イザナミノミコトとの夫婦喧嘩を仲裁し、さらには、黄泉《よみ》の国から戻ったイザナキノミコトへ「禊《みそぎ》・祓《はら》い」を進言した女神である。

言うなれば、死の世界からの黄泉《よみ》がえり（蘇り）を担う存在である。

また石川県側山麓にある白山比咩《しらやまひめ》神社では、山からの伏流水による冬場の禊行《みそぎぎょう》が続けられている（写真3）。その白山は、手取川・九頭竜川・長良川・庄川という四つの河川の分水嶺に聳《そび》え、流域の人々に豊穣の実りをもたらす源でもある。

このように比婆山と白山は、神話の系譜において、また水の霊力に対する信仰においても、近似値を示す多くの要素が点在している。

水・土・石・樹のエネルギー

それでは、ゆっくりと腰をあげてさらに登拝の道を進むとしよう。鳥尾ノ滝からしばらく登ると、峡谷沿いの狭い道から尾根筋の開けた道へと変化していく。太陽光線も差し込み、樹間を渡る風にも柔らかさが増してくる。流音から土の匂いへと移行していく。聴覚から臭覚へと、鋭敏となる五感にも変化が生じはじめるのが分かる。

そこには、「天狗の相撲場」と呼ばれる場所がある。善男たちが踏み締めた「土の霊力場」を感じさせる、標高一〇〇〇メートルを超す天空の神事武芸場である。そして雨乞いにも関連する山名・竜王山からの大展望を満喫した後は、立烏帽子山《たてえぼし》という屹立《きつりつ》する岩山へと登る。その途上には、備後東口からの参道において上《うえ》の斎所《さいしょ》とされる「備後烏帽子岩《びんごえぼしいわ》」と呼ばれる巨岩がある。

比婆山一帯には、冠に烏帽子と付けられた山がもう一つある。それは、御陵の北側にある展望の良いピーク・烏帽子山で、「出雲《いずも》烏帽子岩」がある（写真4）。その二つのピークを結ぶ尾根筋沿いには、巨石や巨岩が点在し、山麓にはブナの巨樹が林立する原生林が展開している。

「水」「土」の霊力に続いては「石（岩）」「樹」のエネルギーが感じられる世界が待っている。屹立する岩峰・立烏帽子山の山頂部から、聖地・御陵を眺めながら、地球の反対側にある岩峰群に囲まれた巨石遺跡に思いを馳《は》せてみることにしよう。

写真５　マチュピチュ遺跡。背後はワイナピチュの岩峰

巨石遺跡・マチュピチュと比婆山

日本人が最も訪れたい世界遺産ランキングで常時一位となるマチュピチュ遺跡は、地球の裏側ペルー国の内陸部のアンデス山中にある（写真5）。大屈曲するアマゾン河源流の複雑な峡谷が形成する急峻な尾根上に、その空中都市はある。

標高二四〇〇メートル前後に展開するマチュピチュ遺跡は、その両サイドを大きな岩峰に挟まれる地形となっており、双方の展望所であるワイナピチュとインカゲートからはマチュピチュ遺跡の全貌を遠望することができる。

特に砲弾を立てたような姿のワイナ

ピチュは、どこか立烏帽子山に似た山容でもある。互いの山頂部近くには、岩を基盤にした斎所や祭壇などがある。ワイナピチュの祭壇は、シャーマンがそこに佇《たたず》み、宇宙の神との交信をしたのではないかともいわれている。比婆山山麓の斎所においても、神仏に仕えるため、穢《けが》れた物に触れず心身を清らかにしておく潔斎《けっさい》が求められたに違いないだろう。

写真6　ヒマラヤはその昔は海だった。標高5000mからの展望

　不動であり冷厳さのシンボルである「石や岩の霊力場」は、地球の反対側でも同じような環境の下に設定されていたのである。

大いなるものに導かれ、身も心も浄められる——時の霊力を持つヒマラヤとの共通性

　立烏帽子山の山頂部からは、越原越《おっぱらごえ》まで下り、そこからは再び御陵までブナの美しい森を見ながらの上りとなる。御陵手前にくると、意外にも平坦で幅広の道が待っている。昔日の登拝者の参列が起こす賑わいが、門栂《もんとが》であるイチイの古木に耳をあてると聞こえてくるようだ。

　同時に、人々の聖なるものへの憧憬、清浄なるものへの思慕という、時の蓄積音が心の襞《ひだ》まで届いてくる気がする。このように無音の時が刻まれる、「時の霊力」を世界の屋根ヒマラヤで私は幾度も体感した。

　ヒマラヤは二億五〇〇〇万年前まで海だった（写真6）。プレートテクトニクス理論によると、大きな二つの大陸が少しずつ接近し、さらに衝突隆起したのがヒマラヤ山脈であり、その隆起エネルギーは今でも継続中である。まさに億年の歳月を超えても、地球という星では、天地の創生物語は完結していないのである。

　そんなことを考えながら、御陵の円丘の前に佇《たたず》んでいると、冷たい風の中にも、イザナミとイザナキが微笑む「気配」が感じられるかもしれない。そう、比婆山を歩くということは、何か大いなるものに導かれながら、身と心が浄められていることに気付くことではないだろうか。

（清水正弘）

無限のパワーを感じさせる 比婆山

比婆山伝説ガイド「ツイハラの会」

比婆《ひば》山伝説ガイド「ツイハラの会」は、『古事記』編纂《へんさん》一三〇〇年の翌年(平成二十五年)に庄原市西城町で結成され、庄原市比婆山伝説のガイドを目指す仲間同士で楽しく学んできた。

西城の一部では昔から「露払《つゆはらい》」と書いて「ツイハラ」と発音した。大切な人を先導して進む猿田彦神《さるたひこのかみ》にあやかっての「ツイハラ」の会なのである。そのメンバーとして、熊野神社から比婆山「御陵《ごりょう》」までの、周辺の見どころをガイドさせていただこう(写真1)。

写真1　紙芝居「比婆山物語」を上演
(平成28年3月7日比和小学校で)

イザナミの神を祀る熊野神社

比婆山の南麓の遥拝所《ようはいじょ》として信仰を集めた熊野神社は「イザナミ」の神を主祭神《しゅさいじん》としていて、その境内は県内一の社叢《しゃそう》(鎮守の杜=境内にある森)である。杉の巨木は樹齢千年以上ともいわれる。県内の老杉《ろうさん》の上位五〇位中、過半数が集中しており、「熊野神社の老杉群」として県の天

写真2　鳥尾ノ滝でガイド

然記念物に指定されている。その中の最大の老杉は「天狗の休み木」といわれ、今にも天狗が舞い降りてきそうな荘厳な境内である。

熊野神社は、創建年代は不詳だが、社伝によると和銅六（七一三）年以前には既に存在したという古い神社である。昭和十四年の帝国議会で「伊邪那《いざな》美《み》の神を奉祀《ほうし》する官幣大社創建の請願」が採択された。しかし、国会で伊勢神宮に次ぐ重い格式のある「官幣大社」への昇格が採択されたものの実施に至らず残念なことである。

神社から参拝道を上ると、二ノ宮、三ノ宮がある。二ノ宮は「神《かん》の蔵《くら》」とも呼ばれ、社殿の建築様式は最古の形を残しているといわれている。社殿前には古くから「御陵」を拝む遥拝所「盤境《いわさか》（巨石に霊があると信じられ、祭祀《さいし》を行った場所）」があり、この岩に上れば足腰が立たなくなるといわれている。

さらに登ると「鳥尾《ちょうのお》ノ滝」（現在名は那智《なち》ノ滝）がある（写真２）。修験《しゅげん》者《しゃ》の修行場所とも伝えられ、中ほどには千手観音が祀《まつ》られている。滝の水で手を洗うと、美肌になるとの言い伝えがある。

竜王山・池ノ段からは大山が見えることも

竜王山（一二五六メートル）・池ノ段（一二七九メートル）からは見晴らしが良く、周辺の比婆山、吾妻《あづま》山、立烏帽子《たてえぼし》山、道後山をはじめ、好天時には船通《せんつう》山や大山、三瓶山なども眺望できる。

熊野神社から御陵までの間、道標の「丁石《ちょういし》」が設置されている。当初は五二基を数えたが、現在確認される数はわずかである（写真３）。重い石を背負い運んだ、先人たちの信仰心には心打たれる。大雨で流されたり、参道の踏み石となって埋もれている可能性もあり、探し当てるのも楽しみの一つである。

写真３　御陵まで残り５丁（約550m）と告げる「丁石」（明治10年頃。「五丁　大佐村　保森長平」とある）

写真４　千引岩（右奥）でガイド

立烏帽子山の中腹を進むと、行く手を遮《さえぎ》る大岩「千引岩《ちびきいわ》」（千人で引くほどの大岩）がある（写真４）。『古事記』の中でイザナキ・イザナミの神が、この千引岩を挟んで、最後の問答をした場所、まさに此処《ここ》が「黄泉《よみ》の国」（死後の世界）への入り口である。この岩に手を当てて、黄泉の国に入る許しを乞《こ》うことを勧めている。

イチイの巨樹と イザナミの墳墓・御陵石

御陵を取り囲むように、栂《とが》の木（正式にはイチイ）が九〇本以上あり、一部が「比婆山のイチイ群」として市の天然記念物に指定されている。中でも御陵の南正面には、一対の大栂が巨石を抱いて茂り、門戸を形造っているので、門栂《もんとが》と呼ばれている（写真５）。

比婆山の山頂は、ほぼ平坦で、円丘に「御陵石《ごりょういし》」と呼ばれている巨石がある。この円丘こそ、大八島国（日本国）を造られ、多くの神々を生んだ、「偉大な母神（イザナミの神）」の眠っておられる墳墓と伝えられてきた。

古くは、比婆山の峰を「鳥尾頭《ちょうのおのかしら》」と呼び、船通山を「鳥上《とりかみ》山」と呼んでいた。中国山地の脊梁《せきりょう》部の二つの山に、大きな神話があり、まるで両翼を広げた鳥の身体のようにも感じられ、神々を連れて自在に移動したという神「天《あめの》鳥船《とりふね》」が連想される。

十月（神無月）は出雲の神在月《かみありづき》。八百万の神々が出雲に集まる時、天鳥船で道標の「鳥上山」を通り、鳥の背中伝いに西に移動し、「鳥尾頭」の御陵に立ち寄り詣でて、出雲に行かれると想像できる。この地は、他に類のない「パワースポット」ではないかと考える。

明治五（一八七二）年頃から九年頃にかけて「御陵」に日々数千人、祭日には一万から三万人が登拝《とはい》し、広場では草相撲が行われ、宿泊施設も五軒あり大変賑やかであったという。さぞかしご利益《りやく》があり、お蔭参りが盛んだったと思われる。

御陵周辺には、いたるところに神が宿るとされる、巨岩、奇石がある。御陵を挟むように、北に烏帽子山、南に立烏帽子山があり、両山頂付近には烏帽子岩がある。北の烏帽子山には「条《じょう》

写真5　門栂（左）を前にガイド

溝石《こうせき》」と呼ばれる岩もあり、岩の表面には縦横に溝が刻まれていて、縦の溝は御陵を指すともいう。「神籠石《こうごいし》」と呼ばれる奇石も多数あり、御陵の遥拝所とも、神々の道標とも考えられてきた。

何度登っても新鮮で魅力あふれる山

美しいブナ林をはじめ、比婆山の峰は四季を通して楽しめる。新緑の山は、淡い無数の色に包まれ、紅葉とは違う趣がある。夏の木漏れ日の中、鳥の囀《さえず》りを聞くと心癒される。沢の花には、「アサギマダラ」が乱舞し、しばし歩を止めて見入ることもある。秋は少し寂しさを感じるが、非常に美しく、積雪の山々は水墨画の如《ごと》く、違った楽しさを感じさせてくれる。

この比婆山は何度登っても新鮮で、魅力にあふれ、無限のパワーを感じさせてくれる神域である。

（伊達泰輔）

奥出雲の地・船通山に刻み込まれたスサノオ伝承

スサノオが降臨した船通山

船通《せんつう》山は、中国山地の広島県と島根県が接するイザナミ伝説の地、比婆《ひば》山連峰から北へ派生する支脈に位置し、比婆道後帝釈国定公園の北東端にあたる（写真1）。春の訪れを告げるカタクリの花の群生やブナ林など、四季折々の彩りを楽しみに多くの登山客が訪れる名峰として親しまれている。

また、スサノオ命が降り立ち、この地に棲《す》んでいたヤマタノオロチを退治し、イナタヒメと結ばれるという壮大な出雲《いずも》神話が始まる舞台としても語られている。

さて、船通山の呼称は、『日本書紀』によると、「…素戔嗚尊《スサノオノミコト》は、その子で

写真1　怪しげな雨雲がかかる船通山。左の円錐形の峰が家内住山

ある五十猛神《イソタケルノミコト》を連れて、新羅《しらぎ》の国に降り立ち、曾尸茂梨《そしもり》というところに居を構えた。しかし、この地は私たちがいるところではないと思い、埴土《はにつち》で船をつくり、それに乗り東に渡り、出雲国の簸《ひ》の川上にある鳥上峯《とりかみのみね》に降り立った。」とのくだりからきていることは明らかである。

　このことについて、『風土記抄』(天和三＝一六八三年)に「横田郷竹崎村と伯耆国安布礼村《あびれむら》の境なり。謂《い》はゆる素戔嗚尊、志羅伎国《しらぎのくに》より五十猛命を帥《ひき》いて東せし埴舟《はにふね》此の山に止まる。故に俗に船通と曰《い》ふ」と記されていることが注目される。

　つまり、記紀神話が江戸時代にかけ奥出雲《おくいずも》の地において、よく知られるようになったことで、『日本書紀』になぞらえて船が通った山ということで、「鳥上《とりかみ》山」から「船通山」へと呼称が変化していったことが想像されるからである。

　そして、スサノオ降臨の山としての信仰が高まるにつれ、船通山の山頂には三種の神器の一つとして知られるヤマタノオロチの尾から神剣が出顕《しゅつけん》したことを誇る「天叢雲剣《あめのむらくものつるぎ》出顕之地」の石碑が大正十二(一九二三)年に建立された。この「天叢雲剣」とは、ヤマタノオロチがいる上には常に雨雲がかかっているので、そう名付けられたとされ、ご承知のとおり熱田神宮のご神体である「草薙剣《くさなぎのつるぎ》」の別の名である。

　今でも、船通山は怪しげな雨雲がよくかかり、麓《ふもと》にはヤマタノオロチが潜むかのような神々しい雰囲気を醸し出している。

奥出雲地域で語られるオロチ退治神話

　さて、実際にスサノオとイナタヒメとが神代の時代にたどった旅路を訪ねることにしよう。

　スサノオに成り代わって奥出雲町のJR西日本木次《きすき》線出雲横田駅に降り立つと、神話の里にふさわしい社殿造りでしめ縄がかかる駅舎が出迎えてくれる(写真2)。そして箸《はし》が流れてきた斐伊《ひい》川沿いを船通山に向かうと、『古事記』に「出雲国の肥《ひ》の河上《かわかみ》、名は鳥《とり》髪《かみ》といふ地に降り」、『日本書紀』に「出雲国の簸の川上に降至《くだりいた》り」と登場する鳥上地区に至る。

　ここからは、スサノオが降臨した船

写真2　木次線出雲横田駅

写真３　伝説が伝わる鬼神神社

写真４　鬼神神社裏山にある
イソタケルのご陵墓

通山と並立してテナヅチ、アシナヅチ、そしてイナタヒメの家族が住んでいたとされる「家内住山《かないずみ》」が眼前にそびえ、神代の時を彷彿《ほうふつ》とさせる。

　また、しばらく行くと『出雲国《いずものくに》風土《ふど》記《き》』（天平五＝七三三年）に登場する伊我多気社《いがたけのやしろ》の元宮である「鬼神《おにがみ》神社」が厳かに鎮座している（写真３）。この入り口右手にスサノオと五十猛尊《いそたけるのみこと》とが新羅の国から船で船通山を越えて降り立ち、岩化したとされる「岩船大明神」が祀《まつ》ってある（写真５）。

写真５　鬼神神社岩船大明神

　松江藩の地誌である『雲陽誌《うんようし》』（享保二＝一七一七年）に、「…此所を船通山といふ、土人（地元民）船燈山《せんとうざん》ともいふ、神の御船、化して石となり今なを社辺にあり、昔より御燈現す大きさ毬《まり》のことし（大きな火の玉）、いまにいたり是《これ》を見る者おほし、世俗龍燈《りゅうとう》と称す」と見えるように、古くからスサノオのオロチ退治にまつわる社であることが窺《うかが》い知れる。

　この地で伝えられるところによると、スサノオがイソタケルをつれて新羅国から船に乗って家内住山と船通山の間の峠を越えたところを「船越《ふなこし》」と呼ぶという。そして船を照らし導いた神社の裏山を「船燈山」といい、ここにはイソタケルのご陵墓《りょうぼ》が祀られている（写真４）。

また、ここでは昔から大きな「火の玉」を見る者が多く、裏山に舞い降りては船通山に飛んでいくのだという。村人はこれを「龍燈（頭）」と呼んで恐れ、その光は退治されたヤマタノオロチの怨霊と考えたのである。

そこでオロチ退治の当たり日という八月七日に龍燈祭を執り行い、今でもヤマタノオロチの怨霊を鎮めている。

写真６　オロチが棲んでいた鳥上ノ滝

この鬼神神社が所在する地域を「大《おお》呂《ろ》」というが、大きな鎮守の杜《もり》という意味の「大風呂《おおぶろ》」であったものであるとか、「大蛇《おろち》の地」が訛《なま》って「大呂の地」となったともいわれている。

かつてオロチが棲んでいたとされる斐伊川の源流にあたる船通山の「鳥上ノ滝」（写真6）は、滔々《とうとう》と鳴り響く瀑布《ばくふ》の音が時の流れを伝え、七月二十八日に山頂でスサノオに扮した神主が剣舞を奉納する宣揚祭《せんようさい》が、悠久の神話物語を語り続けているのである（写真7）。

写真７　スサノオ剣舞を奉納する船通山宣揚祭

このように、スサノオのヤマタノオロチ退治にまつわる伝説地が斐伊川沿いを中心に数多く点在し、神々の記憶として奥出雲の大地に刻み込まれている。

三県にまたがる日本神話のルーツをたどれる地

ヤマタノオロチ、スサノオ、そしてイザナミにまつわる数々の伝説が、広島県庄原市から島根県奥出雲町、鳥取県日南町にかけて、今なお濃密に伝わっている。三県にまたがるこの地域は、出雲神話、さらには日本神話のルーツをたどれる土地、つまり神々のふるさとである。

（高尾昭浩）

豊かな自然と歴史が育んだ神話のふるさと「比婆山」

「比婆山のロマンを探究する会」の活動

山並みはるか　いざなみの
歴史をつづる　比婆の山……

これは島根県安来市立伯太中学校の校歌だ。冒頭に比婆山は出てくるが、登ったことがない生徒も多い。私たちにとって比婆《ひば》山は心の拠《よ》り所《どころ》であり、郷土の誇りである（写真1）。ぜひ、子どもたちに登ってもらいたい――それが私たちの願いだ。

「比婆山のロマンを探究する会」は平成十三（二〇〇一）年から活動している。以前から比婆山を守らなければという思いはあった。

写真1　伊邪那美大神御神陵と伝わる

写真２　陰陽竹の群生

それは昭和が終わろうとする頃、世の中はバブル景気で、青函トンネルや瀬戸大橋などの大型プロジェクトが完成し、日本中が明るい未来を予想していた。一方、中山間地では過疎が進み、児童数が減少、そして、地元井尻小学校では、いつのまにか比婆山登山がなくなっていた。

このままでは私たちの比婆山は荒れていく。何かをと始めたのが東屋の建設であり、島根県指定の天然記念物「陰陽竹《いんようちく》（＊）」を守る活動である（写真2）。

日本に幾つもある比婆山

日本には幾つもの比婆山がある。『古事記』には、伊邪那美《いざなみ》の神は「出雲《いずも》国と伯伎《ははき》国の堺《さかい》なる比婆之山《ひばのやま》に葬《はぶ》りき」とある。比婆山がどこを指すのかということにはさまざまな説があるが、伯太町井尻公民館の『ひばやま——伊邪那美命御神陵の山』（細田正男執筆／一九九三年発行）には、以下のように紹介されている。

> 海抜三〇〇米（メートル）、雲伯の堺にあるこの比婆山は『古事記』に明示されている天照大御神の御母神である伊邪那美命の御神陵の山であります。この比婆山の山頂は三峰あって中央が御陵峰、手まえが遙拝する社祠峰、左が妙見峰である。古代この山頂の社地内に神事に要する浄水の湧く池があり、そして更に供饌米を自給した献穀田の趾がある。山上西の清水搔（こりかき）側参道の終点付近の『大タワ平』にあって陸稲のちに水稲が作られて社地内で自給供米に恵まれた原始祭祀の特異な古代様式の社であったので、それで古代は『久米社』の称号があったという伝承がある。そして山体は神聖視して俗人の墳墓を造らず汚さず信仰の山として広く雲伯に知られていたのである。

比婆山の山頂から清水搔参道を下るとすぐ分岐して広瀬へ向かう尼子道がある。中世、特に尼子経久《あまごつねひさ》の比婆山への尊信が厚く、社殿などの諸堂を整備し、月山《がっさん》富田城《とだじょう》より通じた尼子道が今に伝わる。

写真３　比婆山久米神社の里宮

写真４　比婆山久米神社の奥宮

久米《くめ》神社は、江戸時代母里《もり》藩の祈願所として、社地を麓《ふもと》に下ろし里宮としたが（写真３）、その後また元の場所である御陵《ごりょう》の上に奥宮（写真４）を建立した。時代背景もあってか昭和十五（一九四〇）年、御陵の上の神社は非礼であるとして陵前に遷《うつ》された。

久米神社の御神石

『古事記』編纂《へんさん》から千三百年、このような経緯をたどりながら為政者が代わっても比婆山が人々の崇敬を集めていたことは確かである。

安来市の比婆山は伯耆《ほうき》と出雲の境にあたる。伯耆側から見れば山の向こうは出雲であり、出雲から見れば飯梨川の山向こうは伯耆に見える。比較的海が近く日本海が一望でき、この地を流れる伯太川は谷奥が浅く山々に守られ大洪水も少なく、地形が変わるほどその影響を被るわけでもない。だからイザナミの御陵がつくられたのではないかと、私は思っている。

比婆山は、柱状節理の玄武岩で成り立つ。山頂鳥居付近には火山岩創成の際に出来た径三センチ前後の球状の穴の開いた岩が見られる（写真５）。これを玉抱石という。触れることにより子宝、家族繁栄につながると伝えている。

昭和五十四（一九七九）年神社再建の際に御神石が発見された。これを「ロマンの会」の宝としている。この石は三角錐で高さが約二〇センチ、重さが六・六キロで、古い文字が刻まれている。この文字を岡崎正義先生に鑑定を依頼したところ「イザナミ」と「ミコト」と読め、『古事記』の時代に遡《さかのぼ》る文字と説明された。私たちは国の史跡認定につながればと喜んだ。

私たちは、多くの観光客に押しかけてほしいのではない。自然現象を神にして崇拝する文化と神秘的な比婆山の魅力を感じてほしい。

比婆山を発掘すれば何か出るかもしれないという声もある。しかし、たとえ学術的な目的だとしても発掘調査は破壊行為だ。いつまでも次代に伝える貴重な遺跡であると思っている。

現在、安来市域には和鋼博物館や金屋子《かなやご》神社など、鉄に深く関わって来た文化資源がある。かつて、鑪《たたら》によって中国山地は日本で一番輝いていた地域であったという。その一大産業がコメどころを産み、名牛を作りあげ、多くの人々を養ってきた。神話の世界がそこにあるではないだろうか。

わが家の庭からは、比婆山の東尾根を間近に仰ぎ見ることができる。今年も久米神社の大祭のために、地域を挙げて準備に取りかかる。私たちが胸を張って郷土の誇りを伝え(写真6)、比婆山のことを子どもたちが歌い続けていくかぎり、山も私たちを見守り続けてくれることだろう。

それは、広島県庄原市や三重県熊野市など、イザナミを祀《まつ》るほかの伝説地でも同じだろう。近いうちに皆さんとイザナミをめぐって心ゆくまで語り合いたいものだ。

（花田明己）

写真5　玉抱石

写真6　比婆山伝説ガイド「ツイハラの会」を案内する筆者(比婆山久米神社奥宮)

***陰陽竹**／学名ヒバノバンブーサ・トランキランス・マルヤマ・オカムラ・ムラタ。竹に笹のような大きい葉をつけているのが特徴。イザナミが出産の際比婆山に登り、手に持っていた杖を地中に立てたところ、根を出し、葉を広げ陰陽竹になったといわれる伝説がある。

オリジンを探る旅へ——日本神話とギリシャ神話を結ぶ共通アイテム

パラダイムが大きく転換する時代に刻まれる溝

この本が世に出る二〇一六年の前後数年間を、後の世紀の人たちが振り返ったとき、「混迷と混沌《こんとん》の時代」と名付けるかもしれない。遥《はる》か彼方《かなた》にある宇宙空間への解析技術の飛躍的進歩とは裏腹に、隣人たちや隣国の境となる、パーソナルスペースや国境という概念が大きく揺らぎ始めている。

また、生と死に関わるこれまでの倫理基準や規範といったものが崩壊しかねない状況下にある。さりとて、新たな死生観を提示する概念が誕生する兆しは見えない時代である。

祈りにおける狂信的な原理主義が、信仰の本来の目的である心の安寧ではなく、不安と懐疑の溝をより深めているのが現代という時代である。ただ、私たち人類は、パラダイム（問い方や答え方の枠組み）が大きく転換していく時代には、これまでも歴史上、幾つかの節目としての溝が刻まれてきたことも知っているのである。

神々が織りなす愛憎あふれるドラマ

一二～一三世紀、イタリアの都市国家を中心に勃興した「ルネサンス」もその節目の一つである。中世キリスト教世界観への疑義から古代ギリシャ・ローマ時代の神話や文化への見直し作業が始まるのである。パラダイムが転換せざるを得ない時代には、必ず温故知新の作業が伴われている。

それは、表現を変えれば、長く継承されてきた原初の事物や事象の背景を再生、復古する作業であり、有史以来、伝承されてきたこの世を創生した物語や、この世に生きる人間のあり様の結び目を再びひも解く作業だとも言えないだろうか。

イタリア・ルネサンス時代の美術には、ギリシャ神話をモチーフにしたものも多い。フィレンツェにあるウッフィツィ美術館所蔵のボッティチェリ作の「ヴィーナスの誕生」や「春」は、どちらもギリシャ神話がベースとなっている。ギリシャ神話は、人間味あふれる多神教の神々が織りなす人間臭い愛憎ドラマなのである。

自然界に存在する多くの神々が織りなす愛憎あふれる物語は、日本の『古事記』神話にも共通アイテムとして見いだすことができる。

『古事記』と『ギリシャ神話』のストーリーの共通性

神話研究の分野では、既に『古事記』

写真１　雪に覆われたイザナミの御陵石（中央右）

と『ギリシヤ神話』の各所には、似たようなストーリー展開があることは知られていた。例えば、冥界《めいかい》訪問神話においてである。イザナキノミコトの黄泉《よみ》の国訪問神話（写真1）とギリシヤの琴の名人オルフェイスが恋人を冥界から連れ戻す神話の近似性。スサノオノミコトの悪行に腹を立て、アマテラスが岩戸《いわと》に隠れて世界が暗くなる話と、大地の女神デメテルが冥界の神ハデスに娘をさらわれ、腹を立てて世界を冬にしてしまう話の類似性。

さらには、混沌（カオス）から多くの神々が誕生するという物語展開は、天地創生起源における世界観の同一性がみてとれる。

神話には伝播《でんぱ》説と普遍心性説とがあることを唱《とな》え、有史以前のユーラシア大陸での神話伝播の仮説を打ち立てた民族学者の大林太良は、著作『日本神話の起源』の中で、大陸を移動する遊牧民（スキタイ）によって神話の原型が西へ東へと運ばれていったと語っている。

森羅万象の自然現象などを大いなるものに投影した神話の世界

ここまでくると、専門的学界に身を浸していない素人《しろうと》には、お手上げの状態となる。が、素人なりにも思うことがある。この日本神話とギリシヤ神話における、それぞれ共通する「結び目」

についてである。日本の神話は、戦時中の忌《い》まわしい記憶がバリアとなって現実生活からは疎遠となってしまいがちである。

しかし、ギリシヤ神話は、西欧における基礎的教養として、いつの世にも変わらず共通の話題となりうるのである。それは、神話が人間相互の愛憎をめぐる心理面の断片を神に擬人化してストーリー展開してきたゆえであろう。

神話とは、文字や紙などの記述・伝達手段がない時代に、自然現象への畏敬の念や大いなるモノの存在や気配の読み取りをいかにして後世へ伝えるかを模索する中で誕生してきたものである。

と同時に、甘美なエロティシズムやジェラシーに基づく極めて人間的なエモーショナルな世界をストレートに描き上げ、物語の色彩を豊かにしているのである。

写真２　イザナミ神話とギリシヤ神話の共通性について講演（筆者、比婆山伝説ガイド「ツイハラの会」を対象としたガイド養成講座）

絶対神という人間が創り上げた固有名詞の神との対峙《たいじ》ではなく、森羅万象の自然現象の気配や面影を、おおいなるモノに投影・転写したのが、ギリシヤ神話であり、日本の神話ではないだろうか（写真2）。それゆえに、それぞれの神話の「結び目」における共通アイテムを探し出すことができるのである。

比婆山はクール（かっこいい）スポット

二一世紀初頭の現在、ＥＵ経済圏の中で経済不安要素が高まっているギリシヤ。しかしそのギリシヤの経済を下支えする、神話の舞台への訪問客は絶えることはなく、その経済還元効果を見過ごすことはできない。

混迷と混沌の時代であればこそ、人々は人類の原点（オリジン）へと回帰していくのではないだろうか。とすれば、東洋の端っこにある国の起源物語へのスポットライトも少しずつその光源を増していくのではないだろうか。

そして比婆《ひば》山はその舞台の頂点に位置する、クール（かっこいい）スポットに成り得るのではないだろうか。

（清水正弘）

第2節 イザナミ伝説をめぐる広範な地域学への誘い

地域をつなぐ比婆山学の魅力

比婆山連峰は陰陽を結ぶ「天空の回廊」

県単位で仕切られた県別地図を開いて見るとき、それが広島県でも、島根県でも鳥取県でも、比婆《ひば》山連峰、船通《せんつう》山、道後山は、それぞれ県庁所在地から遠い辺境の山として見え、そのように認識させられてしまう。しかし、実際にこれらの峰々を歩いてみるとなだらかで登りやすく、地図上で県境や旧町境が引かれた稜線《りょうせん》は、まるで、境界を越えて陰陽を結ぶ「天空の回廊」のようである（P6、7）。

この天空の回廊は江《ごう》の川、斐伊《ひい》川、日野《ひの》川、高梁《たかはし》川など、中国地方有数の河川の分水嶺でもある。イザナミノミコトやスサノオノミコトが、陰陽の各地に等しく水を分配してくれている。神々は、人々の農林漁業や商工業を支え、下流を守ってくれてきた。

これらの河川と、尾根筋は重要な交通路でもあった。米子《よなご》平野と三次《みよし》盆地、出雲《いずも》平野と岡山《おかやま》平野を直線で結んだ結節点に、ちょうど比婆山連峰が位置することは示唆的である。

中国地方を一つの地域だと捉え直せたとき、脊梁部《せきりょうぶ》の峰々は決して辺境でなく、むしろ中心近くにあることを知る。歩いて学ぶ「比婆山学」の原点が、ここにある。

地域学としての比婆山学

鳥取、島根の県境に近い庄原市西城町油木《ゆき》辺りでは、「お婆さんは多里《たり》から山道で嫁入りした」などの昔話をよく聞く。多里は、現在の鳥取県日南町。船通山の南麓だ。油木は、御陵《ごりょう》への四つの参詣路のうち伯耆《ほうき》方面からの登拝《とはい》口にあたる。「天空の回廊」と周辺の古道は、モータリゼーション（自動車大衆化）が進む昭和三十年代まで、現に人々の主要な生活路だったのである。

県境に縛られない人々の交流や、通婚圏の維持は、おそらく古代から変わらぬ伝統であり、山地を広範に往来する製鉄業の歴史とも密接に関わってきたのであろう。

写真１　熊野神社でのスギ計測

言うまでもなく、現在は、過去からの贈り物である。未来は、現在からの贈り物ということになる。私たちは未来に何を残すか、問われる。未来へのまちづくりは、地域のストーリーを足元から探り、自分たちの言葉で語り直すことから始まる。それが「地域学」だ。

　地域学はまだ新しく、その定義も一様でない。おおむね「地域の自然、人、事象などを学ぶことによって、個々人が郷土観を確立し、ひいては地域活性化や地域づくりへの動機づけを図っていこうとする」（山形県生涯学習センターHP「地域学ってなあに？」）活動といえる。

　陰陽の各地をつなぐ結節点としての比婆山連峰や遥拝所《ようはいじょ》の熊野神社など、周辺のさまざまな地域資源について、分野を限定せず、歩き、学び、再発見し、その結実をまちづくりに生かす活動（写真１）。これが、地域学としての「比婆山学」だ。

地域に眠る比婆山学のストーリー

　心を澄まして地域を訪ねると、意外なところで貴重なストーリーと出会う。

　庄原市北西部の口和町竹地谷槙原《まきはら》には、かつて根周り「四丈一尺五寸」（一二・五メートル）のケヤキの大木があったといい、スサノオノミコトを祀《まつ》る三宝荒神の祠《ほこら》が今も残る（写真２）。ヤマタノオロチを退治したスサノオが、オロチの亡霊に追われ、出雲国から備後国櫃田《ひった》（三次市君田町櫃田）を経てこの地へ至り、次に祇園《ぎおん》（三次市甲奴町小童《ひち》の祇園さん）でオロチの霊を鎮め、再びこの地へ戻り、大ケヤキの根元で休息し、出雲へと帰ったと伝わる（図1、『口和町誌』平成十二〈二〇〇〇〉年をもとに作図）。

写真２　大ケヤキがあったという場所をみんなで確認。右奥に三宝荒神の祠（口和町竹地谷槙原）

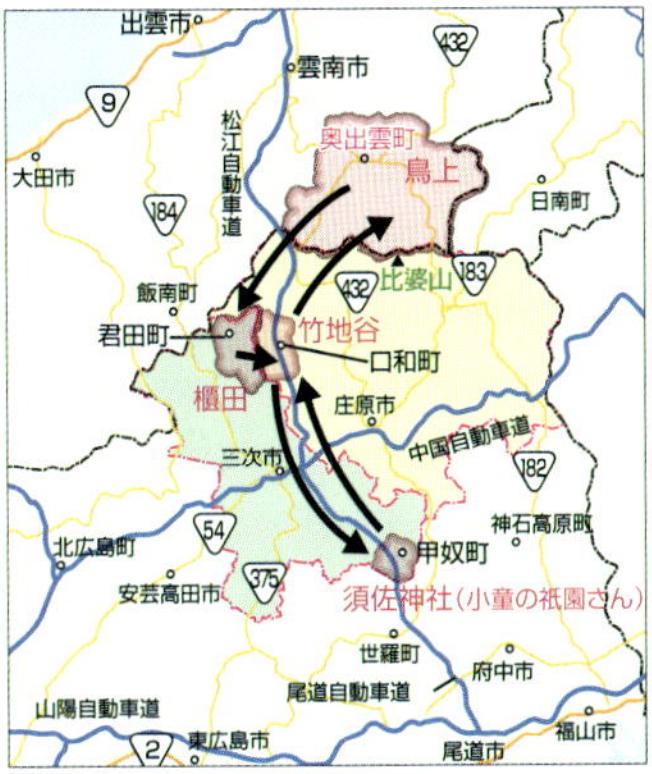

図1　竹地谷に伝わるスサノオの経路

陰陽の南北に分布するスサノオ伝説地の一角を占める面白みはもちろんのこと、「槙原」という地名にも注目したい。ここは、花崗岩の風化層を削って水流に流し、たたら製鉄の原料となる砂鉄を比重選鉱した、江戸時代の鉄穴《かんな》流《なが》し跡だ。現在、一帯は水田となっている。鉄穴流しの多量の土砂の流出を防ぎ、谷にためて造成した「流し込み田」だ。

「槙原」とは、たたら用の薪炭材「マキ」（コナラ）の良質な採取地を称える産業地名であった（原良三、平成十八年『口和町見てある記　わが町の文化遺産』）。

このような伝説や信仰が、地名や景観と一体化して、各地に眠っている。土地に根ざした人の営みが物語を生み、地名ができ、中国山地の風土が形成されてきたのだ。

こうしたストーリーの一つひとつが、比婆山学のかけがえのない構成要素になっていく。

広範な比婆山学へ

比婆山学の魅力は、地域と地域をつなぐ地域学にもなり得るという「広範さ」だ。日本誕生の女神イザナミにまつわる地域学ならではの、普遍性のたまものである。

本書の第一章で、三県にまたがる

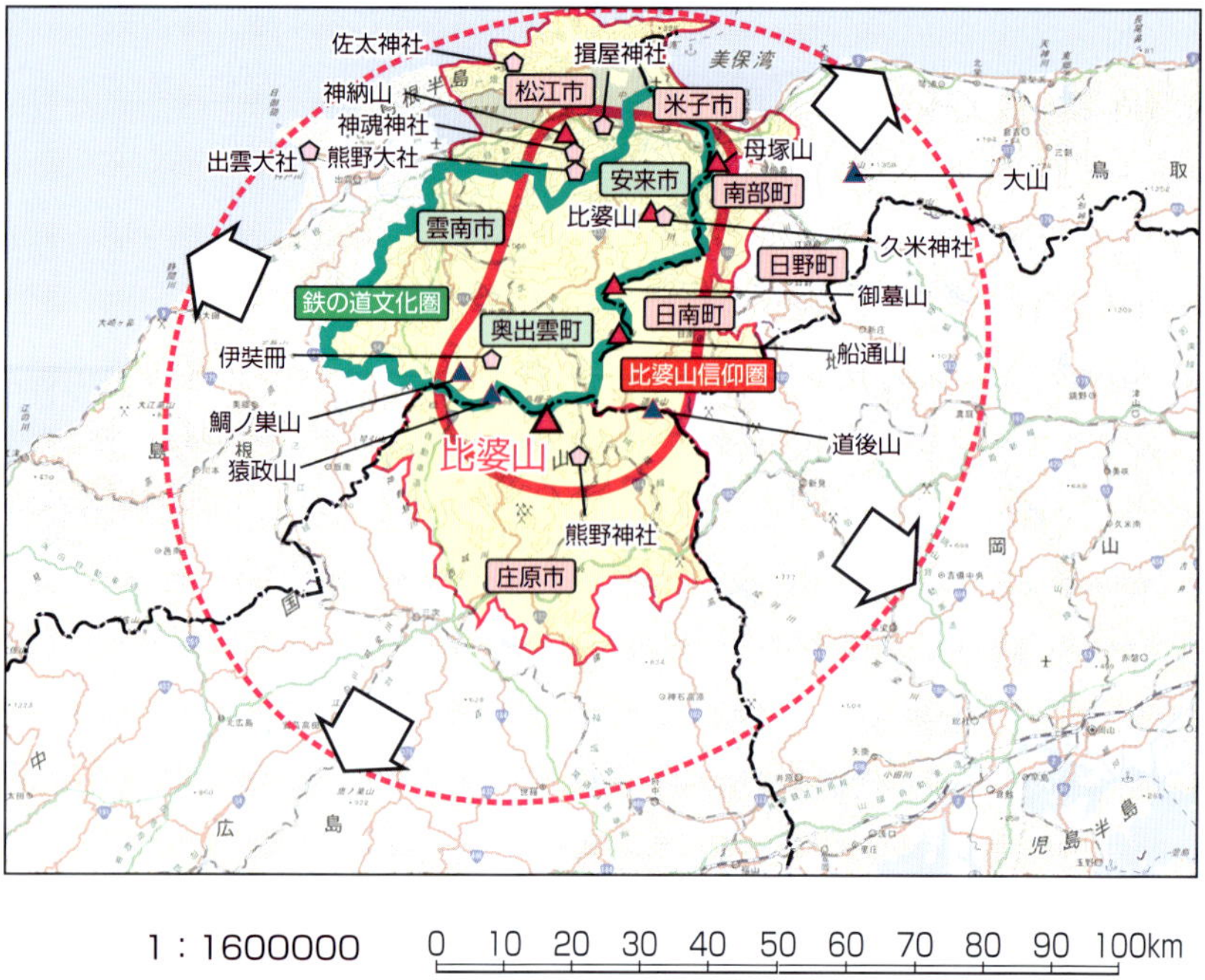

図２　比婆山信仰圏と鉄の道文化圏

二〇〇〇平方キロ以上の巨大な「比婆山信仰圏」を提唱し、新しい「比婆之山」像（比婆之山総称説）を提案した（P47）。

イザナミをともに祀る巨大な信仰世界を対象とする広範な地域学、つまり『古事記』でつながる「大きな比婆山学」への展開を願ってのことである。

各地の比婆山伝説地は従来、個別の顕彰活動に終始してきた。「小さな比婆山学」と呼ぼう。一方、「大きな比婆山学」の視点に立つと、重要な問題意識が生まれる。

なぜ、これほどの広がりをもって、イザナミは祀られなければならなかったのか、だ。

この大いなる疑問は、三県にまたがる巨大な比婆山信仰圏が、日本史上最大の製鉄地帯とも重なることへの驚きと相俟《あいま》って、今後、日本神話のルーツを探る魅力あるテーマとなるであろう。さらに、この大きな比婆山学は、過去への探求だけでなく、未来へ向けた、県境をまたぐ新たな地域振興のチャンスでもあってほしい。

実は、本書でいう「比婆山信仰圏」は、平成二十八（二〇一六）年四月に認定された日本遺産「出雲國たたら風土記～鉄づくり千年が生んだ物語～」（鉄の道文化圏推進協議会／雲南市・奥出雲町・安来市）と、かなりの部分で重

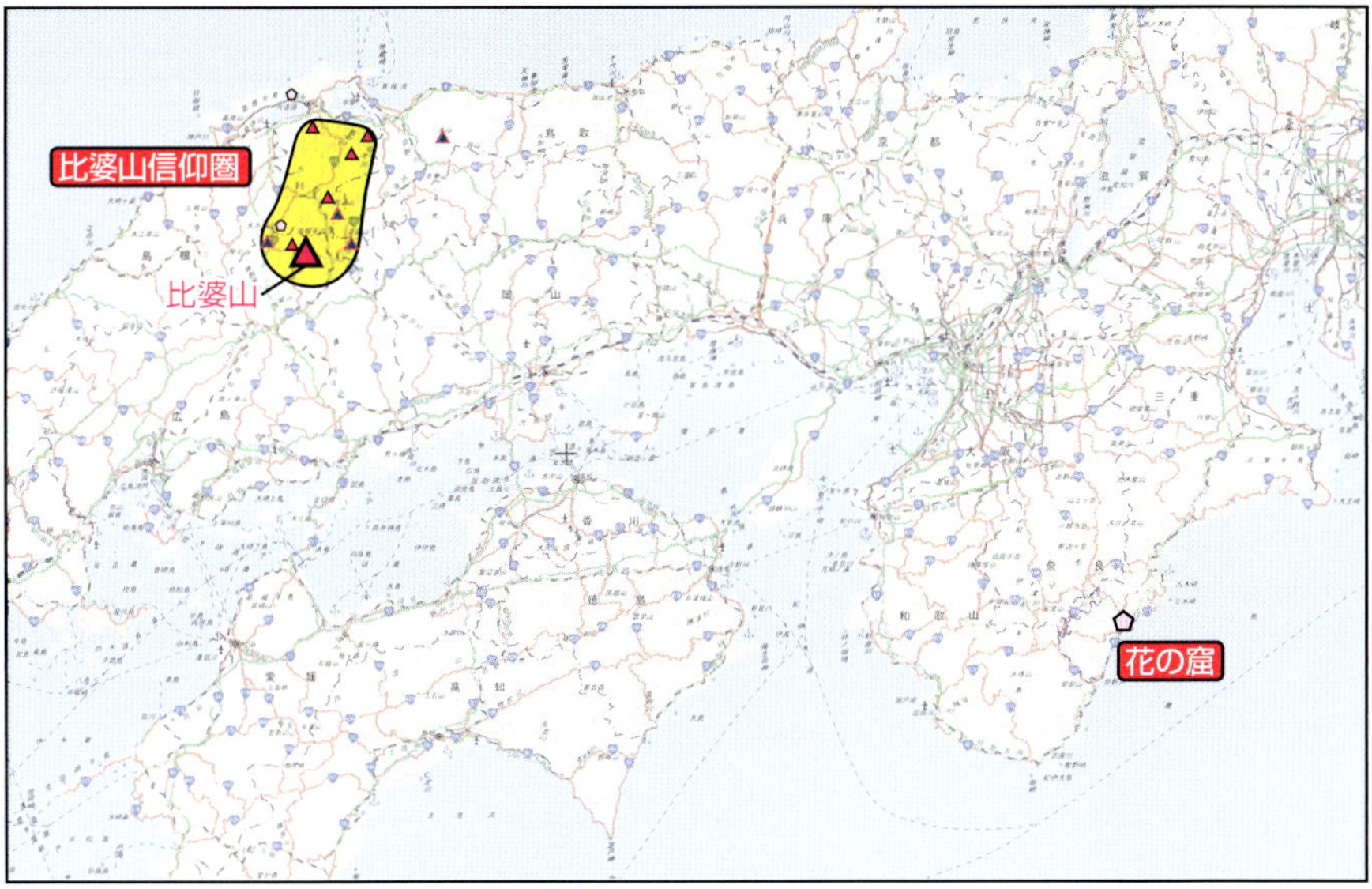

図3　イザナミを祀る比婆山信仰圏と花の窟

なりをもつ（図2）。このことは、神話と歴史をめぐる、さらに広範な地域学が中国地方に成立しうる余地のあることを予感させる。

陰陽にまたがるこの広大なエリアこそは、神話、四《よ》隅突出型墳丘墓《すみとっしゅつがたふんきゅうぼ》、たたら製鉄、和牛、米、刀剣など、世界に通用する日本の宝が集積する地域である。「鉄の道文化圏」へのオマージュとしての「比婆山信仰圏」であることを申し添えておきたい。

越境していく比婆山学

そしてさらに、『日本書紀』の一書にイザナミの葬地として伝わる三重県熊野市「花《はな》の窟《いわや》」（世界遺産）も、日本神話のルーツを探る重要な地だ（図3）。そもそも、なぜ、国生みの女神であるイザナミは、火の神（製鉄の神）ヒノカグツチを生み、亡くなると、中国地方の比婆之山と、紀伊半島の花の窟に、葬られなければならなかったのか。これは、両地が互いに連携して解き明かさねばならない日本神話史上最大のミステリーである。

比婆山学、出雲学、熊野学。神話にまつわる日本中の多様な地域学が互いの宝物《たからもの》を持ち寄れば、それらの掛け算によって生じる力は、計り知れないものとなろう。

互いの地を実際に歩き、学びあい、「日本という地域」の再発見を試みる。広範な地域学のもたらす大きなストーリーは、必ずや未来に資する国民的財産となるであろう。

（稲村秀介）

紀州熊野の花の窟と イザナミ信仰

熊野・花の窟と 比婆山の比較研究の重要性

もう四〇年前になるが、私は学生時代を松江で過ごした。宍道湖の風景や出雲《いずも》の風土に憧れ、島根大学文理学部地理学科に入学し、出雲・石見《いわみ》の地理や歴史・民俗を学んだ。

卒論では「出雲の開拓農村の比較」をテーマに都市近郊の松江市忌部《いんべ》地区と中国山地の山あいのスキー場にある三井野原《みいのはら》地区の開拓農村の経営や経済状況を比較研究するために足繁く三井野原に通った。

そのとき、近くの比婆《ひば》山の存在は知っていたが行くことはなかった。生まれ育った熊野に帰り、熊野研究をしている現在、記紀神話の比較や地名学の視点から熊野の「花《はな》の窟《いわや》」と比婆山の関係については避けて通ることのできない課題となっている。

神話にも興味があり、大学二年のとき、八束水臣津野命《やつかみずおみつののみこと》の国引き神話から島根国体のテーマである「くにびき国体」を命名し、名付け親ともなったことがある。今思えば比婆山に行っておけばよかったという思いもするが、その時点では致し方なかったのだろうと自分を慰めている。

しかし、今回こうして比婆山学に関係することができ嬉しく思う。熊野学研究との連携を図ればローカルとローカルの地域学が結びつき、よりグローバルな視点から研究が進んでいくものと思われる。広域的視点を基本とする比婆山学の立ち上げに大いに期待するものである。

また朝鮮、中国の文化の入り口である日本海文化の出雲と黒潮がもたらす南方の文化の入り口である太平洋文化の熊野との比較は、『古事記』、『日本書紀』の比較においても重要な視座となってくるのではないかと思う。

日本最古の神社とされ、 熊野三山の親神である花の窟

熊野は黒潮を通じて海の彼方《かなた》からやってくるマレビト神を迎える常世《とこよ》信仰と結びつく多くの漂着信仰がある。『日本書紀』の神生みの舞台でありイザナミノミコトの葬送地である三重県熊野市の花の窟神社や、神武東征《じんむとうせい》上陸の地とされる天《あめ》の磐盾《いわたて》・楯ケ崎《たてがさき》、秦《しん》の始皇帝から不老不死の仙薬を採るように命じられて蓬莱《ほうらい》の国・日本に来た神仙の徐福《じょふく》を祀《まつ》る徐福神社など神話伝承の地が熊野路周辺に色濃く残されている。

熊野は神話的性格が強いところであ

写真1　『日本書紀』の神生みの舞台、熊野市花の窟神社のご神体の磐座《いわくら》

る。また、海の彼方から幸いがやってくるというマレビト信仰やエビス信仰、常世信仰が強く現れる地域でもある。海の彼方から辿り着いた漂着神や漂着仏が浦々に祀られている。巨岩や巨木、滝など自然信仰の神社が多く見られる。

巨岩が剥き出しになった山塊《さんかい》が七里《しちり》御浜《みはま》海岸に突き出しているのが花の窟であり、縄文時代の土偶《どぐう》や地母神像《じぼしんぞう》を思わせるような多くの洞窟を持つ巨岩そのものをご神体とする（写真1）。

花の窟が日本最古の神社であり、熊《くま》野三山《のさんざん》の親神《おやがみ》であり、イザナミの墓陵だといわれるゆえんは、『日本書紀』の神生み神話の記述に見られる。

『日本書紀・巻一神代《かみよ》』一書には「イザナミノミコト、火の神を生むときに神去りましぬ。故《かれ》、紀伊《きい》国の熊野有馬村に葬《はぶ》りまつる。土俗、この神の魂を祭るには花の時には亦《また》花を以て祭る。又、鼓《つつみ》、吹《ふえ》、幡旗《はた》を用《も》て、歌い舞いて祭る」と記される。火の神カグツチノミコトを産んで、産褥熱《さんじょくねつ》で亡くなったイザナミの魂を鎮めるための日本で最初のお墓でもある。

「花を以て祭る」、命の再生の洞窟

この神の魂を鎮め、慰めるために毎

写真２　菊・鶏頭など季節の花を供え、イザナミの魂を鎮める

年二月二日、十月二日に執り行われる花の窟の祭りでは『日本書紀』の記述どおり、季節の花を飾り（写真２）、笛や鼓を演奏し、乙女が舞いを踊る。旧暦の種まきの時期と刈り入れの時期に合わせた予祝《よしゅく》行事と新嘗《にいなめ》行事ともいえる農耕神事の「お綱掛《つなか》け神事（三重県無形民俗文化財）」はご神田で栽培された稲の神聖な稲藁《いなわら》で編んだ一七〇メートルの長さの七本の縄を一つに束ねてお綱とする。七本の縄の意味は風の神や土の神などの七人の自然神を表すものである。

『日本書紀』の記述で「花を以て祭る」といわれるように季節の花々をお綱の幡旗に飾る最古の花祭りでもある。お綱をご神体である五〇メートルの巨岩の頂上から垂らし、境内を越え、七里御浜海岸の波打ち際まで引っ張る（写真３）。

この大注連縄《おおしめなわ》は神の領域であるという結界《けっかい》を示すと同時に、現世と海の彼方にある常世の国を繋《つな》ぐものである。

花の窟の洞窟は多産・豊饒の祭祀《さいし》場とされる。ご神体の巨岩の中央にある火の神・カグツチノミコトを産んだ女陰穴《ほとあな》とされる洞窟は黄泉《よみ》の国への入り口であり、新たな生命力を生み出す再生の場所でもある。

山の熊野、海の熊野、窟の熊野

大穴牟遅《おおあなむぢ》が根の堅洲国《かたすくに》から黄泉比良《よもつひら》坂《さか》を経てこの世に戻るときにいろいろな試練に遭いながら、大いなる霊力を持って帰ってきた。地中の室《むろ》に籠《こ》もることにより大いなる霊力を得る。熊野を意味する牟婁《むろ》（室）は籠りの地であり新たな霊力を得る地でもあり、死と再生の地でもある。

イザナミは死を代償にしてこの世に火をもたらした。「母神が死んで火の神が生まれ、死を代償に火をもたらす

写真３　お綱かけ神事では参拝者が境内から国道を越え、七里御浜の波打ち際までお綱を引っ張る

ことにより新しい命や文化をもたらした。イザナミは養蚕、穀物、金属、粘土、水の神々を産んだ。花の窟の地母神（大母神《だいぼしん》）はむすびの神でもある。」という。

　このような日本神話や伝承がベースにあり、熊野三山信仰と結びついている。熊野本宮《ほんぐう》大社の春の例大祭で行われる大和舞いでは「有馬《ありま》の窟《いわや》の歌」や「花の窟の歌」が歌われ、熊野市有馬町の「花の窟」との関わりを示している。

　豊島修は『死の国熊野』で本来、本宮大社の「山の熊野」、新宮《しんぐう》・速玉大《はやたまたい》社《しゃ》、那智大社《なちたいしゃ》の「海の熊野」、花の窟の「窟の熊野」の三山があったとしている。

　この三山は元々別個のものであったと考えられているが、修験道《しゅげんどう》の発達や神仏習合の思想が影響を与え、三山が地理的にも近いことから相互に関連を持つようになった。熊野信仰は海洋や山岳に聖地を求める自然信仰と山岳信仰の融合体であり、神でも仏でもない極めて熊野独自の来世宗教であった。

再帰の花の窟

イザナミが火の神・カグツチを産む前にヒルコ（蛭子）を産んでいる。ヒルコが産まれたのはイザナキとイザナミが儀式の際、最初に女性のイザナミの方から男性のイザナキに声をかけてしまったのが原因とされる。

ヒルコは三歳になっても足が立たなかったので、五体不満足な子として葦《あし》舟《ぶね》に乗せて海の彼方に流されてしまう。そして海の彼方の常世の国に流れ着いた。しかし、常世の国で成長したヒルコはえびす神として海岸に漂着して再帰を果たすのである。ヒルコ＝エビス（恵比寿、戎、夷）神として祀られるようになる。

全てのものをありがたく迎え入れる恵比寿信仰

熊野の浦々の漁民の恵比寿信仰は深いものがある。正月にはお神酒《みき》、カケノウオ、鏡餅などを持参して恵比寿さまにお供えする。七里御浜などの海岸に漂着した鯨もエビスとして迎えられた。

明治十七（一八八四）年に建てられた熊野市木本小学校は「鯨で建てられた学校」として知られる。明治十三年に七里御浜海岸に体長二〇メートルものオオナガスクジラが打ち上がった。老朽化した木本小学校の改築資金がなくて困っていたところ、この鯨を売った代金を充てて二階建ての立派な校舎が建設された。海の彼方から流れ着くものを「エビスさま」としてありがたく受け入れている事例だ。鯨はエビスであり寄り神なのである。

熊野灘のリアスの浦々や七里御浜海岸には、貴人流離伝説が多い。金銀財宝を積んだ宝船とお姫様が流れ着き、お姫様が亡くなったあと、美人の神様として祀られる稚児塚《ちごづか》（御浜町萩内）や一本の大木に神様が寄りかかって漂着したものをご神体として祀る寄木《よりき》神社（熊野市須野町）、海中から引き上げられた観音様を祀った井田観音（紀宝町井田）など漂着神や漂着仏が多い。

これも海の彼方からやってくるものをありがたいエビス神として受け入れる恵比寿信仰の表れなのだろう。「信不信を問わず浄不浄を嫌わず」が熊野信仰の本質的な考えであるとされるが、全てのものをありがたく迎え入れる熊野の受容の精神はこうした恵比寿信仰が基層になっているものと思われる。

（三石 学）

比婆山発！謎解きの旅へ——紀伊半島との知られざる関係

謎解きの旅へ

中国地方と紀伊半島は、そっくりな地名や神社が多く、両地が深い関係をもつらしいことは、本居宣長など多くの先人が議論を重ねてきたことだ。その一例をみてみよう（表）。

同様に、長らくその関係性が議論されてきた花《はな》の窟《いわや》や熊野《くまの》三山《さんざん》など紀伊半島の霊場と、中国山地の比婆《ひば》山・船通《せんつう》山。

これらを実際に歩き比べる謎解きの旅は、驚きと発見に満ちた魅力的な旅である。

紀州に伝わる、驚愕のオオクニヌシ信仰

奈良県の吉野川は和歌山県で紀ノ川となり、紀伊水道へ流れる。その支流の貴志《きし》川には、龍神が棲《す》むという「国《くに》主渕《しぶち》」がある（写真1）。渕を見下ろす高台に、大国主《おおくにぬし》神社がある(写真2)。ここに、驚きの奇祭が伝わる。「大《おお》飯盛物祭《めしもりものまつり》」（紀の川市無形民俗文化財）だ。

かつて貴志荘《きしのしょう》十四村の一町百姓の当主のうち、一村に一人ずつ年々三人が祭主となり、祭までの一年間は精進潔斎《けっさい》して家から出ず、交際も絶って神

写真１　国主渕

中国地方	紀伊半島
熊野（松江市八雲町、庄原市西城町）	熊野（三重県南部〜和歌山県南部）
日ノ御碕（出雲市大社町）	日ノ御崎（日高町、美浜町）
美保神社（松江市美保関町）	三穂の浦（美浜町）
須佐神社（出雲市佐田町）	須佐神社（有田市千田）
韓国伊太氐神社（複数）	伊太祁曽神社（和歌山市伊太祈曽）
粟島神社（米子市彦名町）	淡嶋神社（加太神社）（和歌山市加太）
加多神社（雲南市大東町）	

表　中国地方と紀伊半島の類似性

に仕える準備をしたという。祭りでは、米五俵が入る大ハンギリ（飯桶）に飯を盛り上げた「大飯盛物《オイのもりもの》」三本を大綱で引き、国主渕まで運んで龍神に奉納した（『貴志川町史』第三巻、昭和五十六年）。

　莫大な散財を伴い、破産する祭主もあったが、それは名誉なこととされた。

写真２　大国主神社

　出雲《いずも》の神オオクニヌシは、紀州の人々になぜこれほど尊敬されたのか。村々をあげて財産を投げ打つほどの「もてなし」を、この貴志川の人々は、なぜ何百年も続けるのだろう。

　オオクニヌシを祀《まつ》る「国司《くにし》神社」が庄原市東城町にも多くある。国主渕の龍を敬い、遥《はる》か中国地方の神を「おくにしさん」と呼んで手厚く祀る人々に、親近感を超え、連帯感や畏敬の念すら湧《わ》いてくる。

オオクニヌシを助けた木の国の神

　『古事記』を読むと、オオクニヌシ（オオナムチ）と紀州は、やはり深い関係がある。

　年下の大穴牟遅神《おおなむちのかみ》に荷物を持たせ、我先に八上比売《やがみひめ》に求婚した兄神たち「八十神《やそがみ》」。ヤガミヒメは彼らに目もくれず、因幡の素兎《しろうさぎ》を助け遅れて来た心優しいオオナムチを選ぶ。怒った八十神は、オオナムチをだまして二度も殺す。そのたび、さまざまな助けによって生き返るオオナムチだったが、身を案じた母神は、「木の国」にいる大屋毘古神《おおやびこのかみ》のもとへ行かせる。

　オオナムチは木の国へ行くが、八十神に追いつかれ弓矢で狙われる。そのときオオヤビコは、オオナムチに木の股をくぐらせ、須佐之男命《すさのおのみこと》の住む根《ね》の堅州国《かたすくに》へと逃がした。オオナムチはスサノオのもとで試練を受けて成長を遂げ、スサノオの娘須勢理毘売《すせりびめ》を正妻に迎えて出雲へ戻ると、八十神を追い退け、ついに英雄神「大国主」となった。

　オオクニヌシを助け、その成長に深く関与したオオヤビコは、またの名を五十猛命《いたけるのみこと》という。

　『日本書紀』は、イタケルをスサノオの子とし、日本中に樹木を植えてまわり国土を青山にした「有功之神《いさおしのかみ》」（大変に功績のあった神）として称え、敬意を表している。

　この木の神こそ、和歌山県が紀伊国（木の国）であるゆえんである。イタケルを祀る著名な神社が、紀伊国一ノ宮である伊太祁曽《いたきそ》神社（和歌山市）だ（写真3）。

　豪壮な社殿をもつ伊太祁曽神社は、イタケルと、妹神の大屋津比売命《おおやつひめのみこと》、都麻津比売命《つまつひめのみこと》を祀る。お宮はもともと紀ノ川河口に近い秋月《あきづき》にあったが、アマテラスなどを祀る紀伊国のもう一つの一ノ宮「日前《ひのくま》神宮・國懸《くにかかす》神宮」に「国譲り」し、現在地へ遷《うつ》ったと伝わる。

写真３　伊太祁曽神社

中国山地と紀伊半島をつなぐ五十猛神

　伊太祁曽神社の境内の左奥に、父神のスサノオを祀る祇園《ぎおん》神社がある。そこへ至る参道に、近年、「磐《いわさか》」が厳かに鎮座した（写真４）。

　実は、『日本書紀』の一書は、スサノオ・イタケルの親子神が、新羅《しらぎ》の「曾尸茂梨《そしもり》」から東へ渡り、「出雲國簸川上所在鳥上之峯」に至ったと記す。鳥上之峯《とりかみのみね》とは、庄原市比婆山と対をなす、島根県船通山の古名だ。以下、奥出雲流にイタケルを「イソタケル」（五十猛命《いそたけるのみこと》）と呼ぼう。鳥上之峯へ降臨したイソタケルが、妹のオオヤツヒメ、ツマツヒメとともに多くの樹木の種を「大八洲國《おおやしまのくに》」（日本列島）に植えたから、日本は青山の国になった。それが今は紀伊国に鎮《しず》まる大神だとも記す。

　平成二十八（二〇一六）年五月、伊太祁曽神社の奥重視宮司にお話を伺う機会を得た。奥宮司が祇園神社の造営に際して、その礎として船通山ゆかりの石を求めたところ、奥出雲町長井上

写真４　船通山から運ばれた伊太祁曽神社の「磐」

勝博氏（当時）の計らいで望外の石材が届けられた。念願どおり祇園神社の礎としたほか、花崗岩の巨石を「磐」として祀り、境内の標石などにも活用したとのことであった。

紀伊国一ノ宮・伊太祁曽神社の由緒をひも解くと、中国山地がその出発点だった。

その中国山地でも、イソタケル（オオヤビコ）を祀る神社が、船通山・比婆山連峰の麓《ふもと》で、今なお大切に祀られている。島根県奥出雲町横田の伊賀多気《いがたけ》神社、その元宮とされる鬼神《おにがみ》神社、広島県庄原市西城町大屋《おおや》の一野宮《いちのみや》神社などだ。「大屋」という地名自体が、開拓神として崇敬されたオオヤビコにちなんでいるのだ。

世界遺産・熊野三山へ

スサノオ、イソタケル、オオクニヌシ。出雲の英雄神たちが、中国山地と紀伊半島を広範に行き来した様子を土地が記憶している。神話や神社、地名や祭りが語ってくれる。もちろん、彼らが実在したかなど不明である。しかし、神話に語り継がれるほど偉大な指導者たちが中国山地と紀伊半島を往来し、知識と技術を運び、勇気と智恵で人々を導き、争いを乗り越え、ともに歴史を築き上げてきたことは、恐らく間違いないだろう。

そんないにしえの英雄神たちも、イザナミの聖地を巡礼したのであろうか。

比婆山と並ぶイザナミの聖地・花の窟や熊野三山（世界遺産「紀伊山地の霊場と参詣道」）を訪ねると、雄大な自然や清浄な空気を感じて感動が沸き起こる。この地を歩くと、岩、滝、樹木に神々が祀られ、森羅万象に神が宿ると考えた古代人のアニミズムが、今なお息づいている。比婆山信仰の世界と、同じ世界がここにある。

一方で、この地は、平安時代以降、国家的な祭祀《さいし》の場となり、伊勢神宮への信仰と渾然一体となった「熊野詣《くまのもうで》」へと発展し、中世以降、熊野修験道《しゅげんどう》が隆盛を極めた。

熊野三山を、歴代天皇や貴族が熱心に目指した理由の一つには、『古事記』に名高い神武《じんむ》天皇の大和入りのルート「大峯奥駆道《おおみねおくがけどう》」（順峯《じゅんぶ》）への重要経路だったこともあろう。

熊野三山の「奥の院」玉置神社へ

紀州熊野三山とは、熊野那智《なち》大社（那智勝浦町）、熊野速玉《はやたま》大社（新宮市）、熊野本宮《ほんぐう》大社（田辺市）の三社をいう（写真5、6、7、8）。いずれも荘重な社殿を構え、千年以上朝廷の厚い崇敬を受けて歴史を刻んだ神社ならではの威厳に満ちている。

これほどの熊野三山が、共通の「奥の院」をもつことはあまり知られてい

写真６　熊野速玉大社

写真５　熊野那智大社のご神体「那智の滝」（飛龍神社）

写真７　熊野本宮大社

写真８　熊野本宮大社の旧社地「大斎原《おおゆのはら》」

ない。それが、奈良県十津《とつ》川《かわ》村にある玉置《たまき》神社だ（写真9、10）。大峯奥駆道の道筋を示す聖地（靡《なび》き）である。

その玉置神社を訪ねると、大峰山系の玉置《たまき》山（一〇七六・四メートル）の九合目にあり、周囲一帯はブナ林だった（写真11）。本殿に、国之常立神《くにのとこたちのかみ》・伊弉諾尊《いざなきのみこと》・伊弉《いざな》冊尊《みのみこと》・天照大神《あまてらすおおかみ》・神日本磐余彦命《かむやまといわれひこのみこと》を祀る。末社の神武社には迦具土神《かぐつちのかみ》などを祀り、白山社には菊理媛神《くくりひめのかみ》も鎮座する。庄原市比婆山周辺に見られる祭神と、よく似ている。

写真10　玉置神社のご神体「霊石　三ツ石神祠」

写真９　玉置神社

写真11　玉置山のブナ林

「玉置山縁起」によれば、「神武東征」のとき熊野の浜辺に上陸した一行は、八咫烏《やたがらす》の案内を得て大和《やまと》の地を目指し玉置山に至り、安全を祈願し「十種《とくさ》の神宝《かんだから》」を奉じた。

「杉の巨樹群」（奈良県天然記念物）は、高さ約四〇メートルの大杉《おおすぎ》（胸高幹囲八・七メートル）を筆頭に、常立《とこたち》杉《すぎ》（八・六）、神代杉《じんだいすぎ》（八・三）、磐余杉《いわれすぎ》（七）、浦杉《うらすぎ》（七）と続き、庄原市の「熊

写真12　玉置神社の杉と「玉石社」

野神社の老杉《ろうさん》」（広島県天然記念物）に幹囲で少し勝る（写真12）。対する熊野神社は、高さ四〇メートル超えが五〇本以上。いずれ劣らぬ、天下の大社叢《しゃそう》である。

太平洋の黒潮と奈良盆地をつなぐ大峯奥駆道と、玉置神社。日本海の対馬海流と庄原盆地をつなぐ比婆山連峰と、熊野神社。両者は実によく似る。同時に、全く対称的だ。

玉置山は、海底でマグマが噴出し転がりながら固まった枕状溶岩《まくらじょうようがん》が観察され、ご神体とする。まさに山上に玉を置いた特異な山だ。同様に、特異な烏帽子岩に守られた比婆山連峰も、それを知る者だけを目的地へと誘《いざな》う。両者は、神々が残した羅針盤だ。

旅する神々と各地の「天空の回廊」

『古事記』の順序を大まかにみると、「上巻《かみつまき》」が、序、天地開闢《かいびゃく》、大国主の国譲り、天孫降臨、神武天皇（初代）の誕生までを記す。「中巻《なかつまき》」が、神武天皇の大和入り、神功皇后、応神天皇（15代）まで、「下巻《しもつまき》」は仁徳天皇（16代）から推古天皇（33代）までだ。

これをみると、イザナミが葬られ、スサノオやイソタケルたちが熊野神社や伊賀多気神社を経て高天原《たかまがはら》や朝鮮半島を行き来した比婆之山と鳥上之峯は、「天地開闢」前後の、極めて古い「天空の回廊」だったことになる。神々の旅路のスタート地点ともいえよう。

「天孫降臨」は旅の転機だ。アマテラスの孫ニニギらが高天原を旅立ち、「日向《ひゅうが》の高千穂《たかちほ》の峰《みね》」へ降臨した。舞台は南九州とされる。神武東征への試練の道の始まりだ。

「神武天皇の大和入り」で、イワレヒコたちは、多くの敗北を経験しながらも、海上の目印となる那智《なち》の滝や神倉《かみくら》神社のゴトビキ岩（和歌山県新宮市、写真13）、楯ヶ崎《たてがさき》（三重県熊野市）を探し、熊野三山や玉置神社などのランドマークを経て、ついに大峯奥駆道を踏破し、吉野を経て奈良・橿原《かしはら》の地に降り立ち、初代天皇に即位した。神々の長い旅路のゴール地点である（写真14）。

写真13　神倉神社とご神体「ゴトビキ岩」

写真14　大峰山系の主峰「山上ヶ岳《さんじょうがたけ》」（1719メートル）から奈良盆地を望む（イワレヒコや役《えんの》行者《ぎょうじゃ》も眺めたであろう景色）

『古事記』の世界に思いをはせ、謎解きの山旅へ

神話の語《かた》り部《べ》たちは当初、危険を伴う山越えの尾根道を迷わずに、しかも安全に進む術として、地形の特徴や固有の目印を詳細に聞き伝えていたと思えてならない。

彼らに学び、神々の「天空の回廊」の本線や支線を掌握した者は、他に先んじて情報や資源を集め、縦横に兵を動かし、ライバルを出し抜き、多大な実利を得たであろう。

語り部たちが伝えた、スサノオとイソタケル、オオクニヌシ、ニニギやイワレヒコの冒険物語。それは、千数百年の時を超えて、現代人をも魅了する。旅する神々は、日本列島の地形・地質などの自然条件の特徴を実にうまく捉え、不案内なルート上の有用なランドマークとして生かし、時にはルートに精通したアメノトリフネやサルタヒコ、ヤタガラスなどの助けも得ながら、それぞれのゴールを目指した。

神々の旅を支えた多様なランドマークは、岩、滝、樹木など壮大な景観からなる天然の羅針盤であり、後の人々の旅路でも実際に役立った。神々が目印にし頼りとしたこれらの「聖蹟」は、まさしく神の依《よ》り代《しろ》であり、遥《はる》か後世には神社・仏閣として尊崇された。

『古事記』や『日本書紀』『風土記』の世界に思いをはせ、神々の旅路を訪ねて歩く、比婆山発の謎解きの山旅。

その魅力的な旅路は、まだ始まったばかりである。

（稲村秀介）

あとがき

比婆の山
謎解きの山旅へ

伊藤之敏
庄原市比婆山熊野神社解説本編集委員会　副委員長

現在、自然とのふれあいや景観の美しさ、歴史的遺産、神話・伝説などのもたらす価値があらためて見直され、高く評価されている。全国で地域の魅力を発掘、発信する試みが行われており、地域学は全国で四〇件以上の多彩な事例がある。東北学や熊野学、出雲学などはその代表例であろう。

本書は、御陵と熊野神社をはじめとする比婆山周辺の自然・歴史・文化・神話伝説などの稀有な地域資源を活用することを目的に刊行された。足元にある地域資源を再発見し、地域おこしや地域活性化につなげていくことを目的としている。

『古事記』では火の神を産んで神避りし（亡くなった）イザナミを「出雲国と伯耆国との堺の比婆の山に葬り祀った」と記している。この比婆山については、古来、数か所の伝説地がある。本書では、この説については中国山地にある広範囲の「比婆の山」と位置づけて紹介している。

編集にあたっては、編集委員七人と事務局、南々社が協議してテーマを決め、最終的に四〇項目を選び、最適な二十二人の執筆者に依頼した。

各分野の地方研究者、専門家に研究資料や最新の取材成果などに基づき全国的な視点で、高度な学術的な内容を一般向けにやさしい表現で執筆していただいた。『古事記』研究の第一人者の三浦佑之先生、「出雲学」の提唱者である藤岡大拙先生に寄稿していただいたことは編集委員一同深く感謝するしだいである。

本書は、比婆山周辺の魅力を理解するための入門書ではあるが、「比婆山学」のはじめての手引書でもある。

小学校高学年生から一般の方まで、自然・歴史・文化の教材やガイドブックとして多くの読者に活用していただければ、委員一同これ以上の喜びはない。興味のある章や項目からページをめくり、読み進めてほしい。

国の創生物語、原点（オリジン）を探る旅——クール（かっこいい）スポットとして、外国人観光客にも訪れてほしいものである。

なお、本文中に今日からみれば不適切と思われる表現があるが、時代背景や筆者が差別的意図で用いていないことからそのままとした。

最後に、「中国山地豊かな自然写真コンテスト」の入選作品を提供していただいた比和自然科学博物館をはじめ、写真や図版、貴重な資料を提供してくださり、掲載の快諾をいただいた多くの方々、現地調査などにご協力くださった地域の皆さまに厚くお礼を申し上げる。そして、多くの素晴らしい写真を撮影してくださった金山一宏、岡本良治の両氏に心から賛辞を送りたい。

本書が充実した内容になったのは、比婆科学教育振興会や西城町郷土研究会の業績があったからにほかならない。「比婆山学」の土台を築いた多くの先人に敬意を表したい。また南々社編集・発行人の西元俊典氏に構成・編集をしていただき、厚くお礼を申し上げる。

今後、本書の刊行が契機となり、各地で「比婆山学」の研究が進展することを切に願っている。

平成二十八年八月

執筆者・協力者紹介

◆執筆者（掲載順）

三浦《みうら》 佑之《すけゆき》　昭和二十一年、三重県生まれ。古代文学・伝承文学専攻。現在、立正大学教授。角川財団学芸賞など受賞。著書に、『口語訳古事記』（文藝春秋）、『風土記の世界』（岩波新書）など。

藤岡《ふじおか》 大拙《だいせつ》　昭和七年、島根県生まれ。NPO法人出雲学研究所理事長。荒神谷博物館館長。松江歴史館館長。出雲学。瑞寶中綬章。『出雲人』（ハーベスト出版）、『出雲学への軌跡』（今井書店）。

川島芙美子《かわしまふみこ》　昭和二十年、島根県生まれ。風土記を訪ねる会代表。山陰万葉を歩く会会長。『こども出雲風土記』『神々のくにそのくにびと』『山陰の神々』など多数。

稲村《いなむら》 秀介《しゅうすけ》　昭和四十六年、広島県生まれ。財団研究員から庄原市職員。京都遊学中に古代学の森浩一に師事。比婆山探索十年・ガイド五年。妻は紀州の人。好きな神は五十猛命。

新田《にった》 成美《なるみ》　大正十四年、広島県生まれ。元西城町郷土研究会会長、機関紙「郷土」を発行。平成二十八年、『現代語訳国郡志』を公刊。共著に『久代記』『西城町の山城跡』など。

伊藤《いとう》 之敏《ゆきとし》　広島県生まれ。庄原市文化財保護審議会会長。森林生態調査研究所理事長。「古代のロマンを秘めたブナの原生林」『国立公園』No.７０８、二〇一二年。『広島のブナ林』（共著）。

角田多加雄《かくだたかお》　昭和二十七年、広島県生まれ。元庄原市職員。庄原市博物館・資料館運営協議会委員。西城町内文化財解説歴三十年。比婆山伝説ガイド「ツイハラの会」副会長。

三村《みむら》 泰臣《やすおみ》　昭和二十二年、広島県生まれ。元広島工業大学教授。広島民俗学会会長、広島県文化財保護審議会委員。著書に『中国・四国地方の神楽探訪』（南々社）など。

今西《いまにし》 隆行《たかゆき》　昭和四十三年、広島県生まれ。庄原市教育委員会教育部生涯学習課文化財係長。庄原市の文化財保護業務について一生懸命取り組んでいる。

久保《くぼ》 善博《よしひろ》　昭和四十年、鹿児島県生まれ。刀匠。庄原市無形文化財。高松宮記念賞、文化庁長官賞等受賞多数。たたら製鉄の研究で日本鉄鋼協会「鉄の技術と歴史」フォーラム研究奨励賞受賞。

荒平《あらひら》 悠《ゆたか》　昭和五十八年、福岡県生まれ。広島大学大学院文学研究科考古学専攻修士課程を経て、庄原市役所へ入庁。専門分野は弥生・古墳時代のガラス小玉に関する色の研究。

千田《せんだ》 喜博《よしひろ》　昭和六十三年、岡山県生まれ。愛媛大学大学院農学研究科修士課程修了。現在、庄原市教育委員会職員。広島むしの会会員。昆虫を中心に生き物が好き。

横山《よこやま》 鶴雄《つるお》　昭和六年、広島県生まれ。昭和三十年代の比婆道後帝釈船通国定公園候補地学術調査に参画。最近のテーマは庄原クジラの海の環境復元、庄原市域の地質研究。理学博士。

金沢《かなざわ》 成三《なるみ》　昭和十二年、広島県生まれ。庄原市博物館・資料館運営協議会会長。主な研究テーマは水生昆虫。比婆山ガイド歴四十年。趣味は比婆山の自然解説（小中高大対象）。

内藤《ないとう》 順一《じゅんいち》　昭和二十五年、広島県生まれ。比婆科学教育振興会会員。県内の淡水魚類・淡水貝・両生類の分布や生態を研究。日本生物教育会賞中路賞、『太田川水族館』出版。

西岡《にしおか》 秀樹《ひでき》　昭和二十六年、広島県生まれ。庄原市立比和自然科学博物館インストラクター。比婆科学教育振興会会員。

延藤《のぶとう》　祐一《ゆういち》　昭和六十年、広島県生まれ。関西大学法学部政治学科卒。庄原市役所農業振興課。比婆牛の系統再興による産地振興に、行政担当者として携わる。

清水《しみず》　正弘《まさひろ》　昭和三十五年、兵庫県生まれ。広島県安芸太田町筒賀在住。健康ツーリズム研究所代表・鍼灸師。著書に『旅の達人・地球を歩く』『山辺・野辺・海辺・川辺への道』『里地里山を歩こう1・2』(南々社)など。

伊達《だて》　泰輔《やすすけ》　昭和二十七年、広島県生まれ。一野宮神社宮司。比婆山伝説ガイド「ツイハラの会」会長。自治振興区「今櫛会」副会長。

◆写真撮影

金山《かねやま》　一宏《かずひろ》　昭和三十五年、広島県生まれ。NPO法人EPN（アースランドフォトネットワーク）代表理事。日本写真家協会会員。環境省後援マスターズフォトコンテスト主管。

岡本《おかもと》　良治《りょうじ》　昭和三十三年、広島県生まれ。ヒマラヤ登山を経験し、パキスタンの七三二九メートル峰の初登頂の記録をもつ。主に山里の風景、風土を撮影。日本写真家協会会員。

高尾《たかお》　昭浩《あきひろ》　昭和四十二年、島根県生まれ。奥出雲町教育委員会社会教育課課長。文化財行政に携わり、たたら製鉄を中心に興味関心を持つ。『奥出雲町の神話と口碑伝承』など。

花田《はなだ》　明己《あけみ》　昭和二十六年、島根県生まれ。安来市伯太町在住。旧伯太町教育委員会で社会教育を推進。在職中、比婆山のロマンを探求する会の立ち上げに関わる。現会長。

三石《みついし》　学《まなぶ》　昭和三十年、三重県生まれ。熊野倶楽部コンシェルジュ。熊野市文化財専門委員長、みえ熊野学運営委員長。編著書『海の熊野』(森話社)、『伊勢参りと熊野詣』(かまくら書房)など。

◆執筆協力

正本眞理子《まさもとまりこ》　昭和二十六年、広島県生まれ。編集者。『えみき爺さん丘にのぼる』(NPO 法人EPN)、『里山いのちの譜』(みずのわ出版)。広島民俗学会常任理事。

◆庄原市比婆山熊野神社解説本編集委員会

委員長　金沢　成三　(庄原市博物館資料館運営協議会会長)
副委員長　伊藤　之敏　(庄原市文化財保護審議会会長)
新田　成美　(元西城町郷土研究会会長)
横山　鶴雄　(庄原市立比和自然科学博物館客員研究員)
進藤　眞基　(庄原市立比和自然科学博物館長)
角田多加雄　(庄原市博物館・資料館運営協議会委員)
松園　真　(庄原市田園文化センター館長)

事務局

庄原市

市長	木山　耕三
副市長	矢吹　有司
副市長	米村　公男

庄原市教育委員会

教育長	牧原　明人
教育部長	片山　祐子
生涯学習課長	花田　譲二
文化財係長	今西　隆行
主任	稲村　秀介
主任主事	正木　宏枝
主事	千田　喜博

■装幀／スタジオギブ
■本文DTP／岡本祥敬（アルバデザイン）
■図版／岡本善弘（アルフォンス）
■山のイラスト／久保咲央里（デザインオフィス仔ざる貯金）
■編集協力／山田清美
■編集／西元俊典　橋口 環　二井あゆみ　石濱圭太

日本誕生の女神 伊邪那美《イザナミ》が眠る比婆の山

平成二十八年九月二〇日　初版第一刷発行
平成二十九年一月二一日　初版第二刷発行

編　著　庄原市比婆山熊野神社解説本編集委員会
発行者　庄原市×西元 俊典（南々社）
発行所　庄原市
広島県庄原市中本町一-一〇-一　〒七二七-八五〇一
電話　〇八二四-七三-一一一一
有限会社 南々社
広島市東区山根町二七-二　〒七三二-〇〇四八
電話　〇八二-二六一-八二四三

印刷製本所　株式会社シナノ パブリッシング プレス

ISBN978-4-86489-054-0